RASCACIELOS

LOS 101
EDIFICIOS MÁS ALTOS DEL MUNDO

c.2

ATLAS ILUSTRADO DE LOS

RASCACIELOS

LOS **CIENTO UN** 101 EDIFICIOS **MAS ALTOS** DEL MUNDO

susaeta

Título original
101 of the World's Tallest Buildings

Dirección editorial
Isabel Ortiz

Coordinación
Georges Binder

Traducción
Begoña Loza

Corrección
Mónica Basterrechea

Diseño
The Graphic Image Studio Pty Ltd, Mulgrave, Australia

Maquetación
Taurus

Diseño de cubierta
más!gráfica

© Images Publishing, Mulgrave / Australia
© SUSAETA EDICIONES, S.A. - Obra colectiva
C/ Campezo, 13 - 28022 Madrid
Tel.: 91 3009100 - Fax: 91 3009118
www.susaeta.com

Índice

Prólogo

Antes de empezar a hablar sobre arquitectura y diseño, me gustaría realizar una sencilla afirmación: la arquitectura tiene que ver con las relaciones. Sé que parece obvio, pero creo que es importante reiterar esta idea antes de que sigamos adelante y hablemos de algunos tipos específicos de relaciones arquitectónicas. Nuestra capacidad para diseñar es tan diversa y desbordante como lo es la creatividad humana. Por consiguiente, la arquitectura refleja nuestra variada y, al parecer, infinita búsqueda a la hora de manipular el entorno, el construido y el aún sin construir. Estas relaciones encierran la manera en que los seres humanos perciben la necesidad de refugio; involucran nuestra forma de entender la comunidad en lo referente a ese refugio y también el modo en que conectamos esa comunidad con la cultura, la ciencia y el arte. La arquitectura sintetiza todos estos componentes y, cuando observamos los factores socioeconómicos y sociopolíticos que dan forma a nuestra arquitectura, también debemos considerar cómo nuestra arquitectura da forma a nuestra sociedad (su economía, política y forma de funcionar).

El contexto es parte integral del modo en que concebimos el entorno construido. Siempre he mantenido que la arquitectura es una expresión de nuestra disposición de ánimo como cultura. Plasma nuestros intereses y es reflejo de las preocupaciones de nuestro tiempo. Nuestro entorno construido no sólo debe revelar nuestra cultura y la época en la que vivimos, sino que también debe deleitar a quienes lo utilizan y se ven afectados por él. Nuestro entorno construido está en constante transformación; es cinético, recordatorio del pasado y, al mismo tiempo, anticipo del futuro. Es una expresión de nuestros valores conscientes y del estado de nuestras economías. Pone al descubierto nuestros egos y revela el grado en que estamos dispuestos a colaborar. La arquitectura expresa nuestra confianza en el futuro.

Construir significado a través del contextualismo es hacerlo a través de la relación con todo aquello que ha pasado anteriormente y todo lo que está por venir, la existencia simultánea y el orden simultáneo... y entonces, añadiendo, cambiando de alguna manera la secuencia, con la tecnología y nuestro conocimiento actual, dando forma a nuestros diseños... una obra pasa a ser contextual, tanto para el tejido histórico como para el sentido contemporáneo de espacio. Revela una identidad única, singular para su propio tiempo.

Yo veo la ciudad como una especie de tapiz en el que muchas personas, a lo largo de muchos años, han dejado su huella; un tapiz cuya estructura es inviolable y similar a la infraestructura de la ciudad. Es precisamente esta estructura subyacente la que proporciona a la ciudad su memoria duradera, y es la manera que tenemos de relacionarnos con esa infraestructura lo que configura el carácter y el aspecto de nuestros edificios a lo largo del tiempo. Lo nuevo debe estar en conexión con lo antiguo de forma que se respete la esencia de un lugar, lo que vendría a ser una especie de regeneración del espíritu. Una ideología foránea insertada en un entorno de solidez y armonía puede tener un efecto cancerígeno en la biología de una ciudad. Puede quedar muy aparente en el tapiz, pero si no es el objeto correcto o no está situado en la posición correcta en relación con la composición de la obra, puede arruinar la continuidad de un lugar.

Un edificio de gran altura no sólo transforma de forma drástica el paisaje literal de una ciudad, sino también el simbólico, y el significado de ese paisaje evoluciona a través de la interacción mutua de imágenes. Y es por esto por lo que, generalmente, no nos gusta trastocar la amabilidad de una ciudad con edificios que estética y funcionalmente cambien el barrio circundante, a menos que existan argumentos y un lugar adecuados para ello. El entorno construido de la ciudad es el contexto físico en el que esta arquitectura futura será vista y con el que interactuará. Creo que es importante entender no sólo el contexto físico en el que un edificio será diseñado y con el que se relacionará, sino también la naturaleza del clima, la topografía, las influencias culturales y la historia del lugar. En todas las ciudades existen elementos clave que hacen que esa ciudad sea única. Estos elementos clave están basados en el pasado de ese lugar y son tanto físicos como simbólicos, emanan de la cultura de la gente que habita la ciudad.

¿Cómo ha contribuido y cómo ha cambiado la tecnología el significado de los rascacielos? La historia de un rascacielos está inexorablemente ligada a la de la tecnología. El rascacielos marca el paso del tiempo por el uso de las tecnologías. Si examinamos la historia de un edificio en particular, podemos ver cómo registra su historia pieza por pieza a través de la sofisticación de sus sistemas y cerramientos. Elige unos materiales, medios, métodos y jefes de ingeniería. La evolución de la tecnología, mezclada con las ideas de diseño para solventar problemas complejos, representa un particular avance en nuestra historia de la arquitectura.

Los primeros edificios altos modernos, posteriores a la Segunda Guerra Mundial, fueron desarrollados como un innovador contrapunto a los rascacielos en la década de 1920. Su punto de partida formal se basaba en la innovación y en la emergente filosofía del modernismo que practicaba la escuela internacional. El modernismo se basó, en parte, en las tecnologías de la producción en masa de todos los componentes del edificio. Para llevar a cabo el diseño y construcción de estas nuevas estructuras modernas, la industria de la construcción tuvo que ser reequipada para dar cabida al enorme volumen de construcción que iba a tener lugar. La filosofía estaba lista, pero las nuevas tecnologías de la edificación y de la construcción no estaban tan desarrolladas. La integración de los servicios de los nuevos edificios, como los sistemas estructurales de vano largo, los de ascensores automáticos, los sistemas y componentes de paredes exteriores energéticamente eficientes, los sistemas de aire acondicionado y los de iluminación y cableado modulares estaban todos en su infancia y tuvieron que ser diseñados e integrados en un edificio cuyos componentes se fabricaban en serie. Muchos arquitectos que estaban diseñando estructuras altas en este periodo estaban obsesionados con un manifiesto del diseño para las masas. Utilizaron los componentes de la producción en serie, y lo más granado de estos arquitectos refinó sus diseños a través del estudio sin fin de la proporción, la escala y la selección de material a fin de producir una arquitectura como arte, como reflejo de una sociedad moderna civilizada.

Este movimiento produjo una multitud de enormes estructuras de gran altura en América, Japón y Europa que redefinieron la imagen de la ciudad. Los primeros de estos edificios fueron estructuras sumamente refinadas, artísticas y bellamente detalladas, y hoy en día están consideradas clásicos modernos. En las décadas de 1960 y 1970, la ciudad americana se caracterizó por una proliferación de edificios blandos, escasamente detallados y pobremente resueltos, que perdieron rápidamente su atractivo y el apoyo del público general y del mundo empresarial.

En los años ochenta del siglo xx, el modernismo había muerto en América. En su lugar surgió un nuevo paradigma cuya inspiración provenía de los principios fundamentales de la arquitectura anterior a la Segunda Guerra Mundial. «Menos es más» dejó de ser el mantra. Ahora lo era la decoración, y comenzaron a ser predominantes la composición de elementos clásicos que definen la entrada, la base, la parte media y la parte superior, las composiciones centradas, las fachadas manieristas y las influencias del contexto. La sociedad deseaba dar rostro y personalidad a cada edificio, y carácter a las ciudades. En los años noventa, este periodo produjo una variedad espectacular y desató un nivel de creatividad individual nunca antes encontrado en una década de construcción. Se desarrollaron nuevos sistemas para utilizar materiales naturales y hechos a mano que mejoraban el rendimiento exterior de los edificios, y en esta época avanzaron sensiblemente los sistemas de construcción eficaces energéticamente.

Ahora, entrado el nuevo siglo, la rápida expansión de las ciudades en Asia y Oriente Próximo está siendo testigo de una sorprendente abundancia de estructuras superaltas, muchas de las cuales contravienen sus contextos y están cayendo en un frenesí de la libre expresión, sin racionalidad. El resultado en muchos casos es una cacofonía de obras individuales que pugnan por lograr atención y reconocimiento. Está por ver si este nuevo enfoque de hacer ciudad creará ciudades bellas del futuro o espantosos entornos tipo *Blade Runner*.

Adrian Smith, FAIA, RIBA
Socio consultor de diseño
de Skidmore, Owing & Merrill LLP

Introducción

Home Insurance Building, Chicago, Illinois, Estados Unidos, William Le Baron Jenney, 1885, 10 plantas (y otras dos plantas que fueron añadidas posteriormente). Reproducción tomada de History of the Skyscraper, *Francisco Mujica, Archeology & Architecture Press, París/Nueva York, 1929.*

Masonic Temple, Chicago, Illinois, Estados Unidos, Burnham y Root, 1892, edificio de 21 plantas. Reproducción tomada de History of the Skyscraper, *Francisco Mujica, Archeology & Architecture Press, París/Nueva York, 1929.*

Edificio Woolworth, ciudad de Nueva York, Nueva York, Estados Unidos, Cass Gilbert, 1913, 57 plantas. Reproducción tomada de History of the Skyscraper, *Francisco Mujica, Archeology & Architecture Press, París/Nueva York, 1929.*

Rascacielos y edificios de gran altura: su evolución en el tiempo

Estados Unidos: cuna de los primeros rascacielos

El Home Insurance Building de Chicago, de 1885, diseñado por William Le Baron Jenney, con 10 plantas, ascensor, estructura de metal y paredes de mampostería soportadas por acero y hierro fundido, está considerado comúnmente el primer rascacielos de la historia. Sin embargo, el Masonic Temple, de 21 plantas y 92 m de altura, también en Chicago, y diseñado por Burnham y Root, se considera el primer rascacielos importante. El Masonic Temple se terminó de construir en 1892 y fue demolido en 1939. Mientras Chicago introducía una nueva tipología de edificio, la ciudad de Nueva York empezaba a presenciar sus propios edificios altos, especialmente en el centro urbano, en la zona cercana al puerto.

El primer edificio de gran altura probablemente sea el Woolworth, en la ciudad de Nueva York, con 241 m de altura y 57 plantas, diseñado por Cass Gilbert en 1913. Su estilo arquitectónico gótico, el vestíbulo y la planta inspiraron el sobrenombre del edificio, la «catedral del comercio».

En los primeros años del siglo xx, el rascacielos iba a convertirse en una importante fuerza económica. Aparte de la no tan racional carrera hacia el cielo, que es tan antigua como la torre de Babel, el motor que impulsaba entonces –y ahora– cada rascacielos era la economía racional y el valor del suelo, siempre en aumento, que demandaba proyectos cada vez más grandes para reembolsar el coste del terreno. Esto sería un pensamiento racional. ¿O es a la inversa y el valor del suelo aumenta por el deseo de construir edificios altos (y más grandes)?

En aquel entonces, no existían normas que pusieran límites a la altura ni al área máxima construida, lo que condujo a la construcción de proyectos como el Equitable Building, de 37 plantas, diseñado en 1915 por E. R. Graham. La huella del edificio cubrió todo el espacio disponible y el edificio eclipsó a todo el barrio. Un año más tarde, la ciudad de Nueva York promulgó nuevos reglamentos urbanísticos que introducían los retranqueos en los edificios y que tuvieron un gran impacto en la siguiente generación de edificaciones. Gracias a estas regulaciones, la luz del sol pudo filtrarse en la calle a la vez que se normalizaba la densidad del tejido urbano. El resultado fue una serie de edificios con grandes y macizos podios y esbeltas torres encima. Siempre y cuando la planta de la torre tuviera un área un 25% menor que el área del sitio, no había restricciones en altura.

La torre Ritz, ciudad de Nueva York, Nueva York, Estados Unidos, Emery Roth, 1926, 41 plantas. Fotografía cortesía de Robert Sobel.

En 1926, el arquitecto de nacionalidad húngara Emery Roth terminó la torre Ritz, un edificio residencial de 41 plantas en Park Avenue y la calle 57 de Nueva York. La torre, de 164 m de altura, era en aquel entonces el edificio residencial más alto del mundo, tres veces más alto que el edificio residencial tipo del momento. La torre Ritz era un apartotel: los residentes podían disfrutar de las ventajas de todos los servicios habituales de los hoteles, como el servicio de limpieza o comedor privado. Esta idea fue retomada recientemente por la promotora Millennium Partners en una serie de edificios altos, entre los que está el Four Season Hotel & Tower, de 64 plantas, acabado en 2003 en Miami. En este caso, se utiliza el nombre del hotel como elemento de reclamo para incrementar las ventas de las viviendas. La torre Ritz fue la primera de una serie de edificaciones diseñadas por Emery Roth en la ciudad de Nueva York en que se combinaban el carácter residencial y el hotelero; entre otros, estaban los edificios Beresford y El Dorado, a lo largo de Park Avenue Oeste. Más tarde, la empresa conocida como Emery Roth & Sons fue arquitecto asociado de los principales proyectos de edificios de gran altura en torre, entre los que destacan el Citicorp Center, diseñado por Hugh Stubbins and Associates, y el World Trade Center, de Minoru Yamasaki and Associates. De hecho, Emery Roth & Sons ha sido responsable del mayor número de edificios en torre de Nueva York.

Volviendo a la evolución cronológica de los edificios de gran altura, a finales de la década de 1920 y comienzos de la de 1930, los promotores de la ciudad de Nueva York competían ferozmente por ver quién construía el edificio más alto del mundo. Mientras se estaba anunciando –antes de que estuviese acabado– que el edificio Chrysler, diseñado por William Van Alen, tenía 281,94 m, se terminaba el edificio del 40 de la calle Wall Street (hoy conocido como el edificio Trump) con 282,54 m. Pero pronto se descubriría que el añadido de una «aguja secreta» planeada para el edificio Chrysler supuso que se convirtiese en el edificio más alto del mundo con 318,82 m, superando a la torre Eiffel. Aunque no por mucho tiempo, ya que el Empire State, diseñado por Shreve, Lamb y Harmon, fue el siguiente edificio más alto del mundo unos meses más tarde, en 1931. El Empire State se ideó originariamente como un rascacielos «clásico» de 85 plantas, que alcanzaba los 320 m de alto. Aunque oficialmente se dice que tiene 102 plantas, en realidad es un edificio de 85 pisos con una torre metálica construida en su tejado hasta la altura declarada de 102 plantas; la plataforma de observación es el único piso útil del mástil, de 61 m de alto.

Los edificios Empire State y Chrysler irán siempre de la mano en la imaginería popular como el arquetipo del rascacielos. El hecho de que en los siguientes treinta años se construyeran pocos edificios altos probablemente acentuó su estatus como símbolos icónicos de la cultura americana y la prosperidad económica. El rascacielos, fuera cual fuera su localización, se convirtió en un símbolo de prosperidad, a pesar de que el Empire State se comenzó a construir en 1930, después de que estallara la crisis económica de 1929. Esto nos conduce a cuestiones acerca de las razones por las que las personas erigen edificios altos y, de forma especial, edificios de gran altura.

El edificio Larkin, ciudad de Nueva York, Nueva York, Estados Unidos, John A. y Edward L. Larkin, 1926 (nunca ejecutado), 108 plantas.
Reproducción tomada de History of the Skyscraper, *Francisco Mujica, Archeology & Architecture Press, París/Nueva York, 1929.*

Obviamente, la razón fundamental no siempre es del todo racional. Después de todo, a diferencia de otros, el Empire State fue un proyecto puramente especulativo, que no se construyó para una empresa en concreto. E incluso proyectos como el Chrysler también fueron especulativos en gran parte.

La década de 1920 fue testigo asimismo de una serie de proyectos sin construir que fueron diseñados para convertirse en los «más altos», como el edificio Larkin, de 108 plantas, en Nueva York, diseñado en 1926 por John A. Larkin y Edward L. Larkin. El proyecto, que estaba previsto que alcanzase los 368 m de altura, fue diseñado para albergar, posiblemente, ascensores de dos pisos.

La evolución en Europa

Mientras tanto, en Europa se estaban erigiendo edificios altos. El edificio de oficinas Witte Hus, de 11 plantas y aspecto de castillo, diseñado por Willem Molenbroek y terminado de construir en Rotterdam, Países Bajos, en 1898, generalmente está considerado el primer edificio alto de Europa. Pero no fue hasta 1932 cuando se completó el primer gran rascacielos en el Viejo Continente, en Amberes, Bélgica. Construido entre 1928 y 1932 en estilo Art Decó para el Algemeene Bankvereniging, el Torengebouw o Boerentoren (hoy, sede central de KBC Banking & Insurance Company) se convirtió y permaneció siendo el edificio más alto erigido en Europa hasta la década de 1950. Diseñado por los arquitectos Jan Vanhoenacker, Jos Smolderen y Emiel Van Averbeke, es una reminiscencia de los primeros grandes rascacielos americanos y comprendía una plataforma de observación abierta al público en la planta 24, actualmente cerrada.

Universidad Estatal de Moscú, Moscú, Rusia, Lev Rudnev, Sergei Tchernitchev, Pavel Abrosimov, Alexander Khriakov, 1953, 36 plantas. Fotografía: Airprint Business Communication, Bruselas.

El rascacielos como vehículo político

En los años cincuenta del siglo pasado, los rascacielos, que hasta el momento habían sido un producto de iniciativa privada, se convirtieron en una cuestión política. Entre 1937 y 1940, en la antigua URSS, los arquitectos Iofan, Chtchouko, Guelfreikh y Merkoulov habían diseñado el Palacio de los Sóviets. Este proyecto, de una altura de 416 m –superior a la del Empire State– fue diseñado para un lugar no lejos del kremlin de Moscú, y estaba previsto que fuese rematado con una enorme estatua de 100 m en honor a Lenin, pero el proyecto nunca fue construido. Tras la Segunda Guerra Mundial, a finales de los años cuarenta, se anunciaba que en la capital rusa se construirían ocho edificios de

Los edificios más altos del mundo en 1956

Nombre		Ciudad	País	Año	Plantas	Pies	Metros	Uso
1.	Edificio Empire State	Nueva York	EE. UU.	1931	102*	1.250	381	Oficinas
2.	Edificio Chrysler	Nueva York	EE. UU.	1930	77	1.046	319	Oficinas
3.	Edificio Cities Service (hoy edificio American International)	Nueva York	EE. UU.	1932	67	952	290	Oficinas
4.	El 40 de Wall Street (hoy edificio Trump)	Nueva York	EE. UU.	1930	70	927	283	Oficinas
5.	Edificio RCA (hoy edificio GE)	Nueva York	EE. UU.	1930	70	850	259	Oficinas
6.	Edificio Woolworth	Nueva York	EE. UU.	1913	57	792	241	Oficinas
7.	Universidad Estatal de Moscú	Moscú	URSS	1953	36	787	240	Uso académico
8.	Palacio de la Cultura y la Ciencia	Varsovia	Polonia	1955	42	758	231	Uso académico
9.	El 20 de Exchange Place	Nueva York	EE. UU.	1931	57	741	226	Oficinas
10.	Metropolitan Life Insurance Company Tower	Nueva York	EE. UU.	1909	50	700	213	Oficinas

En 1956, los diez edificios más altos se localizaban principalmente en la ciudad de Nueva York, donde en los veinte años anteriores no se había llegado a terminar de construir ningún edificio. Dos edificios se localizan en Europa del Este, construidos de acuerdo con los planes urbanísticos aprobados por Stalin.

(*) El edificio Empire State, en realidad, no tiene 102 plantas, ya que el mástil de amarre que hay encima de las 85 plantas de la estructura principal del edificio sólo tiene la plataforma de observación como planta útil; pero es ampliamente aceptada la mítica cifra de 102 plantas.

Fuente: G. Binder/Building & Data SA.

El transporte vertical en los edificios de gran altura

El transporte vertical en el World Trade Center, en la ciudad de Nueva York, presentó por primera vez un sistema de ascensores exprés y vestíbulos superiores. Era un modo de reducir el espacio ocupado por los huecos de ascensor dentro del edificio. Con relación al sistema de transporte vertical, el edificio consistía básicamente en tres torres idénticas construidas una encima de otra. Los vestíbulos superiores se crearon en las plantas 44 y 78, de tal forma que, para alcanzar cualquier planta entre la 44 y la 77, o para viajar desde la 78 hacia arriba, una persona tenía que, en el primero de los casos, llegar primero a la planta 44 y, en el segundo, a la 78, utilizando una de las cabinas del ascensor exprés o lanzadera indicadas (ver R1 y R2 en los planos del WTC), que la llevaría sin parada hasta estas dos plantas. Cada una de estas cabinas de ascensor lanzadera tenía capacidad para 60 personas por viaje. A su llegada a las plantas 44 y 78, todo era exactamente igual a como si alguien cogiese un ascensor en la planta baja de cualquier edificio alto estándar. Se disponía de cuatro grupos de ascensores (ver A, B, C y D en los planos del WTC) para llegar a cada área del edificio dentro de cada zona de la torre: de la planta baja a la 43 (la zona 1), de la 44 a la 77 (zona 2) y de la 78 hasta la última (zona 3). Si se hubiese utilizado un modelo tradicional de transporte vertical, es decir, con todos los ascensores empezando sus viajes en la planta baja, los huecos de ascensor añadidos habrían ocupado mucho más espacio, y éste no habría podido ser destinado a oficinas, con lo que el proyecto no habría sido económicamente rentable.

Esta idea de superponer grupos de ascensores en los mismos ejes verticales permite rentabilizar mejor la superficie del suelo. Los ascensores lanzadera, con solo dos paradas –en la planta baja y la 44, o en la planta baja y la 78– reducen el tiempo que se pierde en las paradas de los pisos intermedios. Por lo tanto, se pueden realizar más viajes en un lapso de tiempo menor y se puede operar con un menor número de cabinas de ascensor que en el modelo tradicional.

Otra forma de sacar mayor provecho al espacio útil reduciendo el número de huecos de ascensor son los ascensores de dos pisos que se utilizaron en el First Canadian Place, en Toronto (ver diagrama esquemático), en 1975, o en el Citicorp Center (hoy Citigroup Center) en Nueva York, en 1977: dos cabinas de ascensor superpuestas que utilizan el mismo hueco de ascensor puede trasladar el doble de gente que una cabina sencilla.

El primer ascensor de dos pisos se instaló a comienzos de la década de los treinta en el Cities Service Building (hoy American International Building) en la ciudad de Nueva York, pero el sistema nunca funcionó correctamente. Este hecho fue ampliamente difundido, pero Otis.com cuenta una versión diferente: estaba previsto que el sistema diese servicio de forma simultánea a una estación de metro proyectada para el sótano del edificio y a la planta del vestíbulo, pero la estación nunca se construyó, y el ascensor de dos pisos nunca operó realmente.

El edificio Time-Life, en Chicago, diseñado en 1968 por Harry Weese Associates, fue el primer edificio que utilizó realmente un sistema de ascensor de dos pisos. Con solo 30 plantas, también es uno de los edificios más bajos que utilizan este sistema, que, por lo general, sólo se encuentra en proyectos de gran altura.

Los ascensores de dos pisos obligan a que las plantas del edificio midan lo mismo allí donde el ascensor hace parada, de tal forma que las

cabinas estén siempre a ras de suelo cuando los pasajeros entren o salgan. Este requerimiento dejó de ser necesario en 2003, cuando Nippon Otis instaló por primera vez un nuevo tipo de ascensor de dos pisos en la torre Mori, de 54 plantas, en Roppongi Hills, Tokio, diseñado por Kohn Pedersen Fox Associates. Estos ascensores de dos pisos no obligan a que las plantas del edificio midan lo mismo, y resuelven los problemas de espacio de las torres con plantas desiguales al subir o bajar el ascensor hasta 2 m para alinearlo con el suelo.

En algunos edificios, como el Taipei 101 de C. Y. Lee y Asociados, en Taipéi, Taiwán, puede darse una mezcla de los conceptos de ascensor de dos pisos y vestíbulo superior. Este proyecto tiene vestíbulos superiores localizados en las plantas 35-36 y 59-60 y posee el ascensor más rápido del mundo, que asciende a una velocidad de 1.009 m por minuto, esto es, 60,67 km por hora. Estos ascensores Toshiba también presentan el primer sistema de control de la presión del mundo, que ajusta la presión atmosférica dentro de la cabina del ascensor y evita al usuario el incómodo «taponamiento de oídos».

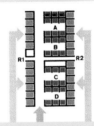

World Trade Center, ciudad de Nueva York, Nueva York, EE. UU., Minoru Yamasaki y Associates en asociación con Emery Roth & Sons, 1972-1973, 110 plantas.
Plano de la planta baja y vista axonométrica del sistema de transporte vertical con vestíbulos superiores en las plantas 44 y 78.
Planos reproducidos a partir del folleto informativo de Otis, Coll. G. Binder/Buildings & Data SA.

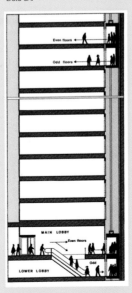

Ascensores de dos pisos en el First Canadian Place, Toronto, Ontario, Canadá, Edward Durrell Stone en asociación con Bregman + Hamann, 1975, 72 plantas.
Planos reproducidos a partir del folleto informativo de First Canadian Place, Call. G. Binder/Buildings & Data SA.

gran altura cuyos proyectos databan de los años treinta. Hasta la fecha se han construido siete de ellos. Todos estos primeros rascacielos rusos, que no iban a tener un aspecto similar al de sus homólogos americanos, podemos verlos como versiones a menor escala del plan propuesto para el Palacio de los Sóviets. En 1953, se terminó de edificar el más impresionante de los siete construidos, la Universidad Estatal de Moscú, a la que siguió en 1955 el Palacio de Cultura y Ciencias, de 231 m, que se encuentra en Varsovia, Polonia, y aún hoy es el edificio más alto del país. Ambos proyectos fueron diseñados por un equipo capitaneado por Lev Rudnev y fueron iniciativas gubernamentales, al igual que el resto de edificios altos que se construyeron en Moscú en esa misma década.

La aparición de la plaza

En la ciudad de Nueva York, a finales de los años cincuenta, se creó un nuevo concepto de edificio alto, la «torre sobre una plaza». Dos ejemplos famosos de este concepto son el Seagram, de 38 plantas, diseñado en 1958 por Mies van der Rohe con Philip Johnson y el arquitecto asociado Kahn & Jacobs, y el One Chase Manhattan Plaza, de 60 plantas, completado en 1961 por Gordon Bunshaft de Skidmore, Owings & Merrill. Ambos edificios introdujeron con brío el concepto de plaza y el One Chase Manhattan Plaza fue también el primero en tener una dirección «One... Plaza», algo que se iba a popularizar mucho en las direcciones postales de las empresas. Con ocasión del edificio de la nueva sede también se creó un nuevo logotipo y se cambió la tipografía a una san-serif. El conocidísimo octógono del banco, diseñado por Chermayeff & Geismar Associates, se convirtió en el nuevo logotipo de toda la compañía. Un alto y nuevo edificio se convertía en una oportunidad para renovar la imagen corporativa de la empresa: a través de los edificios altos, nacía un nuevo estilo de marketing.

En 1961, estos proyectos condujeron a una nueva normativa urbanística en la ciudad de Nueva York que, más tarde, tendría un impacto mundial. Si bien en las zonas residenciales se redujo la densidad, en las comerciales, más densas, se propuso una proporción del 15 de la superficie de la planta. (La proporción de la superficie de la planta, FAR en sus siglas inglesas, es la superficie total de la planta dividida entre la del lugar). Además de esta proporción básica del 15, se concedieron extras para la creación de plazas frente a los edificios, lo que significaba que erigir plantas más pequeñas permitía construir mayores proyectos, con un 20% adicional permitido, con lo que se transformaba la proporción del 15 en una del 18, como en el caso del Citicorp Center (hoy Citigroup Center). Modelos como el edificio Seagram y el One Chase Manhattan Plaza han sido imitados durante décadas en todo el mundo, en muchos casos muy mal; tanto desde el punto de vista arquitectónico como desde el urbanístico, la plaza se convirtió en el modo para construir más alto... y más grande. Vale la pena señalar que, si bien estos dos proyectos fueron diseñados como edificios de oficinas, más tarde fueron copiados como modelos para torres destinadas a la especulación urbanística.

Las iniciativas de la Europa occidental

Con los ejemplos construidos ya vistos en Europa del Este y los nuevos edificios altos construidos y proyectados en Nueva York, se dieron los primeros pasos en Europa Occidental hacia proyectos de bloques de pisos muy altos. Un dato interesante: el primer proyecto importante de bloque de pisos en Europa fue una iniciativa del Gobierno francés. Llevado a cabo finalmente por un dúo de promotores franceses y americanos, el Tour Maine-Montparnasse en París, Francia (que fue el edificio de bloques de pisos más alto de Europa hasta 1990, a excepción de la Universidad Estatal de Moscú y

Los edificios más altos en 1966

Nombre	Ciudad	País	Año	Plantas	Pies	Metros	Uso
1. Edificio Empire State	Nueva York	EE. UU.	1931	102	1.250	381	Oficinas
2. Edificio Chrysler	Nueva York	EE. UU.	1930	77	1.046	319	Oficinas
3. Edificio Cities Service (hoy edificio American International)	Nueva York	EE. UU.	1932	67	952	290	Oficinas
4. El 40 de Wall Street (hoy edificio Trump)	Nueva York	EE. UU.	1930	70	927	283	Oficinas
5. Edificio RCA (hoy edificio GE)	Nueva York	EE. UU.	1930	70	850	259	Oficinas
6. One Chase Manhattan Plaza	Nueva York	EE. UU.	1961	60	813	248	Oficinas
7. Edificio Pan Am (hoy edificio MetLife)	Nueva York	EE. UU.	1963	59	808	246	Oficinas
8. Edificio Woolworth	Nueva York	EE. UU.	1913	57	792	241	Oficinas
9. Universidad Estatal de Moscú	Moscú	URSS	1953	36	787	240	Uso académico
10. Palacio de Cultura y Ciencia	Varsovia	Polonia	1955	42	758	231	Uso académico

Los diez edificios más altos del mundo en 1966 se parecen mucho a los de 1956, con dos nuevas entradas importantes: el edificio Pan Am y el One Chase Manhattan Plaza, el primer edificio importante completado en el centro de Nueva York desde la década de los treinta.

Fuente: G. Binder/Building & Data SA.

Diseño conceptual de superrascacielos

Entre mediados de los años setenta y comienzos de los noventa del siglo pasado, cuando realmente aún se habían construido pocos edificios de gran altura, se diseñó una serie de proyectos de edificios de gran altura.

Esto hace pensar que existe una correlación entre periodos de inactividad en la construcción de proyectos de gran altura y el diseño creativo de nuevos proyectos. Un ejemplo de ello es el Mile High Illinois de Frank Lloyd, diseñado en 1956 con una altura propuesta de una milla (1.609,34 m).

A finales de los años setenta, el arquitecto Robert Sobel del estudio Emery Roth & Sons y el ingeniero Nat W. Krahl realizaron un diseño conceptual de torre de 500 plantas. Este proyecto teórico, propuesto para Houston, se componía de un conjunto de dieciséis tubos triangulares con caras de 60,96 m, dispuestos en un triángulo equilátero de 243,84 m. Los tubos del perímetro se interrumpían a diferentes alturas, mientras que dentro del edificio algunos tubos podían ser interrumpidos a fin de rebajar el volumen de la torre cuando se acercara al cielo y también como una oportunidad para crear atrios dentro de la torre. Únicamente uno de los tubos del proyecto alcanzaría la altura total de 500 plantas y una milla de altura. Como proyecto, con su plaza colindante, habría ocupado dieciséis manzanas tipo de la ciudad, que en Houston en realidad son bastante pequeñas, de 76,2 x 76,2 m.

A comienzos de los años ochenta, Harry Weese diseñó para Chicago una torre de uso mixto de 762 m de altura y 210 plantas, compuesta de siete módulos de 30 plantas apilados.

El Television City, un proyecto ideado por el arquitecto Murphy/Jahn y el promotor Donald J. Trump junto al río Hudson, en Nueva York, fue otro proyecto de edificio de gran altura anunciado en 1985. El proyecto, desarrollado sobre 40,5 hectáreas, consistía en una serie de seis torres residenciales, una torre más alta desde la que transmitiría la NBC y un edificio de 150 plantas y 509 m de alto, la pieza central del proyecto. A diferencia de la mayoría de los proyectos de edificios de gran altura de Estados Unidos –construidos o sólo soñados–, que, por lo general, son torres independientes, el Television City fue ideado de forma parecida a los proyectos contemporáneos de Asia y Oriente Próximo, como las torres Petronas, el International Commerce Center de Hong Kong y el Burj Khalifa, piezas centrales de proyectos más grandes, que constan de varios edificios dispuestos en un parque paisajístico.

Hace casi veinte años, el ingeniero de estructuras William LeMessurier –el Citicorp Center, en Nueva York, es uno de sus más famosos logros– dijo de su propio esquema para un edificio de gran altura, el Ereswho Center de 207 plantas: «No existe ninguna posibilidad de que se construya jamás... porque no hay ningún lugar donde pueda imaginar que tenga sentido» (*Discover*, septiembre de 1988).

En 1989, el promotor Miglin-Beitler reveló su proyecto de una torre para Chicago de 609 m de altura y 125 plantas, diseñada por Cesar Pelli & Associates junto con el arquitecto HKS. Ese mismo año, Norman Foster dio a conocer su diseño para la torre Millennium, de 840 m, en Tokio, envuelta en una estructura helicoidal integrada en la forma triangular del edificio. En 1989 también fue diseñado la Tour Sans Fins (Torre Sin Fin), de 425,80 m de altura y obra de Jean Nouvel y Asociados, para La

Estudio de concepto de gran altura, Houston, Texas, EE. UU., del arquitecto Robert Sobel, de Emery Roth & Sons, y el ingeniero Nat W. Krahl, c. 1979, 500 plantas. Fotografía cortesía de Robert Sobel.

Défense, en París. Estaba previsto que la torre tuviese extremidades no visibles, que descendían varios niveles por debajo del suelo como si fuese un cráter; en el otro extremo, el cuerpo central del edificio iba a crecer de forma cada vez más ligera hasta hacerse transparente en la parte alta, hasta fusionarse con las nubes.

Los años ochenta y noventa presenciaron una serie de diseños conceptuales japoneses de supertorre de pisos, como el DIB 200 (DIB, por Dynamic Intelligent Building, es decir, Edificio Dinámico Inteligente), un proyecto de uso mixto de 200 plantas y 800 m de altura, diseñado por Kajima Corporation. El X-Seed 4000, una estructura en forma de pirámide circular diseñada por Taisei, tenía intención de dar la bienvenida a 700.000 personas y fue programada para ser construida en el lapso de unos treinta años. El proyecto, con una altura total de unos 4.000 metros habría tenido residencias hasta los 2.000 m. Una última mención en esta breve enumeración de superrascacielos no construidos es para otro proyecto japonés inspirado fuertemente en la torre de Sobel/Krahl, de 500 plantas, diseñada años antes y descrita anteriormente. Siendo positivos, tal emulación podría parecer un respaldo a que ese sueño (o pesadilla para algunos) es alcanzable.

el Palacio de la Cultura y Ciencia, con aguja incluida), formó parte de la renovación urbanística realizada alrededor de la estación de trenes de Montparnasse, que incluía una torre de oficinas de 58 plantas, finalmente completada en 1973, pero que formaba parte del plan rector de los años cincuenta. En 1958 se creó un ente público para supervisar la realización del barrio de La Défense, que pretendía convertirse en la principal zona de edificios altos en la región parisina. Ambos proyectos, tanto el de renovación urbanística Maine-Montparnasse como el del barrio de La Défense, fueron iniciativas gubernamentales y, aunque todos los edificios altos fueron erigidos por el sector privado, el sector público ideó los planes maestros.

En 1990, Europa dejó de nuevo su huella en la escena del edificio alto con la finalización del MesseTurm, de 278 m, construido en Frankfurt, Alemania, por Tishman Speyer Properties, con sede en Nueva York, y diseñado por Murphy/Jahn. En 1991 se terminó el One Canada Square de 236 m, en Canary Wharf, construido en Londres por Olympia & York, con base en Toronto, y diseñado por Cesar Pelli & Associates.

Un nuevo «edificio más alto del mundo»

Volviendo a Estados Unidos, en Nueva York, el One Chase Manhattan Plaza, de 60 plantas y techo plano, se alejó de la imagen romántica del *skyline* de la ciudad de Nueva York, hasta entonces dominado por las primitivas torres rematadas por agujas en el extremo de la isla. Poco después de la finalización del One Chase Manhattan Plaza, ya había planes para lo que se convertiría en un World Trade Center. El proyecto era una iniciativa de la Autoridad Portuaria de Nueva York y Nueva Jersey. Por primera vez en Estados Unidos, el sector público, y no un promotor o empresa privada, promovía un rascacielos de gran altura. Y por primera vez desde 1931, había un serio aspirante al título de «edificio más alto del mundo». Estas dos torres gemelas, de 110 plantas, que en un principio iban a tener una altura de 411 m –30 m más altas que el Empire State– y que al final fueron de 415 y 417 m, mantuvieron el título de edificio más alto del mundo durante un breve espacio de tiempo, desde su construcción en 1972-1973 hasta que se culminó la torre Sears, en 1974. Los innovadores proyectos del WTC, realizados por Minoru Yamaski & Associates junto con el arquitecto Emery Roth & Sons y los ingenieros industriales Skilling y Roberts, hicieron posible una torre que ofrecía grandes y diáfanas plataformas. En el sistema de marco estructural de las torres, las paredes exteriores, que consistían en columnas de acero dispuestas a intervalos de un metro, soportaban las cargas verticales, resistían las cargas laterales del viento y suprimían la necesidad de columnas interiores.

Los edificios de gran altura de los años setenta y ochenta

El primero del ciclo de edificios de gran altura de los años setenta fue el John Hancock Center en Chicago, de 100 plantas y uso mixto, diseñado por Bruce Graham y Fazlur Khan de Skidmore, Owings &

Merrill. Finalizado en 1970, este proyecto fue el primer edificio superalto de «uso mixto». En 1973, el Standard Oil Building (hoy Aon Center) de 83 plantas y 346 m, diseñado por Edward Durell Stone y el Perkins + Will Partnership, rebasó el John Hancock Center por tan solo 2,75 m. En 1974, la torre Sears, con sus 110 plantas y 442 m, diseñado por Bruce Graham y Fazlur Khan de Skidmore, Owings & Merrill, se convirtió en el nuevo edificio más alto del mundo, al superar al World Trade Center por 25 m. La torre Sears es un ejemplo de sistema estructural de tubos agrupados que proporciona grandes espacios libres de columnas y vanos de 21 m. Para reducir el esfuerzo cortante, la estructura cuenta con refuerzos diagonales únicamente en los dos niveles mecánicos que hay antes de cada retranqueo.

Las siguientes series de edificios de gran altura aparecieron en la expansión de la ciudad de Houston a comienzos de los años ochenta: en 1982 se inauguró la torre Texas Commerce (hoy torre JP Morgan Chase), de 75 plantas y 303 m, promocionada por Gerald D Hines Interests y diseñada por I. M. Pei & Partners con 3/D International; seguida de cerca, en 1983, por el Allied Bank Plaza (hoy Wells Fargo Plaza) de 71 plantas y 302 m, diseñado por Richard Keating de Skidmore, Owings & Merrill. De forma sorprendente, el promotor y el arquitecto del Allied Bank Plaza no trataban de superar la torre Texas Commerce ya concluida, puesto que, como durante un tiempo los dos proyectos se estuvieron construyendo simultáneamente, el equipo del Allied Bank Plaza no conocía la altura final de la Texas Commerce.

Entre los últimos edificios de gran altura acabados en América en esta década está la torre Library (hoy, US Bank), de 73 plantas y 310 m, concluida en 1989 en Los Ángeles y diseñada por Pei Cobb Freed & Partners con Ellebe Becket como arquitecto asociado. Superó al edificio United California Bank (hoy, Aon Center) de 62 plantas, diseñado por Charles Luckman Associates y, con cuyos 261,50 m, había sido el edificio más alto de la ciudad desde 1974.

La arquitectura como imagen corporativa

Proyectos como el AT&T Corporate Center, de 61 plantas, y la torre Sears, con sus 110 plantas, en Chicago, la torre del Banco de China, de 70 plantas, en Hong Kong, o incluso el RepublicBank Center (hoy, Bank of America Center), de 50 plantas, en Houston, tienen la misma filosofía de diseño inmobiliario incluso en su arquitectura, tecnología y medios de desarrollo.

A diferencia de la torre Sears y el Bank of China, promovidos y pertenecientes (al menos en los primeros años de la torre Sears) a las empresas que les daban nombre, el RepublicBank Center, que había sido ideado para convertirse en la sede central del RepublicBank en Houston, era fruto de un conocido promotor de edificios altos, Gerald D. Hines Interests, y no de la empresa cuyo nombre aparecía en la puerta de entrada. Para el público general, estos edificios representan a las empresas que se anuncian en su conjunto, y no a los numerosos inquilinos que también albergan.

En los ejemplos citados anteriormente, las empresas utilizaron la parte inferior de los edificios del modo más lógico: estas grandes compañías necesitan grandes superficies de suelo, por lo que los niveles superiores estaban previstos para la posible futura expansión de la empresa. En muchos casos, ésta desocupaba el edificio mucho antes de que ocurriese ninguna expansión, como en el caso de Sears, y el edificio se alquilaba a inquilinos externos. Los niveles más altos proporcionaron una gran variedad de espacio alquilable, en algunos casos con mucho más que las habituales cuatro esquinas, una comodidad altamente comercializable, especialmente en los años ochenta. La parte superior del edificio, con más oficinas cercanas a ventanales, alcanzaron alquileres más altos que si el principal ocupante se hubiese apoderado de los niveles superiores. El reducido tamaño de los niveles superiores también redujo la inversión global necesaria para construir torres de oficinas centrales como ésas. En muchos casos, como en el del One Chase Manhattan Plaza en Nueva York, el AT&T Corporate Center en Chicago y la torre del Banco de China, las empresas propietarias utilizaban sólo los niveles inferiores para su personal, y conservaban el superior para salas de conferencias y comedores de lujo. El prestigio de la altura...

Así, durante décadas, los rascacielos más altos promocionaron a las empresas que los ocupaban. Entre los primeros ejemplos están el edificio Chrysler, el Cities Service, el edificio RCA, el Woolworth y la torre Metropolitan Life Insurance Company, todos ellos en Nueva York. En los años sesenta, también en Nueva York, el edificio Pan Am

probablemente era más famoso por su nombre, que recordaba la imagen de la era de los reactores, que por el edificio en sí. El One Chase Manhattan Plaza introdujo con brío la característica de la plaza asociada con el marketing corporativo y el nombre del edificio. En la siguiente década, la torre Sears de Chicago se convirtió en el tótem de la publicidad más alto del mundo para Sears, Roebuck and Co. En la costa oeste, el United California Bank colocó su logotipo sobre su edificio de 62 plantas de Los Ángeles, mientras que, en San Francisco, la Transamerica Corporation, un conglomerado enorme, dio nombre a sus oficinas centrales piramidales de 260 m de altura, la «Transamerica Pyramid», y distribuía sus folletos en el vestíbulo a la vez que utilizaba el logo de la empresa con la forma del edificio en todo tipo de publicidad. Incluso se creó un lema de marketing para la empresa, «el poder de la Pirámide[sm]».

¿Qué hay detrás de un nombre? Hoy, la Torre Sears ya no pertenece ni está ocupada por Sears, Roebuck and Co., pero oficialmente todavía se la llama torre Sears. El edificio Pan Am, en Nueva York, que desde 1979 no pertenece a la Aerolínea Panamericana, finalmente fue rebautizado como MetLife a comienzos de los años noventa, pero en el habla popular sigue siendo el edificio Pan Am. Aunque la Pirámide Transamérica ya no pertenece a las oficinas centrales de la Transamerica Corporation –la empresa conserva una pequeña presencia como inquilina–, todavía utiliza la imagen del edificio como logo de su marca registrada y el nombre de Pirámide Transamérica ha permanecido, como si fuese parte del edificio.

La década de los noventa: el edificio de gran altura llega a Asia

Tanto el cambio de década, como el arquitecto I. M. Pei, fueron catalizadores de la proliferación de los edificios altos en Asia. Aunque

Los edificios más altos del mundo en 1976

Nombre		Ciudad	País	Año	Plantas	Pies	Metros	Uso
1.	Torre Sears	Chicago	EE. UU.	1974	110	1.450	442	Oficinas
2.	One World Trade Center	Nueva York	EE. UU.	1972	110	1.368	417	Oficinas
3.	Two World Trade Center	Nueva York	EE. UU.	1973	110	1.362	415	Oficinas
4.	Edificio Empire State	Nueva York	EE. UU.	1931	102	1.250	381	Oficinas
5.	Edificio Standard Oil (hoy Aon Centre)	Chicago	EE. UU.	1973	83	1.136	346	Oficinas
6.	Edificio John Hancock Centre	Chicago	EE. UU.	1970	100	1.127	344	Uso mixto
7.	Edificio Chrysler	Nueva York	EE. UU.	1930	77	1.046	319	Oficinas
8.	First Canadian Place	Toronto	Canadá	1975	72	978	298	Oficinas
9.	Edificio American International (al inicio, edificio Cities Service)	Nueva York	EE. UU.	1932	67	952	290	Oficinas
10.	El 40 de Wall Street (hoy edificio Trump)	Nueva York	EE. UU.	1930	70	927	283	Oficinas

Los diez edificios más altos del mundo en 1976 incluían, por primera vez desde la década de los treinta, una serie de edificios de gran altura con tres edificios más altos que el Empire State, el edificio más alto del mundo durante cuarenta años. Chicago dejó su marca con un rascacielos de uso mixto que aparecía por primera vez en la lista: el John Hancock Centre, con el apartamento a mayor altura del mundo, a 305 m. Todos estos edificios se encuentran en América del Norte.

Fuente: G. Binder/Building & Data SA.

despúes, en 1997. ¿Quién iba a imaginar que las dos agujas sobre el edificio tendrían tanta influencia en la apariencia de la gran mayoría, si no todas, las torres superaltas acabadas desde entonces? De los ocho edificios que son más altos que el proyecto Pei y fueron acabados después que el Banco de China, sólo uno no tiene la ahora habitual aguja: el Two International Finance Centre de 88 plantas, que fue acabado no hace mucho en Hong Kong. E incluso ése –aunque su tejado es plano– tiene una especie de corto chapitel coronándolo.

En 1998, las torres Petronas (también conocidas como torres gemelas Petronas), en Kuala Lumpur, de 88 plantas, entonces el edificio más alto del mundo, llevaban el nombre de una compañía petrolífera que, por aquella época, era relativamente desconocida en Occidente. Pero la finalidad en este caso era diferente. Las torres Petronas eran un proyecto promovido por el primer ministro de Malasia con la intención de colocar a su país en el mapa mundial. Y funcionó, porque si unos pocos conocen la marca Petronas, muchos más están al corriente de la posición de las torres Petronas, hasta hace poco las más altas del mundo, y de su ubicación.

Taipéi, por medio de su Taipei 101, de 101 plantas y diseñado por C.Y. Lee & Partners, también quiso hacer público su éxito económico con una arquitectura de gran altura, uno de los actuales edificios más altos del mundo. Estos dos proyectos asiáticos han introducido un nuevo tipo de marketing geográfico por medio la arquitectura. Ambos proyectos cuentan con un enfoque del estilo arquitectónico del tipo contexto regionalista. El edificio Taipei 101 ha sido el edificio más alto del mundo hasta la inauguración del Burj Khalifa y es, por supuesto, una declaración política en el contexto de la historia de Taipéi.

Los proyectos de Kuala Lumpur y Taipéi pueden verse como proyectos de gran altura excepcionales, diseñados para promocionar una ciudad o país. Esta promoción ha sido un éxito, ya que los proyectos han sido publicados reiteradamente en la prensa mundial. De una manera similar, la torre Jin Mao, en Shanghái, atrajo la atención hacia un país que estaba evolucionando espectacularmente desde la construcción china tradicional a los altos rascacielos, tanto comerciales como residenciales. Esta evolución comenzó en Shanghái y Shenzhen y se desplazó hasta Pequín; Shanghái adoptó el papel de próximo centro financiero asiático por medio de su zona Pudong, que tiene uno de los grupos más dinámicos de edificios altos jamás construidos. Sin embargo, esta carrera de la edificación ha ignorado en muchos casos la realidad de la economía y China ha experimentado un gran número de edificios altos vacíos al terminarse y, en muchos de los ejemplos más tempranos, también edificios mal diseñados o mal construidos.

Con el acercamiento del cambio de la primera década del milenio, el edificio de gran altura se está convirtiendo en una pancarta

Taipei 101, Taipéi, Taiwán, C. Y. Lee & Partners Architects/Planners, 2004, edificio de 101 plantas.
Fotografía cortesía de C. Y. Lee & Partners Architects/Planners.

en los años sesenta ya habían comenzado a construirse edificios altos a lo largo y ancho de Asia, especialmente en Hong Kong, existían muy pocas torres realmente altas en esa parte del mundo. Había unas pocas torres significativas en Tokio y Hong Kong, como el Connaught Center (hoy Jardine House), de 52 plantas y 178 m, destacable por sus ventanas redondas, y el gemelo Exchange Square, de 52 plantas, ambos diseñados por P&T Group y finalizados en 1973 y 1985, respectivamente. Estas localidades eran más notables por su densidad que por la altura de sus edificios, pero eso cambiaría pronto.

En Hong Kong, en 1989, la torre del Banco de China, de 70 plantas y 367 m, un importante hito en la construcción de edificios de gran altura, diseñado por I. M. Pei & Partners, fue la primera iniciativa asiática real hacia la construcción de este tipo de edificaciones. El proyecto, inaugurado oficialmente en mayo de 1990, fue promovido y es propiedad del Banco de China. Aparte de ser un edificio de oficinas centrales, también era una declaración política del Gobierno chino, que iba a recuperar la soberanía sobre Hong Kong unos años

publicitaria para la sociedad en general, más que para la gran empresa. Esta evolución también está unida al hecho de que la mayoría de los proyectos de edificios de gran altura actualmente en vías de construcción son torres de uso mixto, mientras que la historia de este tipo de edificios ha tenido que ver sobre todo con edificios de un único uso para oficinas. De la misma manera en que los edificios altos de oficinas necesitan inquilinos importantes (como en el caso del RepublicBank en Houston) para asegurarse la viabilidad económica del proyecto, el edificio de uso mixto es otro modo de alcanzar el mismo objetivo: se ha comprobado, por ejemplo, que los hoteles, que responden a la creciente demanda de la industria del turismo y los viajes, son un inquilino valioso y de gran importancia, que asegura la viabilidad de la construcción de un proyecto.

Año 1995: la aparición de Oriente Próximo

El año 1995 fue un hito para las estructuras superaltas de Oriente Próximo, con el anuncio del edificio hotelero más alto del mundo en Dubái: el Chicago Beach Hotel, de 321 m de alto, conocido desde su finalización como el Burj Al Arab. El hotel, diseñado por WS Atkins, está situado en alta mar en una isla artificial y cuenta con un espectacular atrio de más de 180 m. Desde la década de 1990, los edificios altos en Oriente Próximo se encontraban principalmente en El Cairo, Egipto, y en Israel, con una serie de edificios bastante altos, acabados desde mediados de los años sesenta y una torre de uso mixto y 244 m, finalizada en Ramat Gan, cerca de Tel Aviv, en 2001.

En Dubái, al Burj Al Arab pronto le siguieron las torres Emirates (hoy torres Jumeirah Emirates), gemelas de 355 y 309 m. Dubái se había instaurado definitivamente como el lugar donde vivir a grandes alturas se había convertido en un modo de vida, con el apoyo manifiesto de Sheikh Mohammed bin Rashid Al Maktoum, por aquel entonces príncipe heredero de Dubái y hoy su gobernante. El

Burj Dubai, Dubái, Emiratos Árabes Unidos, Adrian Smith, Consulting Design Partner, Skidmore, Owings & Merrill, 2009, más de 150 plantas. Fotografía cortesía de Skidmore, Owings & Merrill LLP.

Los edificios más altos del mundo en 1986

Nombre		Ciudad	País	Año	Plantas	Pies	Metros	Uso
1.	Torre Sears	Chicago	EE. UU.	1974	110	1.450	442	Oficinas
2.	One World Trade Center	Nueva York	EE. UU.	1972	110	1.368	417	Oficinas
3.	Two World Trade Center	Nueva York	EE. UU.	1973	110	1.362	415	Oficinas
4.	Edificio Empire State	Nueva York	EE. UU.	1931	102	1.250	381	Oficinas
5.	Edificio Standard Oil (hoy Aon Centre)	Chicago	EE. UU.	1973	83	1.136	346	Oficinas
6.	John Hancock Centre	Chicago	EE. UU.	1970	100	1.127	344	Uso mixto
7.	Edificio Chrysler	Nueva York	EE. UU.	1930	77	1.046	319	Oficinas
8.	Torre Texas Commerce (hoy torre JP Morgan Chase)	Houston	EE. UU.	1982	75	993	303	Oficinas
9.	Allied Bank Plaza (hoy Wells Fargo Plaza)	Houston	EE. UU.	1983	71	992	302	Oficinas
10.	First Canadian Place	Toronto	Canadá	1975	72	978	298	Oficinas

Los diez edificios más altos en 1986 incluían proyectos construidos hacía poco en Houston tras un repunte de la economía local.

Fuente: G. Binder/Buildings & Data SA.

ejemplo de la iniciativa del primer ministro malasio de promover las torres Petronas como símbolo de Malasia también fue aplicado en Dubái, que rápidamente se convirtió en un lugar de visita para turistas extranjeros con hoteles como el Burj Al Arab y las torres Emirates, destinos por sí mismos.

Poco después, se anunció otra sucesión de proyectos de gran altura, entre los que está el siguiente edificio más alto del mundo: el Burj Khalifa, de más de 800 m y uso mixto, diseñado por Adrian Smith, Consulting Design Partner en Skidmore, Owings & Merrill. Enclavado en un parque paisajístico, Burj Khalifa (conocido como Burj Dubai durante su construcción) es la joya de un conjunto urbano mayor.

Nuevas torres superaltas en Oriente Próximo y Asia
La filosofía de los edificios altos de Dubái ha sido exportada a otras partes de Oriente Próximo: la Dubai International Properties tiene actualmente en construcción las Dubai Towers en Doha, Qatar, una torre de uso mixto de 445 m diseñada por Hazel WS Wong de RMJM Dubai. El proyecto, de 86 plantas, comprenderá espacios para tiendas, oficinas, residencia y plazas hoteleras, y supondrá una fuerte declaración de Doha, al elevarse por encima del Golfo de Arabia. En Estambul, el mismo promotor planea construir un dúo de torres gemelas superaltas, diseñadas por Skidmore, Owings & Merrill.

Entre tanto, Asia continúa produciendo edificios, como el famoso Shanghai World Financial Center, en Shanghái, de 492 m de altura y 101 plantas, inaugurado en 2008 con un diseño de Kohn Pedersen Fox Associates, y que consta de oficinas, hotel y lugares de ocio; y el International Commerce Center, en construcción en Kowloon, Hong Kong, de 484 m y 118 plantas, diseñado por Kohn Pedersen Fox Associates, que comprenderá oficinas, hotel, tiendas y zonas de ocio,

además de una conexión exprés vía ferrocarril con el aeropuerto. Junto con su vecina, la torre Jin Mao, el Shanghai World Financial Center será la cúspide de Pudong, promocionando Shanghái como el lugar para hacer negocios en el siglo XXI. El proyecto de 118 plantas en Hong Kong creará, junto con el Two International Finance Center de 88 plantas, un portal de entrada a la ciudad con el efecto de un puente virtual sobre la bahía, de igual forma que el puente Golden Gate crea una sensación de llegada a quienes visitan San Francisco por primera vez. El International Commerce Center forma parte de la Union Square, un conjunto más grande que comprende casas, oficinas, hoteles, tiendas, un parque paisajístico y también actividades culturales. El proyecto fue concebido como un centro de transporte que conectaba la zona de Kowloon con el aeropuerto Chep Lap Kok; los edificios de gran altura de Hong Kong ya no son proyectos de oficinas con un único uso.

Se esperan que otras torres superaltas de uso mixto creen nuevos modos de vida en Corea del Sur. En Busán, la torre Lotte World II, de 107 plantas, diseñada por Parker Durrant International, proporcionará espacios para oficinas, plazas hoteleras y tiendas; en New Songdo City, la torre Asia Trade, de 65 plantas y 305 m, diseñada por Kohn Pedersen Fox Associates, se convertirá en uno de los edificios de gran altura de uso mixto más diverso jamás diseñado, y comprenderá espacios de oficinas, residenciales, hoteleros y comerciales.

Estados Unidos hoy en día
En Estados Unidos, por primera vez en casi quince años, se están construyendo de nuevo edificios altos por encima de los 300 m. En Chicago, la torre y hotel Trump Chicago International se inauguró oficialmente en abril de 2008. El proyecto de 423 m y 92 plantas, diseñado por Adrian Smith de Skidmore, Owings & Merrill, comprende

Los edificios más altos del mundo en 1996

Nombre		Ciudad	País	Año	Plantas	Pies	Metros	Uso
1.	Torre Sears	Chicago	EE. UU.	1974	110	1.450	442	Oficinas
2.	One World Trade Center	Nueva York	EE. UU.	1972	110	1.368	417	Oficinas
3.	Two World Trade Center	Nueva York	EE. UU.	1973	110	1.362	415	Oficinas
4.	Edificio Empire State	Nueva York	EE. UU.	1931	102	1.250	381	Oficinas
5.	Central Plaza	Hong Kong	China*	1992	78	1.227	374	Oficinas
6.	Torre del Banco de China	Hong Kong	China*	1989	70	1.205	367	Oficinas
7.	Edificio Amoco (hoy Aon Center)	Chicago	EE. UU.	1973	83	1.136	346	Oficinas
8.	John Hancock Center	Chicago	EE. UU.	1970	100	1.127	344	Uso mixto
9.	Edificio Chrysler	Nueva York	EE. UU.	1930	77	1.046	319	Oficinas
10.	NationsBank Plaza (hoy Bank of America Plaza)	Atlanta	EE. UU.	1992	57	1.039	317	Oficinas

(*) Hong Kong volvió a formar parte de China en 1997.

Los diez edificios más altos en 1996 incluían proyectos asiáticos por primera vez, entre ellos uno no diseñado por un arquitecto con base en América, el Central Plaza, de Ng Chun Man & Associates, hoy Dennis Lau & Ng Chun Man.

Fuente: G. Binder/Buildings & Data SA.

también espacios de uso mixto destinados a tiendas, plazas hoteleras y residencia, pero no oficinas –la primera torre que supera los 300 m construida en Estados Unidos sin espacio para oficinas–. Este proyecto podría haber sido el más alto del país; pero, tras los atentados terroristas del 11 de septiembre, por razones obvias, Donald J. Trump prefirió no añadir otros 30 m para alcanzar tal distinción.

En 2006 comenzó la construcción de otra torre de uso mixto en Chicago. La torre Waterview, de 90 plantas y 320 m, diseñada por Thomas Hoef y Edward Wilkas de Teng Associates, también incluirá un hotel y residencias pero, de nuevo, no incluirá oficinas. Desde que se finalizó el John Hancock Center en 1970, Chicago es la ciudad de Estados Unidos donde los edificios de torres de pisos de uso mixto han sido más ampliamente aceptados.

La actual cosecha de edificios de oficinas en Estados Unidos parece tener una medida compatible con las necesidades del mercado, no como los ejemplos alimentados por el ego del pasado. Entre los nuevos edificios altos de Nueva York dignos de mención están la torre New York Times, de 319 m, diseñada por Renzo Piano Building Workshop y FXFOWLE Architects, y, no muy lejos, la torre Bank of America, de 366 m, diseñada por Cook+Fox Architects con Adamson Associates como arquitecto asociado. El nombre de cada proyecto lo dice todo: una respuesta a la demanda. No fue el caso del World Trade Center cuando fue construido hace unas décadas. El primitivo sitio del WTC en Nueva York estaba programado para que en el futuro albergase el segundo edificio más alto de América del Norte, con 417 m, o el más alto, con 541 m, si incluimos la antena.

La actividad actual en Europa

Con una serie de proyectos que actualmente están en construcción o recién inaugurados en Europa, el Viejo Continente puede presentar horizontes que en algunos lugares no se hubieran podido imaginar hace diez años. Londres ha desvelado varios proyectos programados para convertirse en monumentos de la ciudad, incluido el Shard, de 310 m, en el London Bridge, diseñado por Renzo Piano Building Workshop, y la torre Bishopsgate, de 288 m, diseñada por Kohn Pedersen Fox Associates. La ciudad de Moscú está llevando a cabo grandes cambios con una serie de proyectos recientemente concluidos –como el Triumph-Palace, edificio residencial de 264 m, diseñado por Tromos–, y con la construcción de varios proyectos de gran altura de uso mixto entre los que está el Moscow International Business Center, diseñado por Swanke Hayden Connell Architects, el Capital City, diseñado por NBBJ, y el más alto de todos ellos con 448 m, la torre Federación, diseñada por Peter Schweger/ASP Schweger Assoziierte y Sergei Tchoban/nps tchoban voss. La ampliación de la ciudad de Moscú, donde se encuentra la gran mayoría de los actuales edificios de gran altura de Moscú, es una iniciativa de las autoridades de la ciudad, y algunos de sus proyectos

Torre Moscow City, Moscú, Rusia, Foster and Partners, 2006 (diseño hecho público), 118 plantas.
Imagen renderizada cortesía de Foster and Partners.

están financiados por los bancos estatales. Estas demostraciones políticas recuerdan a varios proyectos asiáticos.

En 2006 se anunció una nueva torre superalta de uso mixto para el centro histórico de Moscú: la Moscow Tower, de 118 plantas y 600 m diseñada por Foster and Partners; podría convertirse en el edificio más alto de Europa, con lo que se superaría a Estados Unidos por primera vez desde 1930.

En París, EPAD, el ente público responsable de regular el desarrollo de La Défense, el barrio de edificios altos a las afueras de París, tiene un plan que podrá permitir la construcción o reconstrucción de más 830.000 metros cuadrados de espacio de oficinas. La propuesta incluye una torre de 396 m, que será objeto de un concurso internacional de arquitectura. Un folleto reciente asegura: «A pesar de que en América, Asia y también Europa florecen proyectos que combinan la innovación formal con la 'conquista del cielo', resulta inconcebible que La Défense tenga que permanecer atrapada bajo el límite máximo actual de 60 m. Los proyectos de concurso internacional para las próximas torres romperán los tabúes acerca de las torres de pisos y situará a La Défense en el horizonte internacional. Esto se verá confirmado por la construcción de una torre de oficinas de al menos 400 metros de alto, que estimulará la vista y el espíritu por igual. Se trata de la torre Signal, cuya silueta será un impresionante signo de exclamación en el comentario del curso de La Défense» (*La Défense 2015/Le sens de l'avenir*, EPAD, París, 2006). Aunque el edificio alto había representado la modernidad en Europa desde los años sesenta hasta los setenta, sus alturas por lo general habían permanecido modestas. La cita del folleto de La Défense es quizás la primera en Europa en sugerir que los edificios de gran altura tienen un impacto en su potencial económico dentro de una competitiva economía global.

Construida hace más de un siglo, la torre Eiffel ha definido la altura de la mayoría de los edificios de gran altura, incluso desde que comenzó la carrera con el edificio Chrysler, que superó a la torre parisina por un pequeño margen. Parece que Europa quiere estar de nuevo en la escena del horizonte internacional.

Conclusiones

Los rascacielos de gran altura, en otro tiempo considerados un producto norteamericano (sobre todo estadounidense), hoy son un producto asiático, con la mayor parte de los ejemplos más recientes ubicados en Oriente Próximo. No obstante, aunque en su mayoría se construyen en Asia, muchos arquitectos de edificios altos tienen su sede en Estados Unidos: Pelli Clarke Pelli Architects, Kohn Pedersen Fox Associates y Skidmore, Owings & Merrill son algunos ejemplos. Mientras en el pasado los edificios de gran altura eran torres de oficinas mayoritariamente, muchos de los edificios de gran altura

actualmente en construcción o recién inaugurados son edificios multiusos; la mayoría de las torres superaltas, como la 23 Marina de 90 plantas y la torre Princess de 107 plantas en Dubái, son edificios únicamente residenciales.

Esto guarda estrecha relación con el mercado actual, que no es favorable a la construcción de espacios de oficinas en muchas zonas del mundo, pero que presenta una demanda sin precedentes de residencias de gran altura. Sólo el tiempo podrá confirmar si éste es el camino del futuro o si, como fue el caso a comienzos de los años setenta en Chicago y Nueva York, es una experiencia puntual. Parece que el ritmo de construcción de dichos proyectos y su emulación en tantos lugares se esté convirtiendo en algo imparable. Incluso Moscú, Rusia, tiene varios proyectos superaltos de uso mixto actualmente en construcción, de los cuales el más alto, la llamada torre Federation, mide 448 m; Londres podría seguirla pronto con una serie de proyectos altos.

¿Tótems culturales o empresariales?

Durante casi un siglo –a excepción de las torres de pisos estalinistas de los años cincuenta en Moscú–, los rascacielos más altos llevaban el nombre de las empresas privadas que los ocupaban. Los ejemplos anteriormente citados en los Estados Unidos incluyen el edificio Woolworth, el Chrysler, el Pan Am, la Pirámide Transamerica y la torre Sears.

Existen pocos ejemplos famosos como estos fuera de América del Norte y, hasta 1986, con el edificio de oficinas centrales del Hongkong and Shanghai Banking Corporation y las más tardía torre del Banco de China, con sus 70 plantas, en Hong Kong, no se alcanzó el mismo efecto en otro continente. En 1988, las torres Petronas en Kuala

Los edificios más altos del mundo en 2006

Nombre		Ciudad	País	Año	Plantas	Pies	Metros	Uso
1.	Taipei 101	Taipéi	Taiwán	2004	101	1.667	508	Oficinas
2.	Torres Petronas 1	Kuala Lumpur	Malasia	1998	88	1.483	452	Oficinas
3.	Torres Petronas 2	Kuala Lumpur	Malasia	1998	88	1.483	452	Oficinas
4.	Torre Sears	Chicago	EE. UU.	1974	110	1.450	442	Oficinas
5.	Torre Jin Mao	Shanghái	China	1999	88	1.380	421	Uso mixto
6.	Two International Finance Center	Hong Kong	China	2003	88	1.362	415	Oficinas
7.	CITIC Plaza	Cantón	China	1997	80	1.280	390	Oficinas
8.	Shun Hing Square	Shenzhen	China	1996	80	1.260	384	Oficinas
9.	Edificio Empire State	Nueva York	EE. UU.	1931	102	1.250	381	Oficinas
10.	Central Plaza	Hong Kong	China	1992	78	1.227	374	Oficinas

Los diez edificios más altos en 2006 muestran por primera vez el predominio de Asia sobre América del Norte. La tendencia habría sido la misma incluso con la inclusión del World Trade Center, que desapareció de la lista en 2001.

Fuente: G. Binder/Buildings & Data SA.

Lumpur, de 88 plantas, propulsaron los edificios altos hacia una función diferente de la prevista por el primer ministro de Malasia, la de promocionar toda una nación. La iniciativa del Taipei 101 también puede situarse en la misma categoría, como expresión de éxito y prosperidad mediante la arquitectura de gran altura. Estos dos proyectos asiáticos han introducido un tipo de marketing regionalista mediante edificios superaltos. En paralelo con Asia, Oriente Próximo también ha dejado su huella en el mapa mundial mediante la arquitectura de gran altura. Hoteles como el Burj Al Arab y las torres Jumeirah Emirates se han convertido en destino turístico de pleno derecho, y Dubái ha creado una fuerte imagen para el turismo. En este mismo sentido, el siguiente edificio más alto del mundo se llama Burj Khalifa y promociona la ciudad de Dubái en su conjunto. Todos estos proyectos no habrían podido desarrollarse sin el apoyo de Skeikh Mohammed bin Rashid Al Maktoum, dirigente del país. Con la llegada del nuevo milenio la torre superalta se está convirtiendo en una valla publicitaria para la sociedad en general y no ya para las grandes empresas, como sucedía en el pasado.

La carrera hacia el cielo

En la ciudad de Nueva York, en los años treinta, los promotores del primer 40 de Wall Street y el edificio Chrysler, y los del más tardío Empire State, competían con fiereza por ver quién construía el edificio más alto del mundo. Cuarenta años más tarde, la carrera hacia el cielo comenzó de nuevo, esta vez en Chicago: el John Hancock Center con sus 344 m, fue acabado en 1970, seguido del edificio Standard Oil (hoy Aon Center) de 346 m y finalizado en 1973, ambos superados luego, en 1974, por los 442 m de la torre Sears, que también sobrepasó los 417 m del World Trade Center de Nueva York.

Con el Burj Khalifa, y sus más de 800 m, regresamos a la era Chrysler, cuando la aguja se montaba en el interior del edificio en secreto para asegurarse el récord (aunque fuese por poco tiempo). Su altura le ha servido al Burj Khalifa para ser el edificio más alto del mundo por algún tiempo.

Quizás convenga explicar aquí que, a pesar de los esfuerzos que se han realizado en este libro para registrar las cifras correctas de las alturas, estas cifras ya no tienen mucho sentido —si es que alguna vez lo tuvieron— desde el momento en que las agujas colocadas sobre el Banco de China de I. M. Pei, en Hong Kong, parecen haber sesgado el tema de la altura total desde entonces. Antes de esto, sólo el edificio Chrysler tenía una aguja incluida en el conjunto de la altura «oficial» y la aguja obviamente formaba parte del diseño, incluso si la razón para este diseño era la de aumentar la altura. Desde comienzos de los años noventa, la mayor parte de los edificios superaltos acabados incluyen agujas con el fin de alcanzar el récord de mayor altura total. Quizás los varios rascacielos superaltos de tejado plano diseñados recientemente por Kohn Pederson Fox Associates, como el

Torre Northeast Asia Trade, New Songdo City, Corea del Sur, Kohn Pedersen Fox Associates, 2009, 65 plantas.
Imagen renderizada 3D-Win, Corea.

Shanghai World Financial Center y el International Commerce Center, en China, y la torre Northeast Asia Trade en Corea del Sur, serán el comienzo de una tendencia a abandonar la aguja y su influencia en la altura.

«Y así la Torre Sears mantendrá su récord de altura a perpetuidad», escribió Paul Gapp, crítico de arquitectura, en 1980 (*Chicago Tribune*, 14 de septiembre de 1980). Gapp estaba recopilando argumentos contra los edificios altos, como las grandes plazas asociadas a edificios altos, que supuestamente no gustan al público, y el «creciente desagrado del público» hacia estos edificios, al igual que la ausencia de necesidad en el futuro de las plataformas altas necesarias para las telecomunicaciones debido a la tecnología por cable y los satélites. Gapp pareció estar en lo cierto durante casi veinte años pero, obviamente, sigue siendo necesario que las plataformas elevadas alberguen las antenas transmisoras de telecomunicación, y el edificio superalto parece ser más popular ahora incluso que antes.

Es posible identificar tres ciclos en la construcción de rascacielos de gran altura: de finales de los años veinte a comienzos de los treinta; los primeros años setenta; y, más recientemente, de mediados de los años noventa a la actualidad. De un producto originariamente localizado en un único lugar (Estados Unidos), uso único (oficinas), diseñado de acuerdo con un único estilo (primero Art Decó, y estilo modernista en los años setenta), se ha pasado al punto en el que los rascacielos superaltos se encuentran ahora en todos los continentes, excepto África, con un predominio actual de Asia. Los edificios superaltos que actualmente están en progreso se caracterizan por sus usos mixtos o su naturaleza residencial, y su estilo, que está más dirigido por la personalidad del arquitecto que por el estilo actualmente de moda.

Cuando Gapp predijo el fin de los rascacielos superaltos a comienzos de los años ochenta, el llamado posmodernismo estaba en su momento cumbre en términos de cobertura de los medios de comunicación; se publicitaba ampliamente el edificio AT&T diseñado por Johnson/Burgee y se presentaba el modernismo como el único modo posible hasta el momento de reflejar la modernidad. El hecho de que un gran número de rascacielos superaltos se encuentren en construcción no significa que sean la respuesta que la gente necesita en términos de convivencia, pero, obviamente, parece significar que cada vez son más ampliamente aceptados, al haberse adoptado en muchos lugares para diversos usos. Quizás el hecho de que diferentes categorías de ocupantes utilicen los edificios superaltos –oficinas, vivienda y hotel– ayude a su mayor aceptación, dado que ya no son vistos como intrusivos símbolos de empresas en la vida de las personas. El símbolo de unos pocos se ha convertido ahora en el símbolo de las masas, que representa a toda una ciudad, región o país.

Su integración en los conjuntos urbanos

Muchos de los edificios de gran altura hoy en día forman parte de ampliaciones urbanas de uso mixto más grandes. Las torres Petronas en Kuala Lumpur, la torre Jin Mao y el Shanghai World Financial Center en Shanghái o el International Commerce Center en Hong Kong son todos parte de proyectos urbanos mayores que incluyen un parque paisajístico de nueva construcción. Muchos de los nuevos proyectos superaltos son también torres de uso mixto: la Northeast Asia Trade, de 65 plantas, en Songdo New City, Corea del Sur, representa esta nueva tendencia de proyectos superaltos que incluyen espacios para oficinas, viviendas, plazas hoteleras y comercios. En los anteriores ciclos de construcción de edificios superaltos, el de los años treinta y el de los setenta, los edificios eran proyectos aislados, como el edificio Empire State o la torre Sears. Aunque algunos estaban integrados en el tejido urbano de la ciudad, por lo general no formaban parte de un conjunto urbano/plan urbanístico, a excepción del edificio RCA (hoy GE Building), en la ciudad de Nueva York, que forma parte del Rockefeller Center. Por supuesto, todavía existen edificios superaltos en fase de construcción, individuales y de un solo uso (por lo general, residencial), pero más que nunca los proyectos están siendo diseñados como parte de ensanches urbanísticos de uso mixto más amplios.

¿Regreso al futuro?

Quizás un aspecto del futuro pueda incluir edificios altos extensibles. El BlueCross BlueShiel of Illinois Headquarters Building, diseñado por Lohan Associates (hoy Goettsch Partners), se completó en Chicago en 1997 y se planeó en un periodo no muy favorable a los proyectos especulativos. Por eso, el proyecto fue construido para responder a las necesidades de los ocupantes, sin más espacio que el estrictamente necesario. El diseño permitía la ampliación en vertical del edificio en una segunda fase. El proyecto ya acabado consta de 32 plantas y 130.000 metros cuadrados, pero ha sido diseñado para ampliarse hasta 54 plantas con una capacidad de 213.000 metros cuadrados. Esto se consigue moviendo los grupos de ascensores, localizados convencionalmente en el núcleo central, hasta un atrio acristalado de cinco naves en la parte trasera del edificio. Los grupos de ascensores

Los edificios más altos del mundo en 2010 (finalizados)

Nombre	Ciudad	País	Año	Plantas	Pies	Metros	Uso
1. Burj Khalifa	Dubái	EAU	2010	155	2.717	828	Uso mixto
2. Taipei 101	Taipéi	Taiwán	2004	101	1.667	508	Oficinas
3. Shanghai World Financial Center	Shanghái	China	2008	101	1.614	492	Uso mixto
4. International Commerce Center	Hong Kong	China	2009	118	1.588	484	Uso mixto
5. Torres Petronas 1	Kuala Lumpur	Malasia	1998	88	1.483	452	Oficinas
6. Torres Petronas 2	Kuala Lumpur	Malasia	1998	88	1.483	452	Oficinas
7. Nanjing Greenland Financial Center	Nanjing	China	2009	89	1.476	450	Uso mixto
8. Torre Sears (hoy torre Willis)	Chicago	EE. UU.	1974	110	1.450	442	Oficinas
9. Centro Financiero Internacional de Cantón*	Cantón	China	2010	103	1.444	440	Uso mixto
10. Torre Jin Mao	Shanghái	China	1999	88	1.380	421	Uso mixto

Los diez edificios más altos en 2010 presentan un predominio de Asia y una muy pequeña presencia de proyectos americanos por primera vez desde la creación de los rascacielos en Estados Unidos. También es de reseñar que sea cual sea la zona, se confirma la tendencia, ya evidente en 2006, a no asociar el nombre de los edificios a nombres de empresas. (*) Se preveía que el Centro Financiero Internacional de Cantón se inaugurara a finales de 2010 (alcanzó su altura final en 2008).

Fuente: G. Binder/Buildings & Data SA. Emporis.

para las futuras expansiones se agregan a las naves no ocupadas y se interrumpen las operaciones existentes.

Cada nuevo rascacielos que bate el récord de altura invita al siguiente rascacielos a ser más alto, ya que se espera que a su vez bata la nueva marca. En lugar de especular acerca del futuro de las ciudades de grandes alturas, quizás podamos echar un rápido vistazo al dibujo que en 1911 realizó Richard Rummell, *Nueva York en el futuro,* o a *La ciudad del futuro* como la imaginó el arquitecto Francisco Mújica en 1928, ambas visiones integrando la circulación horizontal en una ciudad vertical.

¿Podría ser que, considerando la proliferación de edificios superaltos actualmente en construcción, estas utopías imaginadas de ayer puedan ser la realidad de mañana?

Georges Binder
Director General
Buildings & Data SA

Nueva York en el futuro, una romántica visión de futuro de la ciudad de Nueva York, realizada por Richard Rummell, 1911.
Reproducida del King's Views of New York, Manhattan Post Card Company, Nueva York, 1926, Colección G. Binder/Buildings & Data SA.

BlueCross BlueShield of Illinois Headquarters Building, Chicago, Illinois, EE. UU., Lohan Associates (hoy Goettsch Partners) y Goettsch Partners para la futura expansión, 1997, 32 plantas (y 54 plantas tras una futura ampliación). Imagen renderizada cortesía de Goettsch Partners.

La ciudad del futuro: una ciudad de cien plantas en estilo neoamericano, *de Francisco Mújica, arquitecto, 1928. Una ciudad de cien plantas y 308 m con los veinte niveles inferiores para uso de oficinas y los niveles residenciales arriba. Reproducción de Francisco Mújica,* Historia del rascacielos, *Archaeology & Architecture Press, París/Nueva York, 1929.*

Edificios construidos

Taipei 101

El edificio Taipei 101 fue fruto del esfuerzo conjunto del Gobierno de Taiwán y el sector privado con el objetivo de dar un caracter más internacional al país al construir el edificio más alto del mundo.

Situado en el Nuevo Distrito Xin Yi, este edificio es el mayor proyecto de ingeniería en la historia de Taiwán. El diseño se concibe en torno a la idea del número 8, una cifra que representa la prosperidad en la cultura china; se basa en unidades estructurales de ocho plantas trabadas unas con otras, una estética rítmica novedosa en el diseño de rascacielos. La estructura, cuyas unidades tienen los lados inclinados 7° hacia el interior, aumenta de tamaño a medida que gana altura. Aunque las plantas de los pisos crezcan dentro de cada unidad estructural, las tres secciones son idénticas en tamaño. El efecto del viento que habitualmente se crea en la superficie de los edificios de gran altura está minimizado por la forma en W de las esquinas del edificio.

La sección emplea un megasistema estructural para prevenir los daños provocados por el viento y las catástrofes, y está diseñada para aguantar los efectos de un tifón de grado 17. Construido en una zona con una alta actividad sísmica, el equipamiento a prueba de seísmos del edificio incluye una resistencia a 800 toneladas de viento y un amortiguador de viento a prueba de seísmos, que calcula automáticamente la magnitud de la sacudida y autoajusta el movimiento del edificio. En cada piso del edificio hay una ruta de salida de emergencia, con una zona de

seguridad contra incendios en cada planta, habitaciones refugio contra incendios y unos balcones refugio al exterior cada ocho plantas. El triple sistema de segregación de protección frente a accidentes, el de detección de humos y el de evacuación proporcionan los métodos de evacuación de urgencia y prevención de accidentes más completos y rápidos posibles.

Las dos ascensores lanzadera observatorio del Taipei 101 son los más rápidos del mundo: viajan hacia arriba a más de 1.000 m por minuto y descienden a 600 m por minuto.

El edificio Taipei 101 emplea infraestructura de vanguardia para proporcionar instalaciones de primera calidad y servicios técnicos a las empresas que en él se alojan. Está equipado con dobles canales de comunicación que consisten en un eje central de fibra óptica, y copias de seguridad de la comunicación por satélite y microondas. El sistema de comunicación global 24/7 permite que las operaciones financieras sigan el ritmo del resto del mundo y que disfruten de una calidad de comunicación sin interrupciones. Un avanzado sistema de seguridad de la información impide la piratería y la pérdida de información de la red de banda ancha.

Con su equilibrio de elementos culturales tradicionales y tecnología de vanguardia, el TAIPEI 101 es un punto de referencia para los edificios altos alrededor del mundo.

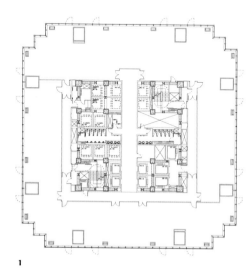

1

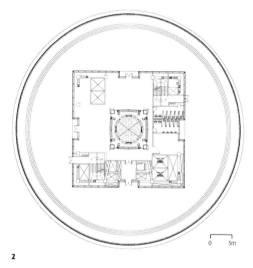

2

0   5m

1. Plano de una planta de oficinas tipo.
2. Plano de la planta 91.
3. Vista aérea.

Ubicación: Taipéi, Taiwán

Fecha de finalización de la obra: 2004

Arquitecto: C. Y. Lee & Partners Architects/Planners

Cliente: Taipei Financial Center Corp.

Ingeniería de estructuras: Thornton-Tomasetti Engineers; Evergreen Colsulting Engineering, Inc.

Consultoría para el amortiguador sísmico: Motioneering Inc.

Ingeniería de servicios: Lehr Associates; Continental Engineering Consultants, Inc.

Consultoría para el transporte vertical: Lerch, Bates & Associates, Inc.

Arquitecto paisajista: Genius Luci

Contratista: Kimagai Gumi; Taiwan Kumagai, RSEA Engineering; Ta-You-Wei Construction

Promotor: Taipei Financial Center Corp.

Dirección de proyecto: Turner International SA

Altura: 508 m

Plantas por encima del suelo: 101

Sótanos: 5

Niveles completamente mecánicos: 92-100

Uso: mixto de oficinas y centro comercial

Superficie del lugar: 30.277 m²

Superficie del edificio por encima del suelo: 412.500 m² (total)

Superficie de una planta típica: 2.810-4.300 m² (zona inferior); 2.500-3.305 m² (zona media); 2.645-3.570 m² (zona superior)

Módulo de planificación base: 1,5 m

Plazas de aparcamiento: 1.839 (coches), 2.990 (motocicletas)

Principales materiales estructurales: acero

Otros materiales: muro cortina de vidrio, base de la pared de piedra

4

4. Centro comercial.
5. Sección del edificio.
6. El nuevo icono de Taipéi.
Página siguiente:
    Detalle de la fachada.

Fotografía: Taipei Financial Center Corp.

5

Torres Petronas

Para elegir un plan maestro con el que transformar los 100 acres de este emplazamiento en una nueva «ciudad dentro de otra ciudad», tal y como quería el Gobierno de Malasia, se convocó un concurso internacional. El proyecto realizado está basado en el proyecto ganador de Kagles, Carter, Vail & Partners, al que se sumaron otras ampliaciones realizadas por el alcalde de la ciudad y su equipo de urbanismo, KLCCB y sus consultores.

Aproximadamente la mitad del espacio está dedicado a parques y jardines públicos, rodeados por 1.672.000 m² de centro comercial, tiendas, hotel, zona de ocio y zona residencial. La Fase 1 de la ampliación del City Center de Kuala Lumpur comprende más de 994.000 m² de urbanización de uso mixto, que incluye las torres gemelas Petronas, de 88 plantas; otras dos torres de oficinas; 140.000 m² de instalaciones para tiendas y ocio; y 250.000 m² de instalaciones de servicio y aparcamiento subterráneos. Entre las funciones públicas destacan el Petroleum Discovery Center, una galería de arte, el salón de conciertos de la Dewan Petronas Filharmonik y un centro de conferencias multimedia. En la base, una galería de ocio y tiendas de varias plantas conectan las dos torres, integrando el complejo entero.

Las dos torres Petronas se unen mediante un puente a la altura del vestíbulo superior (plantas 41 y 42). Organizadas alrededor de este intercambio del sistema de circulación están dispuestas las instalaciones, como el centro de conferencias, el Upper Surau (sala de oración) y el comedor de ejecutivos.

Las paredes del vestíbulo central tienen acabados en maderas malayas de colores claros dentro de una rejilla de acero inoxidable. El motivo del suelo de mármol del vestíbulo está sacado del tejido popular malayo Pandan y los patrones de las esteras de pared de palma bertam. Una pantalla continua de madera protege el perímetro de la pared del vestíbulo, reforzando el sentido de local tropical y optimizando el uso de la artesanía de Malasia.

El centro comercial con tiendas y zonas de ocio del complejo tiene forma de media luna y 140.000 m² de instalaciones para tiendas, restaurantes y entretenimiento distribuidos en seis niveles. Unas arcadas y unas marquesinas a nivel de calle mejoran el confort de los peatones y evocan el «kaki lima», los soportales que con frecuencia se encuentran frente a las tiendas-casa típicas de esta región.

Las torres transmiten la Malasia tradicional, pero también expresan la nueva Malasia: un país que se ha industrializado muy rápido, con una economía dinámica.

En 2004, las torres Petronas fueron galardonadas con el premio Aga Khan de arquitectura.

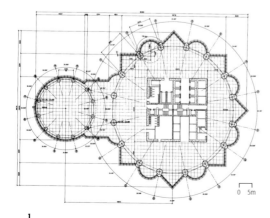

1

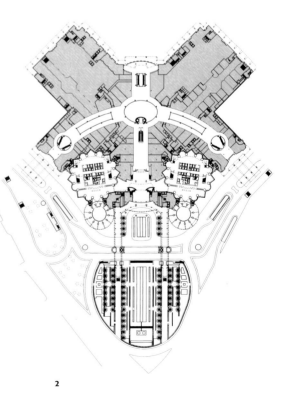

2

Ubicación: Kuala Lumpur, Malasia

Fecha de finalización de la obra: 1998

Arquitecto: Cesar Pelli & Associates (hoy Pelli Clarke Pelli Architects)

Arquitecto asociado: Adamson Associates

Arquitecto de récord: KLCC Berhad Architectural Division

Cliente: Kuala Lumpur City Centre Holdings Sendirian Berhad; Kuala Lumpur City Centre Berhad

Ingeniería de estructuras: Thornton-Tomasetti Engineers; Ranhill Bersekutu Sdn. Bhd.

Ingeniería mecánico: Flack + Kurtz, KTA Tenaga Sdn. Bhd.

Consultoría para el transporte vertical: Kartz Brago Company Inc.

Arquitecto paisajista: Belmori Associates

Contratista torre 1: MMC Engineering & Construction Co. Ltd.; Ho Hup Construction Sdn. Bhd.; Hazama Corporation; JA Jones Construction Co. Ltd.; Mitsubishi Corporation

Contratista torre 2 y puente elevado: Samsung Engineering & Construction Co. Ltd.; Kukdong Engineering & Construction Co. Ltd.; Syarikat Jasatera Sdn. Bhd. JV

Promotor: Kuala Lumpur City Centre Holdings Sendirian Berhad; Kuala Lumpur City Centre Berhad

Dirección de proyecto: Lehner McGovern Malaysia

Altura: 452 metros

Plantas por encima del suelo: 88

Sótanos: 4

Plantas utilizables por encima del suelo: 88

Uso: oficinas, tiendas, centro de artes, espacio público, galería

Superficie del lugar: más de 40 ha

Superficie del edificio por encima del suelo: 213.670 m² (total)

Superficie de una planta típica: 2.623 m² (zona inferior); 2.089-929 m² (zona superior)

Plazas de aparcamiento: 5.000

Principales materiales estructurales: un sistema de estructura de tubo central y cilíndrico construido por completo en hormigón de alta resistencia (superior a grado 80) vertido in situ; el forjado del suelo de los pisos de las torres está relleno de hormigón de resistencia convencional en un piso de acero compuesto y un enmarcado de acero enrollado; revestimientos de acero inoxidable y muro cortina de vidrio.

1. Plano de planta.
2. Plano de la planta baja.
3. Vista nocturna de las torres desde el oeste.
4. Alzado.

Fotografía: Jeff Goldberg/Esto.

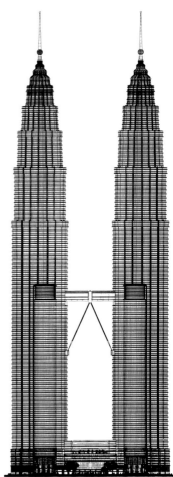

3

4

Torre Sears

Durante veintidós años, la torre Sears (desde 2009, torre Willis) fue el edificio más alto del mundo. Hoy sigue siendo el más alto de Occidente y posee el piso ocupable y el techo de rascacielos más altos del mundo. También es el mayor edificio privado de oficinas, con más de 344.000 m² de oficinas.

La torre Sears es la quintaesencia del ejemplo del revolucionario sistema estructural de tubos agrupados, que proporciona espacios amplios y virtualmente diáfanos de 21 m de vano libre. A medida que ascendemos, los tubos empiezan a truncarse y se reduce la fuerza del viento sobre el edificio. Los tubos cuadrados miden 23 x 23 m con columnas de perímetro espaciadas cada 4,5 m. En la base del edificio, nueve tubos se alzan hasta la planta 49. Dos tubos se truncan en las plantas 50 y 66, y tres caen en la 90, dejando que los dos últimos tubos asciendan hasta lo más alto, en la planta 110 del edificio. Para reducir la tensión cortante, la estructura cuenta con refuerzos diagonales sólo en las dos plantas (pisos mecánicos) anteriores a cada retranqueo. Ciento catorce pozos de cimentación soportan las 222.500 toneladas de peso del edificio.

La piel exterior del edificio es la manifestación del esqueleto estructural interior, con el marco a prueba de fuego recubierto de aluminio negro y cristal antirreflectante tintado de bronce. El mantenimiento de esta piel exterior se realiza mediante revisiones anuales y seis máquinas limpiadoras de ventanas.

El sistema de 114 cabinas de ascensor de la torre Sears divide el edificio en tres zonas separadas, con vestíbulos superiores entre las plantas 33-34 y 66-67. Hay 28 ascensores lanzadera exprés de dos pisos que dan servicio a los vestíbulos superiores, y 63 ascensores de un solo piso permiten viajar entre las tres zonas; también dispone de seis ascensores de carga. Dos ascensores exprés tardan 61 segundos en llegar desde la planta 2 al Skydeck, en la planta 103 a 412 m de altura, con lo que se viaja a una velocidad de 487 m por minuto.

La descripción de la torre Sears no estaría completa si no mencionáramos el Universe, un móvil de color brillante de 17 m de ancho y 10 m de alto diseñado por Alexander Calder, y que se encuentra en el vestíbulo principal.

1. Un promontorio rectangular de 22 x 45 m se yergue entre las plantas 90 y 109.
2. Plano de las plantas 66 a 89; estas plantas tienen forma cruciforme una vez que se han truncado los módulos noreste y suroeste.
3. Plano de las plantas 50 a 65; en la planta 49, dos de los nuevos módulos de 7 m² se truncan, cambiando la forma de la torre a una silueta de Z entre las plantas 50 a la 6.
4. Plano de las plantas 1 a 49; la base de la torre es un cuadrado de 68,5 m.
5. Vista general.

Fotografía cortesía de Skidmore, Owings & Merrill LLP.

Los planos de las plantas están reproducidos según el folleto de alquiler de la torre Sears. Colección G. Binder/Buildings & Data SA.

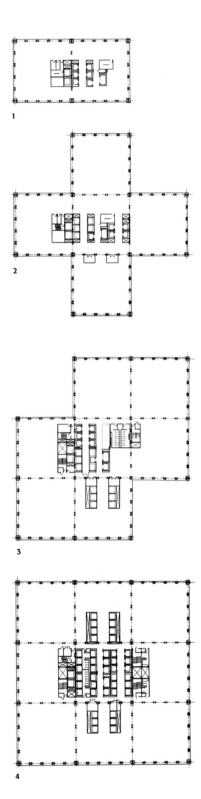

1

2

3

4

5

Ubicación: Chicago, Illinois, Estados Unidos

Fecha de finalización de la obra: 1974

Arquitecto: Skidmore, Owings & Merrill LLP, Bruce Graham, Design Partner

Cliente: Sears, Roebuck and Co.

Ingeniería de estructuras: Fazlur Khan, de Skidmore, Owings & Merrill LLP

Ingeniería mecánica y eléctrica: Jaros, Baum & Bolles

Diseño de interiores: Saphier, Lerner, Schindler, Inc.

Promotor consultor de proyecto: Cushman & Wakefield, Inc.

Contratista general: Morse Diesel International

Altura: 442 m; 526 m (antenas incluidas)

Plantas por encima del suelo: 110

Sótanos: 4

Niveles mecánicos: 29-33, 64-66, 88-90, 104-109

Uso: oficinas, tiendas, centro de conferencias (plantas 33 y 99), observatorio (planta 103)

Superficie del lugar: 1,12 ha (superficie de la plaza: 7.432 m²)

Superficie del edificio por encima del suelo: 423.624 m² (brutos); 353.949 (útiles)

Superficie de planta típica (aprox.): plantas 1-49: 4.645 m²; plantas 50-65: 3.623 m²; plantas 66-89: 2.694 m²; plantas 90-109: 1.022 m².

Plazas de aparcamiento: 160 subterráneas

Principales materiales estructurales: acero

Otros materiales: aluminio duranodik negro

Torre Jin Mao

Situado en el distrito Pudong en la zona comercial y financiera Lujiazui de la ciudad, este proyecto es una ampliación multiusos de 279.000 m² que incluye oficinas, hotel, tiendas, instalaciones de servicios y aparcamiento. Esta torre de 88 plantas aúna espacios de oficinas y de hotel gracias al Grand Hyatt Hotel, de 555 habitaciones, en las 38 plantas superiores, con unas impresionantes vistas de la ciudad y alrededores. El podio de seis plantas de la torre Jin Mao alberga la recepción del hotel, un centro de exposiciones y conferencias, un cine-auditorio y una galería comercial de unos 21.000 m². La base de la torre está rodeada por un patio ajardinado con una piscina reflectante y asientos, que ofrecen al visitante un agradable retiro de la ajetreada vida callejera de Shanghái.

Además de la torre y el podio, Jin Mao presenta tres niveles subterráneos con una superficie total de 57.000 m². En estos tres niveles inferiores se encuentran el aparcamiento (para 993 coches y 1.000 bicicletas), las instalaciones de servicio del hotel, más una zona de tiendas, otra de restaurantes, el vestíbulo del ascensor panorámico y la zona de equipos y sistemas del edificio, incluidos los

transformadores eléctricos y el panel de control, una planta de tratamiento de aguas residuales, una de agua potable, un cuarto de calderas y una planta de refrigeración.

Los sistemas del edificio integran características inteligentes que proporcionan protección, seguridad y comodidad; niveles superiores con eficiencia energética; facilidad en el mantenimiento, operación y control del edificio; y sistemas de comunicación tecnológicamente punteros. Avanzados conceptos de ingeniería de estructuras empleados en el diseño de la torre la protegen de los tifones y terremotos típicos de la zona.

La forma de la torre recuerda a las típicas pagodas chinas, con una serie de retranqueos que crean un patrón rítmico. Su muro cortina de metal y cristal refleja los constantes cambios del cielo, mientras que, por la noche, el cuerpo central y el coronamiento de la torre están iluminados. Con sus 420,5 m, la torre y su aguja son un añadido significativo del *skyline* de la ciudad. Jin Mao es el edificio más alto de China y la principal atracción de Shanghái.

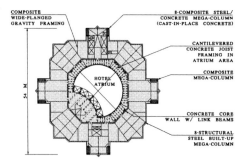

1

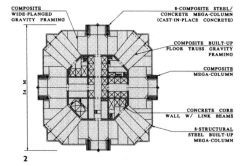

2

3

1. *Plano de planta típica de hotel.*
2. *Plano de planta típica de oficinas.*
3. *Detalle del muro de cristal curvo.*
4. *Vista al atardecer.*
5. *Alzado.*

Fotografía cortesía de Skidmore, Owings & Merrill LLP.

4

5

Ubicación: Shanghái, China
Fecha de finalización de la obra: 1998
Arquitecto: Skidmore, Owings & Merrill LLP, Adrian Smith, Design Partner.
Arquitecto asociado: El Shanghai Institute Architectural Design & Research (SIADR), East China Architectural Design & Research Institute Co. Ltd. (ECADI)
Cliente: China Jin Mao Group Co.
Promotor: China Shanghai Foreign Trade Company
Ingeniería de estructuras: Skidmore, Owings & Merrill LLP
Ingeniería mecánico: Skidmore, Owings & Merrill LLP

Consultoría para el transporte vertical: Edgett Williams Consulting Group
Contratista: Shanghai Jin Mao Contractor (SJMC)
Dirección de proyecto: Zhang Guan Lin, Presidente; Zhu Qi Hong, Director; Ruan Zhen Ji, Subdirector
Altura: 420,5 m
Plantas por encima del suelo: 88 más 4 plantas de áticos
Sótanos: 3
Plantas utilizables por encima del suelo: 86
Niveles mecánicos: plantas parciales en el 2 y 2 Mez; plantas enteras 50 y 51; y plantas enteras en los 4 pisos de áticos
Uso: oficinas, hotel, tiendas

Superficie del lugar: 2,36 ha
Superficie del edificio por encima del suelo: 278.700 m²
Superficie de una planta típica: 2.711 m² (planta 3) - 1.438 m² (planta 88)
Módulo de diseño básico: 1,5 m
Plazas de aparcamiento: 993 coches y 1.000 bicicletas
Principales materiales estructurales: núcleo de hormigón reforzado, enrejado del suelo de acero con hormigón vertido en el suelo metálico; megacolumnas de acero y compuestas (acero y hormigón)
Otros materiales: aluminio anodizado, cristal altamente aislante y muro cortina de acero inoxidable

Two International Finance Centre

Este proyecto refleja la importancia de Hong Kong como centro financiero mundial y forma parte de un complejo mayor de edificios que incluye la estación de la nueva terminal aérea, con servicio exprés hasta el nuevo aeropuerto Chek Lap Kok.

El Two International Finance Centre forma parte de la Fase 1 de la ampliación de la Estación Central de Hong Kong. Esta ampliación también incluye el One International Finance Centre, una torre de 210 mde alto; la estación de la nueva terminal aérea; un podio de cuatro plantas y 50.000 m² de tiendas con un jardín público en la azotea. Las futuras fases de la ampliación incluirán un hotel y apartamentos con servicio de habitaciones.

El Two International Finance Centre está ubicado en uno de los emplazamientos urbanos más bellos del mundo. Se encuentra junto al cruce más estrecho del Puerto Victoria, marcando una nueva puerta para la ciudad. El diseño de la torre noreste entronca con la tradición de los rascacielos puros, con una presencia sencilla, rotunda y memorable. Se trata de un gran pilono u obelisco en la escala de la ciudad y el puerto. Tiene una forma céntrica que se va afilando con retranqueos bien proporcionados, para expresar un movimiento vertical ascendente. El volumen de la torre comienza a ser más escultural a medida que nos acercamos a la parte alta, lo que resalta aún más el sentido ascendente. La torre acaba en una corona escultural que celebra la altura de la torre. La articulación de la superficie del muro cortina refuerza la verticalidad del diseño. Éste se halla revestido de paneles de cristal ligeramente reflectantes y montantes de color perla plateada. La torre brilla cálidamente contra el telón de fondo de la Victoria Peak y la ciudad.

La parte superior del Two International Finance Centre está concebida como gesto de bienvenida a la ciudad. Su diseño abierto trae el azul del cielo a la cima de la torre, desmaterializando parcialmente la forma del edificio cuando alcanza su punto más alto. Cuando está iluminada por la noche, la parte superior esculpida de la torre hace de faro brillante para el Puerto Victoria. El Two International Finance Centre se muestra confiado de su presencia y en armonía con la belleza natural de su emplazamiento físico, un nuevo símbolo adecuado para esta ciudad, conocida como «la perla de Oriente».

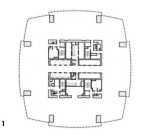

1

2

1. Plano de planta típica, niveles 19-32.
2. Vista desde el Puerto Victoria.
3. Alzado.

Fotografía Tim Griffith/Esto.

3

Ubicación: **Hong Kong, China**

Fecha de finalización de la obra: **2003**

Arquitecto: **Cesar Pelli & Associates (hoy Pelli Clarke Pelli Architects)**

Arquitecto firmante: **Rocco Design Ltd.**

Cliente: **MTR Corporation**

Promotor: **IFC Development Ltd.**

Consorcio Promotor: **Sun Hung Kai Propierties, Henderson Land Development Co. Ltd., Towngas, Sun CHung Estate Co. Ltd.**

Ingeniería de estructuras: **Ove Arup & Partners**

Arquitecto paisajista: **Uribis Limited**

Contratista: **E Man-Sanfield JV Construction Ltd.**

Altura: **420 m**

Plantas por encima del suelo: **88**

Sótanos: **4 plantas de aparcamiento; 2 plantas de estación de tren**

Plantas utilizables por encima del suelo: **88**

Niveles mecánicos: **9**

Plantas refugio: **4**

Uso: **oficinas**

Superficie del lugar: **39.947 m²**

Superficie del edificio por encima del suelo: **315.860 m²**

Superficie de una planta típica: **2.135-2.256 m² (superficie útil)**

Módulo base del proyecto: **1,5 m**

Plazas de aparcamiento: **1.800**

Principales materiales estructurales: **núcleo de hormigón y acero con muro cortina de cristal, aluminio y acero inoxidable**

Cantón,

CITIC Plaza

El CITIC Plaza (originariamente, Sky Central Plaza) fue el edificio de hormigón armado más alto del mundo y el más alto de China en el momento de su finalización en 1995.

La ampliación, que comprendía la torre de oficinas de 80 plantas, dos bloques de apartamentos con servicio de habitaciones y un centro comercial, es el centro de un nuevo barrio de negocios que se desarrolló en el barrio Tien ho de Cantón.

El complejo se encuentra en el centro de un eje de 4 km de largo de jardines y bulevares que se extiende entre la Estación Este de Cantón, su principal estación ferroviaria, en el norte, y la isla Haxinsha, en el río Pearl, hacia el sur.

La simetría de esta ampliación del CITIC Plaza complementa la formalidad del eje, que es en sí perfectamente simétrico. El complejo es la primera vista que se encuentra el visitante al salir de la principal estación de trenes. El proyecto se ha convertido en un emblema de la cuidad de Cantón.

1. *Sección transversal.*
2. *Vista desde el sur.*
3. *Vestíbulo de entrada en la planta baja de la torre de oficinas.*
4. *Plano de planta típica de la torre de oficinas (plantas 9-17).*
5. *Vestíbulo de entrada de la torre de oficinas.*
6. *Plano de una planta típica de la torre de apartamentos con servicio de habitaciones.*

Fotografía Frankie FY Wong.

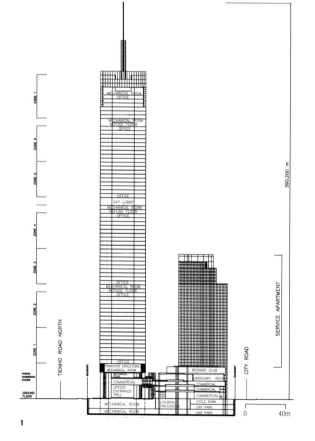

1

2

3

4

OFFICES

OFFICES

0   10m

5

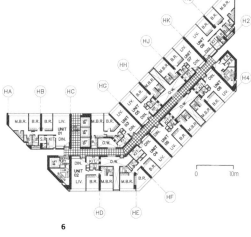

6

0   10m

Ubicación: Cantón, China

Fecha de finalización de la obra: 1997

Arquitecto: Dennis Lau Ng Chun Man Architects & Engineers (HK) Ltd.

Promotor: Kumagai SMC Development (Guangzhou) Ltd.

Ingeniería de estructuras: Maunsell Consultants Asia Ltd., Hong Kong

Ingeniería mecánica: Associated Consulting Engineers, Hong Kong

Contratista: Kumagai Gammon Joint Venture

Altura: 390,2 m hasta lo alto del mástil de la torre; 322 m hasta la azotea

Plantas por encima del suelo: 80

Uso: oficinas, residencia

Superficie del lugar: 23.239 m²

Superficie del edificio por encima del suelo: 146.748 m² (torre de oficinas); 70.104 m² (torres residenciales); 36.196 m² (tiendas)

Superficie de una planta típica: 2.190 m²

Principales materiales estructurales: hormigón armado

Coste: 286 millones de dólares americanos

Shun Hing Square

El láser rotatorio de la azotea señala la torre como el icono de Shenzhen, una ciudad de China de doce millones de habitantes al norte de Hong Kong. La torre pone de relieve un complejo alineado en un eje este-oeste, que también contiene un anexo con apartamentos ejecutivos y un centro comercial. La silueta de la torre de 384 m de alto recuerda a un par de estilográficas, símbolo de la empresa conjunta de chinos y extranjeros. El arquitecto KY Cheung fue el responsable del plan maestro, del diseño arquitectónico y del interior del proyecto, en un principio conocido como el Di Wang Commercial Building.

El ganador del concurso internacional de 1992 fue diseñado y completado en cuarenta meses. Ocupa un estrecho lugar triangular de 300 m de largo en la Shen Nan Road, la vía que vertebra de este a oeste la ciudad. La torre y el anexo con forma de cuña están yuxtapuestos en forma de T con respecto a sus respectivas líneas de visión. El hecho de colocar la torre rectangular perpendicular a la calle asegura que su fachada principal domine toda la ciudad.

Un plano de torre rectangular acomoda fácilmente una serie eficiente de módulos de oficina de 100 m² para satisfacer la demanda del mercado. Otra consideración ha sido adoptar el tamaño máximo de compartimento contra incendios, de 2.000 m² por planta. Por lo

tanto, este diseño crea la máxima relación anchura-altura de 1:8 en una zona de diseño con tifones y terremotos.

De lejos, los sencillos motivos horizontales y verticales articulan la piel del edificio, que recuerda los golpes ortogonales de la antigua escritura caligráfica Li. De cerca, los colores y materiales de las torres y el podio se diversifican, desvelando capas adicionales de detalles individuales que enriquecen la experiencia peatonal. Una paleta de tonos tierra y verde con toques de color tiene ecos de la flora subtropical indígena.

Una fuente de la fortuna para un buen Feng Shui encara la puerta del vestíbulo, con forma de A y de 29 m de alto, que revela con espectacularidad la estructura de acero de la torre. Los prismas inclinados de la parte superior complementan la cresta roja del anexo e inclina la cabeza de forma figurada al paisaje urbano más abajo.

En el anexo hay una piscina semiexterior en una apertura de 22 m de ancho entre las bien disimuladas torres gemelas, lo que permite la entrada de la luz natural y las vistas en la fachada del bulevar, de casi 100 m de largo, y la iluminación de la pared norte. Captura la imaginación de los transeúntes como una moderna reinterpretación de las piedras huecas de «grutesco» de los jardines clásicos chinos.

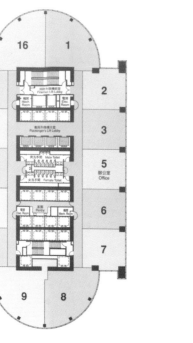

1

2

0   10m

Ubicación: Shenzhen, China

Fecha de finalización de la obra: 1996

Arquitecto: KY Cheung, AIA; American Design Associates Ltd., Hong Kong

Arquitecto asociado: The Second Architectural Design Institute of Shenzhen, PRC

Cliente: Karbony Investment LTD (una empresa asociada de Kumagai Gumi [HK] Limited)

Ingeniería de estructuras: Maunsell Consultants Asia Ltd., Hong Kong; Nippon Steel Corporation, Tokio, Japón (con Leslie E. Robertson, RLLP, Nueva York, Estados Unidos, como ingeniero de estructuras consultor)

Ingeniería mecánica: Associated Consulting Engineers, Hong Kong

Consultoría para el transporte vertical: Associated Consulting Engineers, Hong Kong

Arquitecto paisajista: American Design Associates Ltd., Hong Kong

Contratista: Kumagai Gumi (HK), Limited, Hong Kong

Dirección de proyecto: Kumagai Gumi (HK) Limited, Hong Kong

Altura: 384 m hasta lo alto de las dos antenas; 325 m hasta lo alto del muro cortina

Plantas por encima del suelo: 80

Sótanos: 3

Plantas utilizables por encima del suelo: 69 (nota: no todas las plantas están etiquetadas o son accesibles mediante ascensor; el sistema de etiquetado final del número de las plantas en los ascensores se salta muchos números, incluidos los pisos mecánicos)

Niveles mecánicos: 12

Uso: oficinas

Superficie del lugar: 18.734 m²

Superficie del edificio por encima del suelo: 138.075 m²

Superficie de una planta típica: 2.100 m²

Módulo base del proyecto: 100 m² (módulo oficina)

Plazas de aparcamiento: 868

Principales materiales estructurales: columnas de tubo de acero cuadradas rellenas de hormigón y vigas de acero con núcleo de hormigón armado, y muro cortina

Otros materiales: piedra

Coste: 230 millones RMB

3

4

5

1. *Plano de planta de torre de oficinas, plantas 1-11.*
2. *Plano de planta de torre de oficinas, plantas 60-66.*
3. *Vista general.*
4. *Detalle de la entrada.*
5. *Detalle del interior.*

Fotografía Karbony Investment Ltd.

Edificio Empire State

El edificio Empire State, acabado en 1931, fue el más alto del mundo durante 41 años. Hoy en día continúa entre los quince edificios más altos y es conocido internacionalmente. Probablemente el edificio más famoso jamás construido, cada año atrae muchos millones de visitantes desde todos los rincones del mundo.

Durante la fase de proyecto y su posterior construcción, el diseño cambió dieciséis veces; a pesar de esto, las obras se acabaron en poco más de dieciocho meses. Tres mil personas trabajaron en él diariamente; el edificio estableció un récord en su época por la velocidad a la que fue construido. Además de las 60.000 toneladas de acero, el edificio fue acabado con más de 5.600 m³ de piedra caliza de Indiana y granito, diez millones de ladrillos y 730 toneladas de aluminio y acero inoxidable.

El eje central del edificio se alza 85 plantas por encima de los retranqueos a los que obligó la ley de la ciudad de Nueva York de 1916. La estructura es un marco de acero remachado estándar con refuerzos simples. Las vigas están remachadas en toda su profundidad a las columnas y vigas. La fachada es de granito con motas de cromo-níquel y piedra caliza de Indiana, con montantes de acero inoxidable. El vestíbulo, de tres plantas de alto y considerado una verdadera obra de arte, está cubierto con mármol de Francia, Alemania y Bélgica.

La iluminación en lo alto del edificio Empire State ha cambiado a lo largo de los años. La primera luz que brilló fue un faro reflector que proclamó la elección presidencial de Franklin D. Roosevelt en 1932. En 1956 se instalaron unos faros rotatorios sincronizados llamados «luces de la libertad», que podían ser vistos a 480 km de distancia. Hoy, luces de colores celebran las vacaciones y otros eventos con diversas combinaciones.

1

2

3

4

5

Ubicación: Ciudad de Nueva York, Nueva York, Estados Unidos
Fecha de finalización de la obra: 1931
Arquitecto: Shreve, Lamb & Harmon Architects
Cliente: John J. Raskob
Ingeniería de estructuras: HG Balcom
Contratista: Starrett Brothers and Ekin
Altura: 381 m (hasta el observatorio de la planta 102), 448 m
(hasta el extremo de la antena)

Plantas por encima del suelo: 102
Uso: oficinas
Superficie del lugar: 7.366 m²
Superficie del edificio por encima del suelo: 204.380 m²
Principales materiales estructurales: acero
Otros materiales: piedra caliza de Indiana, ladrillos, mármol
Coste: 40.948.900 dólares americanos (incluido el terreno)

Central Plaza

El Central Plaza es una torre de oficinas de 78 plantas ubicada junto al puerto Hong Kong, en Wanchai. En el momento de su construcción (1992) era el edificio más alto de Hong Kong y el de hormigón armado más alto del mundo fuera de América del Norte.

La forma triangular de la planta del edificio, con esquinas truncadas, maximiza las vistas del puerto desde la torre. El tejado de la torre está tratado como un rasgo arquitectónico positivo, con una forma piramidal sólida coronada por un mástil de 60 m de alto. Por la noche, una iluminación dorada con tonos neón incorporada a la fachada y varios focos de colores cambiantes iluminan la torre.

La torre Central Plaza se levanta sobre un podio de 30 m de alto. La torre propiamente dicha consta de tres secciones: la base o podio, que forma la entrada principal y los espacios de tránsito abiertos al público; la torre, que consiste en 67 plantas de oficinas, con un vestíbulo superior en la planta 46; y la parte superior de la torre, formada por seis plantas de instalaciones mecánicas que culminan en la planta 75. La aparente forma triangular no es realmente triangular, ya que las esquinas están truncadas para disponer de más espacio interno aprovechable e impedir las connotaciones negativas de las esquinas afiladas, según los principios del Feng Shui.

La fachada está revestida de cristal aislante de tres colores distintos. Se utiliza el revestimiento dorado y plateado con motivos verticales y horizontales, en yuxtaposición con motivos de cerámica pintada para crear la imagen clásica y tornasolada de la torre.

El edificio, en consonancia con esta zona de lujo del mercado internacional de oficinas, proporciona una importante oferta de ocio y recreo para los inquilinos, entre otros, piscina, gimnasio, fitness y cafetería.

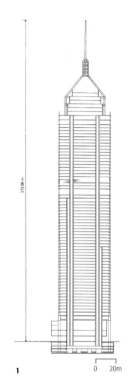

1

0   20m

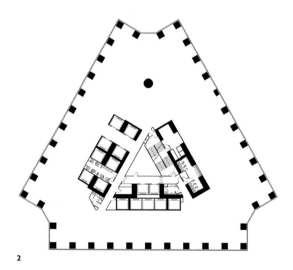

2

Ubicación: Hong Kong, China

Fecha de finalización de la obra: 1992

Arquitecto: Ng Chun Man & Associates Architects & Engineers, hoy Dennis Lau & Ng Chun Man Architects & Engineers (HK) Ltd.

Promotores: Sun Hung Kai Properties; Sino Land Co. Ltd.; Ryoden Property Development Co. Ltd.

Ingeniería de estructuras: Ove Arup & Partners HK Ltd., Hong Kong

Ingeniería mecánica: Associated Consulting Engineers, Hong Kong

Contratista: Manzole Ltd.

Altura: 374 m hasta lo alto del mástil de la torre; 309,4 m hasta la azotea.

Plantas por encima del suelo: 78

Niveles mecánicos: 6

Uso: oficinas

Superficie del lugar: 7.230 m²

Superficie del edificio por encima del suelo: 130.140 m²

Superficie de una planta típica: 2.230 m²

Plazas de aparcamiento: 237

Principales materiales estructurales: hormigón armado

Otros materiales: exterior, muro cortina y revestimiento de granito natural; interior, granito natural y revestimiento de arenisca

Coste: 141 millones de dólares americanos

3

4

5

1. *Sección transversal.*
2. *Plano de planta típica, zona inferior.*
3. *Vista desde el sureste.*
4. *Escaleras mecánicas hacia el nivel superior desde el vestíbulo de entrada.*
5. *Vista al atardecer.*

Fotografía: Frankie FY Wong.

Torre del Banco de China

La torre del Banco de China, aclamada por su inusual diseño de formas geométricas, ha sido comparada con «una rutilante torre de diamantes» y es uno de los logros más extraordinarios de la arquitectura moderna. Su arquitecto la diseñó con el elegante equilibrio del brote de bambú, «que avanza con cada etapa de crecimiento», en la mente. El edificio fue rematado el octavo día del octavo mes de 1988, el día con más fortuna del siglo según los chinos.

Cuando se terminó la torre del Banco de China, era el edificio más alto de Asia y el primer edificio fuera de Estados Unidos que batía el récord de los 305 m de altura. Por primera vez en la historia se utilizaba una megaestructura compuesta de una armadura espacial real para soportar el peso de un rascacielos. La megaestructura de acero se expresa en el exterior mediante paneles naturalmente anodizados que forman parte del muro cortina.

La torre del Banco de China se gestionó sobre el principio de que una sola excentricidad en una columna podría provocar la flexión; pero dos o más líneas de excentricidad, unidas por un mecanismo uniforme de fuerza de corte, podrían contrarrestar, y por tanto eliminar, dicha flexión. Las cinco columnas compuestas del sistema soportan el marco arriostrado de acero estructural que las abarca. El baricentro, forma y posición de estas columnas cambian a medida que descienden por el edificio: es la fuente de excentricidad. Puesto que el hormigón se «pega» al acero, la flexión se elimina.

El podio está forrado de granito claro, lo que hace que la base parezca estar enraizada en el suelo. La geometría cambia desde el cuadrado base a cuatro triángulos, y después empiezan los retranqueos: el primer triángulo en la planta 25, el segundo en la 38, y el tercero en la 51. Los cambios geométricos, que se culminan en una única aguja, forman una fachada multifacética de ángulos y perfiles que refleja la luz y parece de composición casi cristalina. El cristal de brillo plateado está revestido con un sistema de junta seca de bajo mantenimiento, y el muro cortina es un diseño estandarizado montado en la fábrica con las condiciones de ésta, lo que permite un mayor control de calidad de todos los aspectos del ensamblaje del marco, que implica más de mil piezas.

1. *Plano de planta típica, plantas 51-66.*
2. *Plano de planta típica, plantas 38-50.*
3. *Plano de planta típica, plantas 20-37.*
4. *Vista del horizonte de Hong Kong.*
5. *Vista hacia la parte superior de la torre.*
6. *Axonometría.*

Fotografía cortesía de Pei Cobb Fredd & Partners (4); Ian Lambot/arcaid.co.uk (5).

Planos reproducidos a partir del folleto original de arrendamiento, colección de G. Binder/Buildings & Data SA.

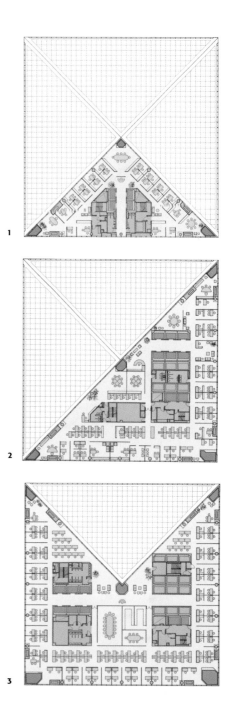

1

2

3

4

5

6

Ubicación: Hong Kong, China
Fecha de finalización de la obra: 1989
Arquitecto: I. M. Pei & Partners
Arquitecto asociado: Wong/King & Lee
Cliente: Banco de China
Ingeniería de estructuras: Leslie E. Robertson Associates; Valentine, Laurie, and Davies
Ingeniería mecánica: Jaros Baum and Bolles; Associated Consulting Engineers

Consultoría para la iluminación: Fisher-Marantz
Consultoría acústico: Cerami and Associates
Contratista general: Kumagai Gumi
Altura: 367,4 m
Plantas por encima del suelo: 70
Sótanos: 2
Uso: oficinas
Superficie del lugar: 135.000 m²

Superficie de una planta típica: 2.695 m² (planta baja), 675 m² (planta 70)
Módulo base del proyecto: 1,33 m
Plazas de aparcamiento: 370
Principales materiales estructurales: baldosas de hormigón y acero compuesto, columnas arriostradas con diagonales de acero
Otros materiales: acabado de aluminio anodizado, granito

Jumeirah Emirates Towers

Las Jumeirah Emirates Towers (originalmente torres Emirates), un auténtico hito en el floreciente barrio central de negocios de Dubái, es un símbolo de la creciente importancia de la ciudad. Las torres gemelas de cristal y metal gris plata se alzan desde una base escalonada de granito. Por la noche, efectos luminosos remarcan la espectacularidad de las altísimas formas.

A cada lado de las torres, flanqueando sus bases, una estructura curvilínea, diseñada con una forma que recuerda a las enormes y movedizas dunas de arena, alberga los elementos de servicio y un aparcamiento para 1.800 vehículos. Conectando las dos torres se encuentra el Bulevar, una zona comercial de dos plantas con pasillos alineados con patios de luz natural, tiendas de lujo, restaurantes y cafeterías.

Las torres, dos triángulos equiláteros en planta, están inspiradas en los temas geométricos islámicos, y el motivo triangular es visible en varios niveles de detalle en todo el proyecto, desde los tejados de la torre, las claraboyas triangulares y estructuras de dosel con su repetición de patrones positivo-negativo en cerámica vidriosa porosa, hasta varios motivos del pavimento interior y exterior. Equilibrando la rígida geometría están las suaves curvas de las paredes norte y sur, revestidas de granito desde la estructura base, una gran cascada de agua frente a la entrada del hotel y las suaves líneas del motivo del pavimento del centro comercial.

La torre, de 52 plantas de oficinas y 355 m de altura, cuenta con un espacioso vestíbulo formado por placas de piso circulares, que crea un tambor de ocho plantas de alto de vidrio claro. La geometría triangular de la torre de arriba se hace evidente a la altura del tambor, debido a las tres patas estructurales que montan a horcajadas de estas plantas circulares. Los dieciséis ascensores, que viajan a velocidades de más de 7 m/seg, están divididos en cuatro grupos que dan servicio a las respectivas zonas de la torre. Una placa de piso tipo proporciona más de 1.300 m^2 de superficie bruta de suelo y está diseñada para proporcionar la máxima eficiencia con el mínimo número de columnas.

La torre hotel, de 52 plantas, se yergue hasta una altura de 309 m. Por encima del atrio de ocho plantas, hay cuatrocientas habitaciones de lujo y suites a las que se accede mediante cuatro ascensores acristalados organizados alrededor de un atrio de cristal de 31 plantas que mira a las aguas del Golfo. Un restaurante exclusivo, localizado en la planta del ático, ofrece unas vistas espectaculares de la costa.

1.   Plano de planta de oficinas típica, plantas 10-23.
2.   Plano de planta típica de hotel.
3-6.   Vistas generales.
Fotografía cortesía de Jumeirah.

Los planos son reproducciones tomadas de *Cities in the Third Millennium*, Council on Tall Buildings and Urban Habitat/CTBUH Sixth World Congress, Melbourne, Australia, Spon Press, Londres/Nueva York, 2001.

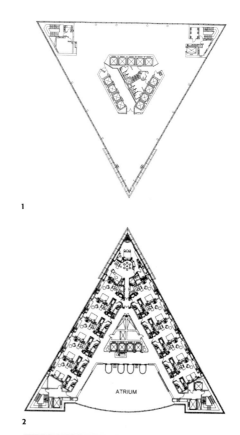

1

ATRIUM

2

3

4

5

6

Ubicación: Dubái, Emiratos Árabes Unidos

Fecha de finalización de la obra: 2000

Consultor principal: Hyder Consulting Middle East Ltd.

Arquitecto: NORR Group Consultants International (arquitecto de diseño Hazel WS Wong)

Cliente: la oficina de HH General Skeikh Mohammed bin Rashid Al Maktoum, príncipe heredero de Dubái

Ingeniería de estructuras: Hyder Consulting Pty. Ltd.

Ingeniería mecánica: Donald Smith Seymour Rooley

Diseño mecánico: The Mitchell Partnership

Contratista: BESIX y SsangYong Engineering & Construction Co. Ltd. (hotel); Nasa Multiplex LLC (oficinas)

Dirección de proyecto: Turner International

Altura: 309,3 m (hotel); 354,8 m (oficinas)

Plantas por encima del suelo: hotel, 52 y 2 plantas del podio; oficinas, 52 y 1 planta del podio

Sótanos: 1 (semisubterráneo)

Uso: oficinas, hotel, tiendas

Superficie del lugar: 169.000 m²

Superficie del edificio por encima del suelo: 140.000 m²; hotel: 50.360 m²; oficinas: 68.500 m²

Superficie de una planta típica: 1.334 m²

Módulo base del proyecto: 1,5 m

Plazas de aparcamiento: 2.500

Principales materiales estructurales: hormigón (hotel), mixto (oficinas)

Otros materiales: granito Kinawa de Brasil, paneles de aluminio, vidrio

Torre T & C

La torre T & C, de 85 plantas, es un monumento importante de Taiwán, construido con el inconfundible sabor de la China tradicional. Su simbólica flor de cerezo es un lenguaje constructivo típicamente chino, y significa salud y prestigio.

El podio base de gran altura se alza más arriba que otros edificios similares, lo que da origen a un túnel en la parte inferior. La arquitectura está en consonancia con las características topográficas, climatológicas y estéticas, al tiempo que refleja los antiguos principios chinos de la geomancia.

En su interior, el edificio está construido alrededor de ocho núcleos separados, lo que permite un fácil acceso a sus instalaciones, entre ellas una zona comercial, hotel y oficinas. Cada una de estas cuatro áreas del edificio son también independientes, con entrada propia que se extiende hacia el vestíbulo superior. El edificio obtiene su estructura vertical básica a partir de sus ocho ascensores, y

horizontalmente gracias a la planta mecánica. La estructura espacial superior se crea al apilar una torre con estilo pagoda sobre dos podios elevados. El núcleo de las tres unidades está diseñado como un atrio elevado, lo que facilita la entrada de la luz natural y permite una mejor comunicación entre las unidades de oficinas. El podio elevado, a la vez que tiene una función estructural fundamental, también permite que el aire pase a través de él, reduciendo así la presión del viento.

1. *Vista general.*
2. *Planos de plantas, de arriba abajo: B2 zona de restauración, B1 tiendas, primera planta.*
3. *Vista del entorno por la noche.*
4. *Plano de planta típica de hotel.*

Fotografía cortesía de C. Y. Lee & Partners Architects/Planners.

1

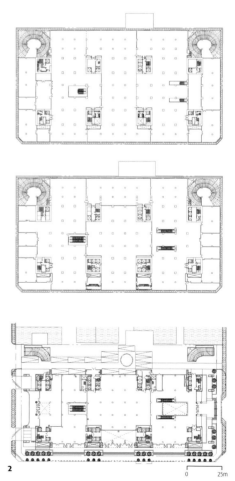

2

0   25m

3

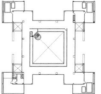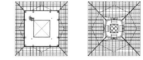

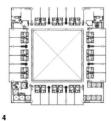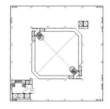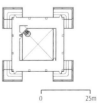

0   25m

4

Ubicación: Kaohsiung, Taiwán

Fecha de finalización de la obra: 1998

Arquitecto: C. Y. Lee & Partners Architects/Planners

Arquitecto asociado: HOK Architects

Cliente: Tuntex Group

Promotor: Chien Tai Cement Corporation; Tuntex Group

Ingeniería de estructuras: Evergreen Consulting Engineering Inc.; TY Lin International

Ingeniería mecánica: Continental Engineering Corporation; William Tao Associates

Consultoría para el transporte vertical: Lerch Bates & Associates Inc.

Arquitecto paisajista: HOK Architects

Servicios de consultoría de la construcción: Turner International

Contratista: Chien Tai Cement Corporation; Tuntex Group

Dirección de proyecto: Tuntex Group

Altura: 348 m

Plantas por encima del suelo: 85

Sótanos: 5

Niveles mecánicos: 36, 57, 71, 78-85

Uso: mixto, con tiendas, oficinas, hotel, entretenimiento y apartamentos con servicio de habitaciones

Superficie del lugar: 12.000 m²

Superficie del edificio por encima del suelo: 306.350 m²

Superficie de una planta típica: 6.207 m² (tiendas); 3.849 m² (oficinas); 1.635 m² (hotel)

Plazas de aparcamiento: 1.151

Principales materiales estructurales: acero, hormigón armado

Otros materiales: muro cortina de cristal, pared de piedra en la base

Aon Center

Esta prístina torre, conocida en un principio como el edificio Standard Oil, presenta una planta cuadrada con lados de 60 m y recortes de 4,5 m en las cuatro esquinas. Cada planta tiene una superficie aproximada de 3.000 m². La esbelta estructura de acero estaba revestida en su origen de mármol blanco de Carrara, que, debido a su fuerte énfasis vertical, la hacía parecer aún más alta. Cada lado del edificio cuenta con quince franjas verticales de ventanas negras, empotradas entre pilares triangulares blancos.

Hasta que se terminó de construir la torre Sears en 1974, este edificio (que, aunque conocido como Standard Oil, después pasó a llamarse Amoco Building) era el más alto de Chicago y la estructura revestida de mármol más alta del mundo. Continúa siendo el edificio más alto del mundo sin ningún tipo de antena, aguja o remate importante en su parte superior. El diseño de la torre se basa en un innovador sistema estructural tubular en el que una serie de columnas periféricas muy próximas entre sí forman un tubo hueco. Secciones en forma de V de 1,5 m que forman parte del armazón del edificio absorben las cargas de viento. Este sistema permite un interior diáfano, libre de columnas, y una distribución completamente libre del espacio existente entre el núcleo de servicio y las paredes exteriores.

El perímetro de las columnas de acero en forma de V alberga asimismo las tuberías y líneas de servicios públicos, con lo que se elimina la necesidad de disponer de columnas en el interior, algo que a menudo roba espacio útil. Las cabinas de los ascensores de doble piso también preserva la superficie para oficina al minimizar el espacio del eje. Los ascensores de un solo piso dan servicio a las plantas inferiores.

El edificio sufrió una amplia reforma en 1990-1992, cuando hubo que reemplazar totalmente el revestimiento de mármol. Debido a su gran sensibilidad al frío y al calor, los paneles originales de mármol italiano se habían inclinado y expandido de forma desigual. Veinte años después de la construcción del edificio, el revestimiento fue sustituido por paneles de granito del Mt. Airy de 2 pulgadas de grosor. Sustituir los 43.000 paneles costó unos 80 millones de dólares americanos.

Parte de la reurbanización también incluyó las zonas de la plaza superior e inferior, y un nuevo vestíbulo arqueado de dos pisos que sirve de entrada principal al edificio. La plaza superior combina una zona de descanso ajardinada con esculturas de jardín. La inferior presenta una cascada de 60 m de largo y un jardín hundido que puede funcionar como escenario para distintas actuaciones.

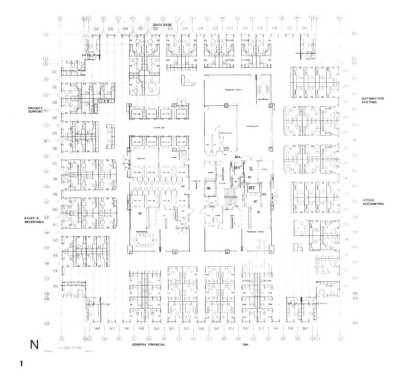

1

2

1. *Plano de planta típica.*
2. *Vista general.*
3. *Vista de la plaza.*
4. *Detalle de la fachada.*

Fotografía cortesía de Perkins+Will.

3

4

Ubicación: Chicago, Illinois, Estados Unidos
Fecha de finalización de la obra: 1973
Arquitectos: Edward Durell Stone & Associates; The Perkins+Will Corporation (empresa conjunta)
Cliente: Standard Oil Realty Corporation
Ingeniería de estructuras: Perkins+Will Engineering Division
Ingeniería mecánica: Cosentini Associates

Consultoría para el transporte vertical: Otis Elevator Company
Contratista: Turner Construction Company
Altura: 346 m
Plantas por encima del suelo: 83
Plantas utilizables por encima del suelo: 80
Niveles mecánicos y sus números: 5; niveles 5, 27, 28, 81 y 82
Uso: oficinas

Superficie del edificio por encima del suelo: 232.250 m²
Superficie de una planta típica: 3.066 m²
Plazas de aparcamiento: 679, subterráneo
Principales materiales estructurales: acero
Otros materiales: granito, aluminio, hormigón
Coste: 120 millones de dólares americanos

The Center

The Center era el tercer edificio más alto de Hong Kong en el momento de su construcción, en 1998.

El proyecto es un desarrollo de renovación urbanística ubicado en medio de una manzana de la ciudad ya existente. Protegido por edificaciones que ya existían en gran parte del perímetro de su emplazamiento, el edificio ofrece varios nuevos espacios públicos, entre ellos una importante plaza peatonal, tranquilos rincones de espacios verdes y una explanada abierta en la planta baja. La torre se levanta en los estanques ornamentales que forman parte del espacio público abierto. Una plataforma mirador, los bares y los restaurantes se encuentran ubicados en las plantas intermedias de la torre.

El edificio tiene una estructura de acero y una gama completa de accesorios y equipamiento de lo más innovadores, incluidos falsos suelos con aire acondicionado incorporado, la primera góndola automática de Hong Kong y la iluminación insertada en la pared exterior.

La planta en forma de estrella tiene el efecto tanto de disminuir la corpulencia de la enorme superestructura como de incrementar en el perímetro la superficie de oficinas iluminadas con luz natural.

La alta permeabilidad del espacio de la planta baja ofrece nuevas zonas de paso entre las ajetreadas calles Queen's y Des Voeux.

1

2

1. Saliente.
2. Entrada desde la calle Queen's Road Central.
3. Vista al atardecer en la que se puede apreciar la iluminación del edificio.
4. Plano de planta típica.
5. Esquina exterior.

Fotografía de Frankie FY Wong.

3

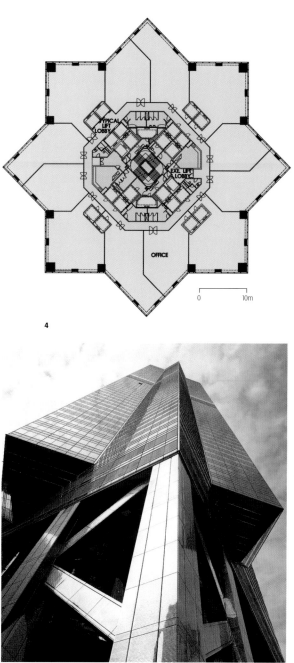

4

5

Ubicación: Hong Kong, China

Fecha de finalización de la obra: 1998

Arquitecto: Dennis Lau & Ng Chun Man Architects & Engineers (HK) Ltd.

Promotor: Cheung Kong (Holdings) Ltd.; Land Development Corp. (hoy, Urban Renewal Authority)

Ingeniería de estructuras: Maunsell Consultants Asia Ltd., Hong Kong

Ingeniería geotécnica: Maunsell Geotechnical Services Ltd., Hong Kong

Ingeniería de servicios del edificio: Associated Consulting Engineer, Hong Kong

Contratista: Paul Y - ITC Construction Ltd.

Altura: 346 m hasta lo alto del mástil; 302 m hasta la azotea

Plantas por encima del suelo: 73

Uso: oficinas

Superficie del lugar: 8.816 m²

Superficie del edificio por encima del suelo: 130.032 m²

Superficie de una planta típica: hasta un máximo de 2.415 m²

Plazas de aparcamiento: 402

Principales materiales estructurales: acero

Otros materiales: vidrio, acero inoxidable, granito

Coste: 385 millones de dólares americanos

John Hancock Center

El centro John Hancock se encuentran en la avenida North Michigan, a lo largo de la Milla Magnífica (Magnificent Mile) de Chicago. Con 100 plantas, alberga oficinas, residencia, tiendas y aparcamiento, y un mirador público en el piso 94. También cuenta con un restaurante panorámico en las plantas 95 y 96. Las oficinas se encuentran entre las plantas 13 y 41; los apartamentos, entre la 46 y la 93, y el aparcamiento, con plazas para 1.200 vehículos, entre la 6 y la 12. El edificio únicamente ocupa el 50% del área del emplazamiento, el resto es espacio abierto.

Las 705 viviendas del edificio van desde sencillos apartamentos con servicio de habitaciones a residencias de lujo con cuatro dormitorios. Las instalaciones adicionales incluyen restaurantes, centros de salud y bienestar, una piscina y una pista de patinaje sobre hielo: realmente, una ciudad vertical dentro de otra ciudad. En lo alto del edificio hay transmisores de televisión.

Para poder alcanzar sus 343,5 m de altura, esta colosal torre de 174.000 toneladas fue diseñada para descansar sobre enormes pozos de cimentación que se hunden en el suelo hasta llegar a la roca madre. Uno de estos pozos alcanza los 58 m de profundidad bajo suelo, el pozo más profundo jamás excavado en Chicago. Este trabajo requirió un anillo de perforación hecho a medida, el más poderoso jamás ideado.

Este cuerpo, que decrece gradualmente, se yergue partiendo de los 3.700 m² de su base hasta alcanzar los 1.672 m² de su cima. Esta forma decreciente proporciona estabilidad estructural y, al mismo tiempo, un mayor aprovechamiento del espacio. Las columnas exteriores y las vigas perimetrales crean un tubo de acero que es reforzado por la riostra diagonal claramente articulada y los suelos estructurales que encuentran esas diagonales y columnas de esquina. El resultado global es un sistema estructural muy sencillo y eficiente.

Las características riostras diagonales del John Hancock Center eliminan la necesidad de vigas sustentantes interiores, con lo que se incrementa en gran medida el espacio útil del edificio. La innovadora estructura es además bastante económica, ya que sólo necesita la mitad del acero que se habría requerido en un edificio con columnas interiores tradicionales. La estructura de acero está revestida de aluminio negro con cristales antirreflejantes tintados de bronce y marcos de ventana de aluminio color bronce. Remodelado en 1995, el vestíbulo luce un rico mármol travertino y superficies con textura de piedra caliza.

El John Hancock Center fue el tercer edificio en el mundo en tener más de 305 m de alto, y el primero fuera de Nueva York. Los dos primeros fueron el edificio Chrysler, en 1930, y el Empire State, en 1931.

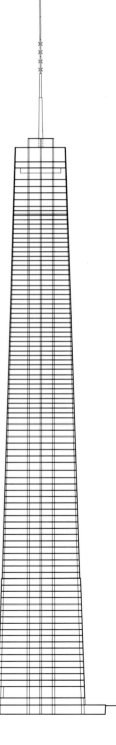

1

2

1. Alzado.
2. *El John Hancock Center con la Water Tower en primer plano.*
3. *Vista desde el lago Michigan.*

Fotografía cortesía de Skidmore, Owings & Merrill LLC.

3

Ubicación: Chicago, Illinois, Estados Unidos
Fecha de finalización de la obra: 1970
Arquitecto: Bruce Graham, de Skidmore, Owings & Merrill LLP
Promotor inicial: Jerry Wolman
Cliente: John Hancock Mutal Life Insurance Company
Ingeniería de estructuras: Fazlur Khan, de Skidmore, Owings & Merrill LLP
Consultoría de estructuras: Weidlinger Associates; Amman & Whitney

Ingeniería mecánica: Skidmore, Owings & Merrill LLP
Dirección de proyecto: Richard Lenke, de Skidmore, Owings & Merrill LLP
Contratista: Tishman Construction Company
Altura: 343,5 m; 443 m incluidas las antenas
Plantas por encima del suelo: 100
Sótanos: 1
Plantas útiles por encima del suelo: 95
Niveles mecánicos: 16-17 (mecánicos y oficinas), 42-43, 98-99, 100

Uso: oficinas, residencial, comercial
Superficie del lugar: 9.662 m²
Superficie del edificio por encima del suelo: 263.343 m²
Superficie de una planta típica: 4.645 m² (en la base) hasta 1.486 m² (en la cima)
Plazas de aparcamiento: 1.200
Principales materiales estructurales: acero, metal, piedra
Otros materiales: aluminio negro, cristal

Q1

El Q1 es una torre residencial acristalada de 80 plantas que consta de 526 apartamentos, un mirador en la azotea, un recinto comercial e instalaciones recreativas asociadas.

La disposición de la planta baja incluye un amplio camino peatonal que conduce al visitante desde la plaza pública en el noroeste, a través de la arcada de tiendas, vestíbulo y fuentes, hasta el este. El vestíbulo de doble volumen une estas fuentes con el interior, y conecta a través del vano con las instalaciones del segundo piso. La forma del perímetro del tejado del podio da cobertura a las zonas de podio, a la vez que sigue permitiendo las vistas de la torre. El podio es un recinto comercial acristalado en la base. La zona plana baja alrededor de la torre incorpora una puerta cochera, el vestíbulo de la entrada principal, una gran piscina y un club de playa. Una serie de cintas de forma concéntrica alrededor de la torre revolotean sobre la zona de entrada de la plaza, proporcionando abrigo y sombra. El resultado es un recinto comercial similar a una galería al aire libre bajo una estructura acristalada de cintas y una fachada curva de tiendas hasta los extremos de la calle.

La torre es una estructura con un armazón de hormigón poco convencional, que conecta columnas «de ligazón» en el perímetro del edificio con el núcleo mediante paredes de paneles de hormigón. El muro cortina de cristal proporciona una piel aislante e impermeable, que incorpora cristal spandrel para reforzar la curvatura de la torre. Los techos de cinta del podio están revestidos con paneles Alpolic con un techo de cristal con marco de acero estructural. La corona del techo de la torre es una estructura de armazón de acero que proporciona apoyo al acristalamiento del tejado y a su aguja. Ésta sirve como eficaz pararrayos, y ha funcionado en incontables ocasiones desde la construcción del edifico.

La idea de este edificio se concibió en el año 2000, año de los Juegos Olímpicos de Sídney, y el diseño se inspiró en la antorcha olímpica y el edificio de la Ópera de la ciudad. El objetivo era crear una forma escultural que recordase estos dos iconos australianos, y una piel de cristal facilitaba esta labor. El tejado inclinado y la aguja son un claro guiño a la forma de la antorcha y coronan la torre de una manera espectacular.

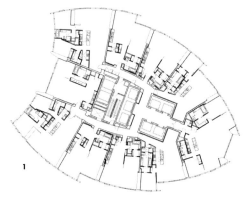

2. *Plano de planta.*
2. *Vista panorámica del Q1 en la playa Surfers Paradise.*
Página siguiente:
3. *La escultural forma del Q1 vista desde la piscina.*
Fotografía de Russell Shakespeare.

2

Ubicación: Surfers Paradise, Queensland, Australia
Fecha de finalización de la obra: 2005
Arquitecto del diseño: Sunland Design Group
Arquitecto del diseño (podio de la torre): Innovarchi
Cliente: Q1 Joint Venture
Promotor: Surfers Paradise Beach Resort Pty. Ltd.
Ingeniería de estructuras (concepto): ARUP
Ingeniería de estructuras (diseño y documentación): Whaley Consulting Group
Ingeniería mecánica: Lincolne Scott Australia
Consultor para el transporte vertical: Transportation Design Consultants Pty. Ltd.

Arquitectos paisajistas: Imagina Design Pty. Ltd.; Urban Smash Pty. Ltd.; Sunland Design Group
Contratista: Sunland Constructions
Director de proyecto: Sunland Group Limited
Altura: 322,5 m (incluida la aguja)
Plantas por encima del suelo: 79
Sótanos: 2
Plantas utilizables por encima del suelo: 75
Niveles mecánicos y sus números: 9: plantas B1, B2, 38, 40, 41, 75, 76, 79
Uso: residencial, mirador y tiendas
Superficie del lugar: 12.500 m²

Superficie del edificio por encima del suelo: 107.500 m²
Superficie de una planta típica: 1.352 m²
Módulo base del proyecto: 1,2 m (rejilla del muro cortina)
Plazas de aparcamiento: 837
Principales materiales estructurales: hormigón armado, acero estructural
Otros materiales: muro cortina de cristal, bloques huecos que no soportan carga, revestimiento de metal Alpolic
Coste: 255 millones de dólares australianos

Burj Al Arab

La Burj Al Arab de Dubái se encuentra situada mar adentro en una isla artificial del Golfo Arábigo. Uno de los hoteles más altos del mundo, todo suites, con 321 m de altura, es la pieza central del diseño de Atkins para el Chicago Beach Resort Development, de primera categoría, que incluye el Jumeirah Beach Resort, el parque acuático Wild Wadi y las Beit Al Bahar Villas.

El diseño del hotel recuerda a la vela spinnaker de un velero clase J y refleja el patrimonio marítimo de Dubai. Mediante la combinación de un diseño estructural eficiente e innovador, complementado e integrado en una arquitectura espectacular, el exclusivo edificio resultante es hoy reconocido por todos como un icono de Dubái.

El espectacular y rutilante atrio, que se extiende hasta la parte inferior de la planta 26 de doble piso (a casi 183 m de altura) marca el centro del Burj Al Arab. Está flanqueado por dos lados por los balcones de las suites del hotel y, en el tercer lado, por una membrana geométrica con forma de vela de barco realizada en fibra de vidrio recubierta con PTFE. En el interior, las 202 habitaciones dúplex de lujo son el no va más de la opulencia.

Esta membrana, además de proporcionar una fuente de luz natural y de aislar el espacio del atrio, también actúa como lona para los numerosos efectos lumínicos generados por las luminarias ocultas en el puente principal de acceso que se proyectan hacia la fachada frontal para realzar el hotel por la noche. La membrana también hace de pantalla para los cañones de luz de largo alcance que desde tierra firme emiten imágenes pictóricas sobre el Burj.

La fuente arquitectónica del atrio circular proporciona una mayor sensación de lujo; se compone de 24 arcos de agua iluminados ópticamente con un chorro central de 50 m de altura y un acuario tropical de dos pisos que se extiende hasta un restaurante «sumergido», que contrasta con el restaurante del mirador elevado, con vistas panorámicas de la ciudad y del golfo.

A lo largo y ancho del hotel domina la tecnología más innovadora, desde el diseño electromecánico, pasando por las interfaces operacionales, y hasta la asombrosa fuente de agua y llamas de la entrada principal.

1

1. *Plano de la planta 27, restaurante elevado.*
2. *Una estructura innovadora y una arquitectura espectacular.*
3. *El Burj Al Arab (la torre de los árabes) es uno de los hoteles más altos del mundo.*

Fotografías cortesía de Jumeirah (2) y de Atkins (3).

2

3

Ubicación: Dubái, Emiratos Árabes Unidos

Fecha de finalización de la obra: 1999

Arquitecto: Atkins

Ingeniería de estructuras: Atkins

Ingeniería mecánica: Atkins

Dirección de proyecto: Atkins

Consultoría para el transporte vertical: Dunbar Boardman Associates

Arquitecto paisajista: Al Khatib Cracknell

Contratista: Al Habtoor Murray & Roberts

Altura: 321 m

Plantas por encima del suelo: 52 (25 plantas dúplex = 50 plantas convencionales [desde la 1 hasta por debajo de la 26, dúplex] + las plantas 26 y 27, en las que se encuentran el salón de baile y el restaurante Skyview [Al Muntaha]). Un total de 52 «plantas» (excepto el piso bajo, que también es una planta doble)

Sótanos: 3

Plantas utilizables por encima del suelo: 59

Niveles mecánicos y sus números: 3, en el 8, el 16 y el 28

Uso: hotel

Superficie del lugar: 5.060 m²

Superficie del edificio por encima del suelo: 120.000 m²

Superficie de una planta típica: 2.000 m²

Módulo base del proyecto: 8 m

Plazas de aparcamiento: 380

Principales materiales estructurales: acero, muro cortina, hormigón armado

Otros materiales: revestimiento de aluminio, paredes de tejido de fibra de vidrio revestida de Teflón

Edificio Chrysler

El edificio Chrysler está reconocido como la muestra más importante de la arquitectura Art Decó en la ciudad de Nueva York. Tras la adquisición por parte del magnate del automóvil WP Chrysler de los 3.665,5 m² del emplazamiento, la construcción de las 77 plantas de que consta el edificio comenzó en 1928 y concluyó en mayo de 1930.

Cuando finalizaron las obras, el edificio Chrysler era la estructura más alta del mundo con 319 m de altura. Cuatro meses más tarde, esta distinción se la arrebató el Empire State.

Las paredes del vestíbulo de tres plantas de alto se alzan desde la planta baja y son el primer elemento destacado del interior y la fachada Art Decó. Las paredes y suelo del vestíbulo están cubiertas con materiales procedentes de todo el mundo: una entrada que parece un proscenio hecha en granito verde oscuro de Noruega; mármol azul procedente de Bélgica; mármol rojo de Marruecos; y travertino Sienna de Alemania. El fresco del techo, realizado por Edward Trumbull, representa una vista del Edificio Chrysler, varios aviones de la época, y escenas tomadas de la cadena de montaje de la planta fabricación de automóviles Chrysler.

Los cuatro vestíbulos de ascensores tienen cabida para 30 ascensores y no hay dos iguales. Las puertas son modernistas, de lámina de madera sobre acero. Los interiores están revestidos con una amplia gama de maderas: fresno japonés, nogal americano, nogal oriental, madera gris inglesa, madera tintada de ébano y arce rizado.

Por encima de la planta 30, el estilo Art Decó de la fachada está ejemplificado en un friso de tapacubos con protuberancias de acero y guardabarros de coche. Las esquinas de la torre a esta altura sobresalen con decoraciones de tapas de radiadores aladas de acero. Justo encima de la planta 60 hay cuatro esquinas con gárgolas de águila americana en acero.

En la planta 72, surgen seis arcos de acero inoxidable. Cada arco monta sobre el anterior y se complementa con ventanas triangulares. El efecto general es el de una aureola brillante, rematada por una aguja como un alfiler de acero inoxidable. La aguja sola suma 57 m a la altura total del edificio. En realidad, el material utilizado en las estructuras del arco y la aguja es el acero Nirosta, una aleación de cromo-níquel anticorrosivo y no magnético coloreado de platino, que fue atornillado sobre madera.

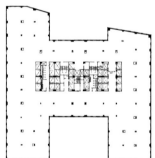

1

2

3

4

5

6

1. *Planos de plantas típicas.*
2. *Postal de la época en la que aparece el edificio Chrysler.*
3. *Detalle de la fachada.*
4, 6. *Detalle de la aguja Art Decó.*
5. *Vista general.*

Fotografía: © The Skyscraper Museum (2); Tony Morales © Liberty Science Center (3, 4); Colección G. Binder/Buildings & Data SA (5); Douglas Mason (6).

Ubicación: Ciudad de Nueva York, Nueva York, Estados Unidos
Fecha de finalización de la obra: 1930
Arquitecto: William Van Alen
Propietario: Tishman Speyer Properties
Ingeniería de estructuras: Ralph Squire & Sons
Ingeniería de servicios: Louis TM Ralston
Contratista: Fred T. Ley & Co. Inc.
Promotor: WP Chrysler

Altura: 319 m
Plantas por encima del suelo: 77
Uso: oficinas
Superficie del lugar: 3.665,5 m²
Superficie del edificio por encima del suelo: 96.616 m²
Principales materiales estructurales: acero
Otros materiales: ladrillo

Bank of America Plaza

Este edificio, que en un principio era conocido como el NationsBank Plaza, se encuentra ubicado entre Peachtree y West Peachtree en North Avenue, Atlanta. El emplazamiento es estrecho y toda la fachada da a North Avenue, en lo alto de una colina. El barrio sur del lugar es básicamente comercial, mientras que al norte existe una zona residencial muy poblada. La forma del emplazamiento y la localización parecían sugerir que la nueva torre debía colocarse centrada en el bloque frontal de North Avenue y flanqueada a cada lado por parques ajardinados. Esta solución de diseño urbano en un punto clave de la ciudad permite combinar los diferentes caracteres de los dos barrios.

Un edificio de tres niveles se extiende desde la torre hacia la calle West Peachtree y contiene una sucursal bancaria que se abre al vestíbulo, un restaurante, tiendas, centro de conferencias y un centro de salud y bienestar. La pared norte es de cristal reflectante, lo que visualmente duplica el espacio del parque que hay justo en la parte de delante.

Por debajo de casi toda la superficie del lugar hay un aparcamiento de cuatro plantas. Tres puntos de acceso para vehículos conducen hasta el garaje desde cada calle limítrofe. Hay una parada de tránsito rápido situada en cada esquina del lugar. Los peatones entran a esta zona a través de una galería con espejos hasta llegar a la torre. También se pueden atravesar los parques que hay a cada lado y entrar directamente en el vestíbulo de la torre.

La torre cuenta con un planta cuadrada dispuesta diagonalmente, de tal forma que encara las calles limítrofes en ángulo de 45° y sus vistas son ininterrumpidas en todas las direcciones. Emplea un esquema estructural de tipo «supercolumna». Un par de enormes columnas, de 0,75 m² de base, ubicadas en cada cara de la torre y en cada esquina del núcleo central, actúan tanto como soporte vertical como contrapeso a la fuerza del viento

Este sistema elimina las costosas columnas interiores y permite un mayor aprovechamiento del espacio y una mayor flexibilidad en el diseño. El muro cortina de la torre comienza 3,65 m por encima del piso del vestíbulo, y ofrece vistas sin interrupción hacia el exterior en todos los lados.

Una gran aguja, construida con tubos colocados muy próximos los unos a los otros, remata la torre y encierra la torre de refrigeración, los cuartos de ascensores y diversos equipamientos mecánicos. Por la noche, la aguja se ilumina desde el interior, con lo que suma un faro de tenue brillo al horizonte de Atlanta.

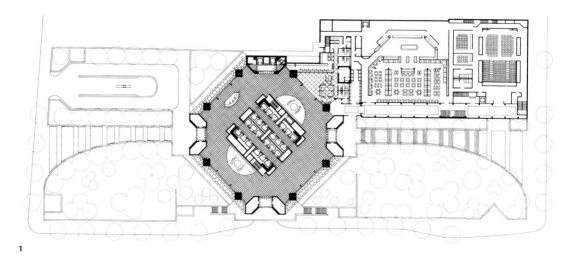

1

1. *Plano de la planta baja.*
2. *La aguja se convierte en un faro de tenue brillo durante la noche.*
3. *Vista general.*
4. *La arcada que une el edifico de tres plantas con la torre.*

Fotografía cortesía de Kevin Roche John Dinkeloo and Associates LLC.

2

3

4

Ubicación: Atlanta, Georgia, Estados Unidos
Fecha de finalización de la obra: 1992
Arquitecto: Kevin Roche John Dinkeloo and Associates LLC
Cliente: Citizen and Southern Bank, NationsBank (hoy, Bank of America)
Promotor: Cousins Properties Incorporated
Ingeniería de estructuras: CBM Engineers
Ingeniería mecánica: Newcomb & Boyd; Environmental Systems Design
Consultor para el transporte vertical: Ray Hahn

Arquitecto paisajista: Gibbs Landscaping
Contratista: Beers Construction Company
Director de proyecto: Jim Overton, Thomas Cousins
Altura: 317 m (incluida la aguja)
Plantas por encima del suelo: 57
Sótanos: 4
Plantas utilizables por encima del suelo: 55 plantas de oficinas
Niveles mecánicos y sus números: 2, plantas 56 y 57
Uso: oficinas, banco, restaurante, tiendas
Superficie del lugar: 14.763 m²

Superficie del edificio por encima del suelo: 163.504 m²
Superficie de una planta típica: 2.973 m²
Módulo base del proyecto: 1,5 m
Plazas de aparcamiento: 1.250 bajo suelo
Principales materiales estructurales: acero estructural, hormigón
Otros materiales: muro cortina de cristal y granito, enrejado de aluminio para la aguja mecánica.
Coste: 115,8 millones de dólares americanos

US Bank Tower

La torre US Bank (que anteriormente se llamó First Interstate World Center y Library Tower) comenzó su existencia en 1990, en parte debido a que su vecina, la Biblioteca Central de Los Ángeles de 1926, se había destruido en un incendio y se preveía su demolición. Sus derechos aéreos (por encima del terreno) fueron vendidos a First Interstate World Center, permitiendo de esta manera restaurar y modernizar la biblioteca, así como levantar la torre 75 pisos.

Los arquitectos tomaron muchos apuntes de la cercana biblioteca para su diseño. La base y el cuerpo central de la torre están simplificados, con muy pocos elementos decorativos. Sin embargo, la parte superior está enfundada en una corona de cristal de múltiples caras que se ilumina después del anochecer.

Situada a tan sólo 42 km de la falla de san Andrés, la estructura del edificio fue diseñada para resistir un terremoto de una magnitud de hasta 8,3 en la escala Richter. La estructura necesitaba ser no sólo lo suficientemente flexible como para absorber las fuerzas de un terremoto, sino también lo suficientemente rígida como para resistir la enorme fuerza que ejerce el viento en un edificio de esta altura. Un armazón de acero resistente en el perímetro exterior de la torre

(diseñado para la ductilidad contra la carga sísmica) y un núcleo de acero de 6,85 m² se prolonga a lo largo de la altura total del edificio para proporcionar también soporte lateral contra la carga.

La torre se organiza mediante la superposición de un círculo y un cuadrado, con el círculo que emerge por debajo de la corona como la forma geométrica dominante. La columnata curva de pilares estructurales a nivel de calle, cada uno de ellos encerrados en envoltorios translúcidos de cristal tintado de verde, desempeña varias funciones. La amplia curva suaviza el impacto de la gigantesca estructura en el emplazamiento, lo que permite que el edificio, en la planta baja, remita a la biblioteca que está al otro lado de la calle. La columnata crea una sensación de transparencia y apertura a pie de calle, dando la bienvenida a los transeúntes. Estas articulaciones confieren a la torre una sutil privacidad, mientras que los retranqueos de la fachada y la característica corona crean una imagen memorable del edificio en el horizonte de Los Ángeles.

Otro elemento digno de destacar de este lugar es la escalera Bunker Hill, una monumental escalinata con una fuente y una cascada de agua. La escalinata sirve como conexión peatonal entre la torre y los cercanos complejos de oficinas y tiendas.

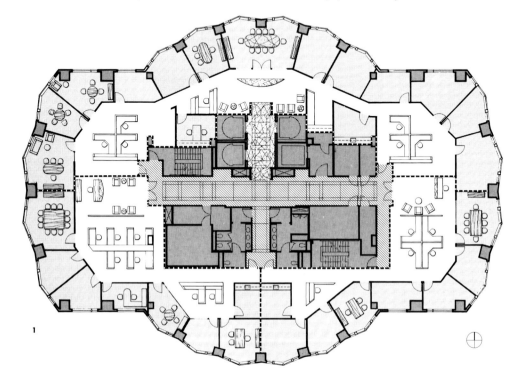

1

1. *Plano de una típica planta superior.*
2-4. *Vista general.*

Fotografía: Terry Wilkenson, cortesía de Ellerbe Becket.

Plano reproducido a partir de un folleto de Maguire Thomas Partners, colección de G. Binder/Buildings & Data SA.

2

3

4

Ubicación: **Los Ángeles, California, Estados Unidos**
Fecha de finalización de la obra: **1989**
Arquitecto: **Pei Cobb Freed & Partners (Henry N Cobb y Harold Fredenburgh)**
Arquitecto asociado: **Ellerbe Becket**
Promotor: **Maguire Thomas Partners**
Ingeniería de estructuras: **CBM Engineers Inc.**

Ingeniería mecánica: **James A. Knowles and Associates**
Ingeniería eléctrica: **Levine / Seegal Associates**
Arquitecto paisajista: **Lawrence Halprin & Associates**
Contratista: **Turner Construction Co.**
Altura: **310 m**
Plantas por encima del suelo: **73**
Sótanos: **2**

Uso: **oficinas**
Superficie del edificio por encima del suelo: **133.089 m²**
Superficie de una planta típica: **2.137 m²** (superficie útil, plantas 33-45)
Principales materiales estructurales: **mixto**
Otros materiales: **granito**

Menara Telekom

El movimiento para hacer de Asia el mercado de telecomunicaciones con un crecimiento más rápido del mundo llevó a Telekom Malaysia a construir unas nuevas oficinas centrales que reflejaran su papel como el proveedor de alta tecnología para el tercer milenio.

La inspiración que había detrás del nuevo edificio de oficinas implicaba combinar las necesidades tecnológicas y la naturaleza de alta tecnología de Telekom Malaysia con un espacio de trabajo funcional a la vez que orgánico, que se convertiría en un símbolo impresionante para los empleados de TM y para el conjunto del país.

La forma de la torre, que recuerda la belleza de una hoja que se despliega, tenía una fuerte influencia de la obra del pintor y escultor malayo Latiff Mohidin y su esbozo de un bambú al surgir de la tierra. Esta naturaleza orgánica tenía que ser equilibrada con los aspectos técnicos de la eficacia del diseño y la construcción. El equilibrio se logra mediante la repetición de elementos en la fachada y en los pavimentos, y el diseño a medida del núcleo.

Los sistemas estructurales de soporte utilizan la tecnología de construcción y los materiales y técnicas de ingeniería más avanzados. Las plantas típicas de oficinas se sustentan sobre columnas perimetrales y vigas de largos vanos con un largo de 17 m entre los dos extremos, lo que da como resultado espacios diáfanos abiertos para una total flexibilidad de disposición del espacio de oficinas. La altura entre plantas es de casi 4 m.

El sistema utiliza vigas y losas de hormigón post-tensionado con columnas de hormigón de alta resistencia. Un rasgo característico de este sistema de estructura es una viga de transferencia de 5,70 m de profundidad por 2,37 m de anchura en la segunda planta, lo que hace que las cargas de las columnas de las 77 plantas del edificio se desplacen a vanos de 12 m, abriendo así los pisos de la entrada principal a espectaculares extensiones de cristal y una gran cantidad de luz natural.

Un elemento clave del diseño es la inclusión de grandes jardines aterrazados al aire libre que escalan la altura de la torre y le proporcionan una forma natural en las fachadas este y oeste, y un aspecto «ecológico» general al edificio. En la torre, cada tres plantas, con alternancia de este a oeste, hay un acceso directo a un *skygarden,* con lo que se crea la sensación de una serie de vecindarios de poca altura apilados verticalmente.

En una estructura separada, pero dentro del emplazamiento, se encuentra el complejo de exposiciones y auditorio, con su entrada e identidad propias. El teatro, con capacidad para 1.500 espectadores, también ofrece a Kuala Lumpur un lugar en el que poder celebrar importantes actos culturales internacionales, conferencias y seminarios.

3

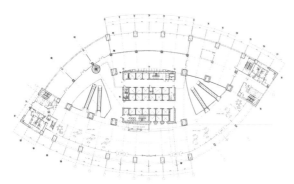

1

2

1. *Plano planta baja.*
2. *Plano planta típica de la zona 1.*
3. *Vista del interior del vestíbulo principal.*
4. *La torre de noche.*
5. *Alzado sur.*
6. *Detalle de la fachada.*

Fotografía de Hlin Ho.

5

4

6

Ubicación: Kuala Lumpur, Malasia
Fecha de finalización de la obra: 2003
Arquitecto: Hijjas Kasturi Associates Sdn.
Cliente: Telekom Malaysia
Ingeniería de estructuras: Ranhil Bersekutu
Ingeniería mecánica: Zainuddin Nair & Ven Associates; Maunsell NVOF Bhd
Dirección de proyecto: Hasmi-Bucknall JV
Consultoría para el transporte vertical: Schindler

Arquitecto paisajista: Perfect Scale Sdn Bhd
Contratista: Daewoo; Peremba JV
Altura: 310 m
Plantas por encima del suelo: 55 plantas sobre el podio, aparcamiento de 4 pisos
Plantas útiles por encima del suelo: 52
Niveles mecánicos: 3
Uso: torre de oficinas y podio de uso mixto
Superficie del lugar: 3,08 ha

Superficie del edificio por encima del suelo: 154.863 m² (torre)
Módulo base del proyecto: 1,5 m
Plazas de aparcamiento: 1.700 coches y 300 motocicletas
Principales materiales estructurales: acero, hormigón armado
Otros materiales: muro cortina de cristal y aluminio, revestimiento de cobre
Coste: 600 millones de ringgit malasios

Baiyoke Sky Hotel

El éxito de la anterior Baiyoke Tower 1 dio paso en 1988 al proyecto para la Baiyoke Tower 2. Esta torre, hoy conocida como Baiyoke Sky Hotel, conserva la silueta de la primera Baiyoke Tower 1 en la base, pero se levanta más alto con su enorme base de hormigón de arenisca roja sobre pilotes de 56 m de profundidad y crea una imagen en la que parece que una piedra arenisca natural se yerga desde la tierra.

El resplandeciente color oro, un elemento tailandés/oriental que simboliza la salud, define la silueta de la parte superior de la Baiyoke Tower 1, que apunta hacia lo alto del Baiyoke Sky Hotel, es la insinuación de una prosperidad continua. Ambas torres se encuentran en el corazón de Pratunam, un consolidado mercado de venta de ropa al por mayor de Bangkok. En los alrededores lo que hay en su mayoría son las típicas casas-tienda densamente pobladas y de poca altura de los viejos sectores empresariales, con las que las dos torres se han mezclado bien.

El programa de la torre incluye un hotel de 673 habitaciones; un centro de tiendas de ropa (del sótano a la planta 4); aparcamiento (plantas 5-14); un centro de convenciones (planta 18); el vestíbulo del hotel (planta 18); una piscina (planta 20); las habitaciones del hotel (plantas 22-74); salas multifunción (planta 75); un mirador (planta 77); varios restaurantes (plantas 76, 78 y 79); un bar en la azotea (planta 83), y una terraza de techo giratorio (planta 84).

Este hotel de 88 plantas sigue siendo a día de hoy el edificio más alto de Tailandia.

1. *Plano de plantas de la 74 a la 80.*
2. *Vista del Baiyoke Sky Hotel de día.*
3. *La piscina de la planta 20.*
4. *Vista general por la noche.*
Fotografía cortesía de Baiyoke Sky Hotel.

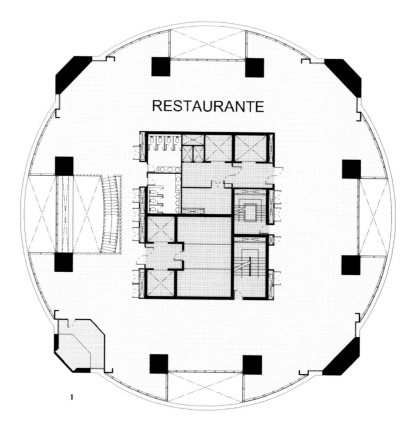

RESTAURANTE

1

2

3

4

Ubicación: Bangkok, Tailandia
Fecha de finalización de la obra: 1999
Arquitecto: Plan Architect Co. Ltd., Plan Associates Co. Ltd., Plan Studio Co. Ltd.
Cliente: Land Development Co. Ltd.
Promotor: Land Development Co. Ltd., Baiyoke Group of Hotels
Ingeniería de estructuras: Arun Chaiseri Consulting Engineers Co. Ltd.

Ingeniería mecánica: W. and Associates Consultant Co. Ltd.
Dirección de obra: Project Planning Service Co. Ltd.
Interiores: Bent Severin & Associates Co. Ltd.; Leo International Design Co. Ltd.
Contratista: Concrete Constructions (Tailandia) Co. Ltd.
Altura: 309 m (sin contar la antena)
Plantas por encima del suelo: 88

Sótanos: 2
Uso: hotel, comercial
Superficie del lugar: 6.400 m²
Superficie del edificio: 179.000 m²
Plazas de aparcamiento: 900
Principales materiales estructurales: hormigón armado

AT&T Corporate Center en el Franklin Center

Esta torre de 61 plantas y más de 139.000 m² es la versión moderna de un rascacielos americano de una época anterior. La torre se asienta sobre una base de granito de cinco pisos de alto muy articulada, con escaparates y entradas decoradas con bronce, para reforzar la conexión vital del edificio con el tejido urbano y comercial del distrito Loop de Chicago; proporciona una gran cantidad de espacio para tiendas y un diálogo amistoso con los transeúntes. El edificio cambia de color a medida que subimos, desde un rojo oscuro en la planta baja pasando por un rojo más clarito entre la segunda y la quinta, hasta un rosa más claro para la torre superior. Las enjutas empotradas y las piezas decorativas son de granito verde oscuro con motivos decorativos abstractos.

Un retranqueo de 1,5 m en las plantas 30, 45 y 49 refuerza la terminación de los huecos de los ascensores, mientras que uno especial en la planta 15 hace referencia a la línea de construcción predominante de los primeros rascacielos de Chicago, que definían una contundente silueta contra el *skyline* de la ciudad.

El espacio del vestíbulo de la planta baja está diseñado como una serie de habitaciones a gran escala con acabados en roble y una variada paleta de mármoles. El vestíbulo principal de la calle Monroe, de tres pisos y casi 15 m de alto, sigue la tradición de los grandes vestíbulos europeos, ricos en detalles y con elegantes acabados en mármol, pan de oro, bronce y madera de roble. Tres lámparas de araña hechas a medida iluminan el vestíbulo, que conduce hasta un atrio de cinco pisos de alto en el centro del bloque, abierto al vestíbulo de la calle Franklin.

Existen motivos similares en los vestíbulos de los dos ascensores de la planta baja, al igual que en los vestíbulos superiores de las plantas 29 y 44, con detalles Art Decó de los años treinta en la paredes, el suelo y la iluminación. Cuatro agujas embellecidas con aletas de metal que van disminuyendo ligeramente a medida que ascienden hasta los 40 m por encima de la azotea, coronan el edificio.

En 1992, tal y como estaba planeado en el proyecto general, una segunda torre complementó a esta primera de 61 plantas; se trataba del USG Building, de 36 plantas y más de 86.000 m². El conjunto de las dos torres es conocido como el Franklin Center.

1. *Plano de planta típica (plantas 45-60).*
2. *Plano de planta típica de gran altura (plantas 30-43).*
3. *Sección en la que se ve el sistema de transporte vertical con los vestíbulos superiores en las plantas 29 y 44.*

Fotografía Hedrich-Blessing, cortesía de Skidmore, Owings & Merrill LLP.

Planos reproducidos a partir del folleto de arrendamiento original de AT&T Corporate Center. Colección de G. Binder/Buildings & Data SA.

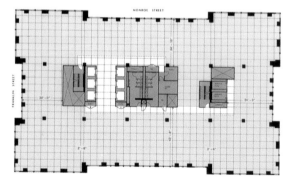

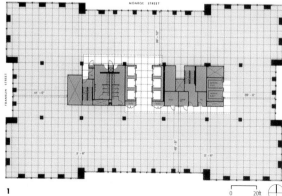

1

0   20ft

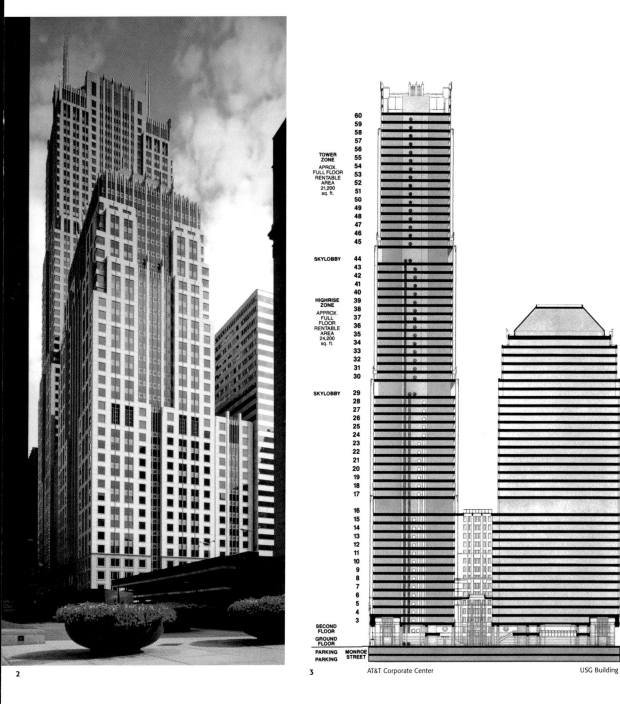

2

3

	TOWER ZONE	60
		59
		58
		57
		56
	APPROX. FULL FLOOR RENTABLE AREA 21,200 sq. ft.	55
		54
		53
		52
		51
		50
		49
		48
		47
		46
		45
SKYLOBBY		44
		43
		42
		41
		40
HIGHRISE ZONE		39
		38
APPROX. FULL FLOOR RENTABLE AREA 24,200 sq. ft.		37
		36
		35
		34
		33
		32
		31
		30
SKYLOBBY		29
		28
		27
		26
		25
		24
		23
		22
		21
		20
		19
		18
		17
		16
		15
		14
		13
		12
		11
		10
		9
		8
		7
		6
		5
		4
		3
SECOND FLOOR		
GROUND FLOOR		
PARKING	MONROE STREET	ADAMS STREET
PARKING		

AT&T Corporate Center   USG Building

Ubicación: Chicago, Illinois, Estados Unidos

Fecha de finalización de la obra: 1989

Arquitectura: Adrian D. Smith, FAIA, Design Partner, Skidmore, Owings & Merrill LLP

Cliente: AT&T; Stein & Company

Ingeniería de estructuras: Skidmore, Owings & Merrill LLP

Ingeniería mecánica: Skidmore, Owings & Merrill LLP

Dirección de obra: Mike Oppenheim Associates

Consultoría para la iluminación: Jules Fisher & Paul Marantz

Contratista general: Mayfair Construction; Blount Brothers

Altura: 306,9 m

Plantas por encima del suelo: 61

Sótanos: 2

Niveles mecánicos y sus números: uno, el 61

Plantas útiles por encima del suelo: 60

Uso: oficinas, tiendas

Superficie del lugar: 143.735 m²

Superficie de una planta típica: 1.951-2.230 m²

Módulo base del proyecto: 1,5 m

Principales materiales estructurales: estructura compuesta, con tubo exterior de hormigón vertido in situ, columnas de acero en el centro y miembros horizontales de acero

Otros materiales: granito, mármol, roble blanco

Two Prudential Plaza

Esta peculiar estructura de 64 plantas, revestida en granito rojo y gris, y cristal reflectante, forma parte del proyecto de redesarrollo de la Prudential Plaza. Este plan incluía el One Prudential Plaza, un renovado edificio de 41 plantas construido en 1955, una plaza pública y un aparcamiento subterráneo de cinco plantas para 600 vehículos. Este aparcamiento se encuentra situado en el centro de un sistema mayor de pasadizos subterráneos que conectan directamente con la Illinois Central Railroad. Una arquería exterior crea una nueva base en las tres plantas inferiores, con una columnata alrededor de las dos torres, la ya existente y la nueva, uniendo los dos edificios altos.

El Two Prudential Plaza se alza 280 m hasta alcanzar el inicio de su aguja de 23 m de alto. Cuando fue construido era el segundo edificio de hormigón armado más alto del mundo. Prudential pidió que esta torre fuese diseñada recordando en color y expresión vertical a la ya existente One Prudential Tower. Las fachadas norte y sur del edificio presentan unas entradas con claraboyas en forma de gablete en las plantas 42 y 52. La plaza ajardinada y aterrazada de un acre de superficie presenta fuentes, cascadas y flores, y proporciona un tentador escenario al aire libre para inquilinos, visitantes y transeúntes.

Los pisos del edificio van desde los 2.090 m² de las plantas de la parte de poca altura del edificio, a los 1.440 m² de las plantas de la de mayor altura. La geometría del edificio de esquinas múltiples y en voladizo se pensó para dotar al espacio principal de oficinas con oficinas en esquina.

Se eligió el hormigón porque presenta ciertas ventajas económicas y de planificación, por la facilidad de instalación de la piel de granito y, por encima de todo, por su rigidez. En esta ciudad de fuertes vientos los límites de balanceo permitidos (9 pulgadas en lo alto de la estructura) sólo podían alcanzarse mediante el uso de un hormigón de gran rigidez con cementos superplastificantes. Este hormigón también disminuía el tamaño de las columnas, lo que permitía una mayor superficie de suelo útil con menos columnas, y proporcionaba una protección natural contra el fuego, una de las mayores ventajas del hormigón.

La forma de la parte alta del edificio, con su sucesión de esa especie de galones estratificados en elegante transición desde el cuerpo central hasta la aguja, ha sido ampliamente comparada con el edificio Chrysler.

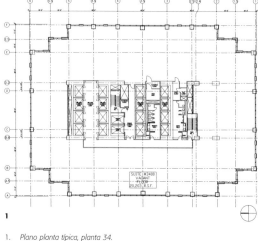

1

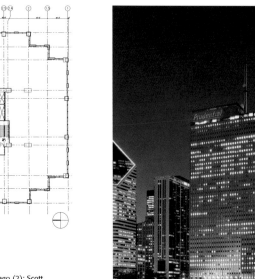

2

1. *Plano planta típica, planta 34.*
2. *Vista de la Prudential Plaza al anochecer.*
3. *El Two Prudential Plaza.*

Fotografía: James Steinkamp © Steinkamp/Ballogg Chicago (2); Scott MacDonald © Hedrich-Blessing (3).

Ubicación: Chicago, Illinois, Estados Unidos
Fecha de finalización de la obra: 1990
Arquitecto: Loebl Schlossman & Hackl
Promotor: The Prudential Property Company
Ingeniería de estructuras: CBM Engineers Inc.
Ingeniería de servicios: Environmental System Design Inc.

Consultoría para el transporte vertical: John J. Urikas & Associates, Inc.
Contratista: Turner Construction Company
Dirección de proyecto: Garrison Associates Inc.
Altura: 303 m
Plantas por encima del suelo: 64
Uso: oficinas

Superficie del lugar: 111.480 m²
Superficie de una planta típica: 1.440 m² (plantas altas) a 2.090 m² (plantas bajas)
Plazas de aparcamiento: 608 en 5 plantas, aparcamiento bajo calle
Principales materiales estructurales: hormigón
Otros materiales: granito rojo y gris, cristal reflectante

3

JPMorgan Chase Tower

Al termino de su construcción en 1981, esta torre de 75 plantas (conocida en su origen como la Texas Commerce Tower) era el edificio más alto de Houston, el sexto más alto de Estados Unidos, el revestido de granito más alto del mundo, y el de acero y hormigón compuesto más alto jamás construido. Sin embargo, la torre no es más que una parte de un complejo de 205.000 m² en el que también hay una plaza pública de un acre de superficie, un aparcamiento conectado de 2.000 plazas con instalaciones comerciales y deportivas, y una explanada con tiendas que interconecta con el sistema de túneles peatonales de Houston.

Revestida con granito pulido de color gris claro, acero inoxidable y cristal gris, la torre parte de la caja clásica de cuatro lados con una esquina de la torre cortada en ángulo de 45° para producir una elegante estructura de cinco lados. La fachada frontal es un vano diáfano sin columnas de 26 m de cristal con junta plana y acero inoxidable que ofrece vistas panorámicas de toda la zona oeste de Houston. Las cargas que normalmente soportan las columnas están aquí transferidas hacia atrás, hasta el centro estructural de la torre (el primero fuera de Chicago y Nueva York que introduce el «vestíbulo superior» de ascensor).

Mientras que la forma de la torre está determinada por diversas consideraciones del *skyline,* su ubicación fue un intento consciente de crear espacio urbano. Retranqueada hasta una esquina, la torre deja libres dos terceras partes del espacio de la manzana para ubicar una plaza pública que compense el volumen de la torre y forme un escenario común para los edificios que la rodean. La plaza está pavimentada con granito flameado rosa y gris, y bordeada a cada lado por jardines. El punto focal de la plaza es la escultura de Joan Miró *Personaje y pájaros.*

El pavimento de la plaza se extiende hasta el vestíbulo principal de cinco plantas y se repite en los vestíbulos superiores de la planta 13 y de la 60. Ambos vestíbulos cuentan con paredes interiores de granito pulido gris.

1

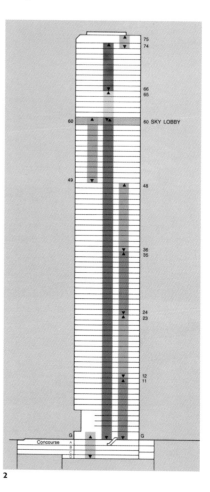

2

1 y 3.   *Vista general.*
2.   *Esquema del sistema de ascensores.*
4.   *Planos de plantas típicas, de la plantas 15-23 y de las plantas 28-35.*

Fotografía: Georges Binder, cortesía de Buildings & Data SA (1); cortesía de Gerald D. Hines Interests (3).

Planos reproducidos a partir del folleto original de arrendamiento, Colección G. Binder/Buildings & Data SA.

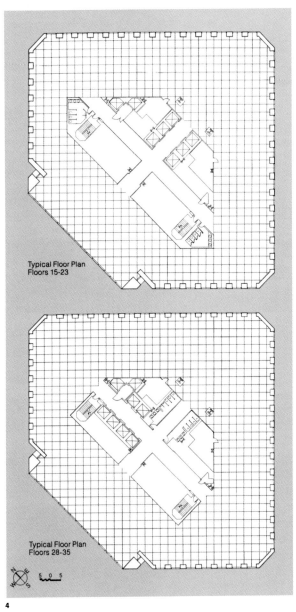

Typical Floor Plan
Floors 15-23

Typical Floor Plan
Floors 28-35

3

4

Ubicación: Houston, Texas, Estados Unidos
Fecha de finalización de la obra: 1982
Arquitecto: I. M. Pei & Partners
Arquitecto asociado: 3D/International
Cliente: Geral D. Hines Interests; Texas Commerce Bank; United Energy Resources
Promotor: Geral D. Hines Interests
Ingeniería de estructuras: CBM Engineers Inc.

Ingeniería mecánica: I. A. Naman + Associates, Inc.
Contratista: Turner Construction Company
Altura: 302,7 m
Plantas por encima del suelo: 75
Sótanos: 4
Uso: oficinas
Superficie del lugar: 5.806 m²
Superficie bruta del edificio: 190.817 m²

Superficie de una planta típica: 2.090 m² (superficie útil)
Plazas de aparcamiento: 192 (más 2.000 huecos en un edificio separado)
Principales materiales estructurales: acero, hormigón
Otros materiales: revestimiento de granito gris, cristal, acero inoxidable

Wells Fargo Plaza

Esta torre de 71 plantas (anteriormente conocida como First Interstate Plaza y originariamente como Allied Bank Tower) se encuentra ubicada en el corazón del casco antiguo de Houston. Está situada de tal forma que sus lados planos quedan alineados con las fachadas vecinas, unificando los edificios y el *skyline* de la ciudad. Su forma semicurva se consiguió yuxtaponiendo dos cuartos de cuerpo central cilíndrico, que están acodados por una nave. La combinación de las curvas y los planos da como resultado la constante interacción de la luz solar en la superficie de la torre y también reduce la masa sustancial del edificio.

En contraposición con los edificios altos de granito oscuro de los alrededores, éste es luminoso y fluido, con sus 70 plantas revestidas con una piel ininterrumpida de cristal reflectante verde. En la parte más baja, el edificio está enfundado en granito negro pulido con una franja de acero inoxidable de 1,5 m que tapa el punto de unión entre el granito y el cristal. El uso de materiales ricos y cuidadoso detalle hace que la entrada del edificio parezca estar realizada a escala humana.

Aproximadamente el 65% de los usuarios entra al edificio a través del sistema de túneles peatonales del centro de Houston, que los protege del infame calor de la ciudad, de la lluvia y de la humedad. Cuando el túnel entra en el edificio, se convierte en un corredor acristalado, que divide en dos una plaza hundida y que proporciona vistas y luz natural al camino subterráneo.

Ascensores exprés de doble piso transportan a los pasajeros a los vestíbulos superiores de las plantas 34-35 y 58-59, donde se cambian a otros ascensores locales. Este sistema permite que el núcleo tenga un tamaño manejable (hay 27 huecos de ascensor por los que circulan 56 cabinas).

De los vestíbulos superiores, el inferior incorpora armaduras horizontales en cada mitad del plano que unen los sistemas estructurales. Estos elementos ocupan un lugar destacado en este espacio público de dos plantas, y están revestidos con paneles de madera blanca en lugar de con materiales de última tecnología.

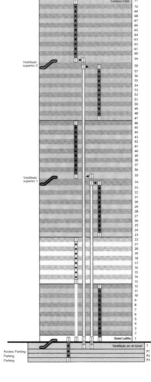

2

1

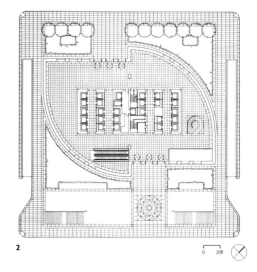

1. *Plano diagrama de sección que explica el sistema de transporte vertical: 22 ascensores exprés dobles proporcionan acceso directo desde la calle y los túneles a los vestíbulos inferior y superior ubicados en las plantas 34-35 y 58-59. El vestíbulo inferior sirve de tránsito hacia las plantas 23-46, mientras que el superior 1 lleva a los pisos 47-71.*
2. *Plano planta baja.*
3. *Vista norte.*

Fotografía: Nick Merrick/Hedrich-Blessing, cortesía de Keating/Khang Architecture. Diagrama de sección reproducido a partir del folleto del First Interstate Bank Plaza. Colección de G. Binder/Buildings & Data SA.

3

Ubicación: Houston, Texas, Estados Unidos

Fecha de finalización de la obra: 1983

Arquitecto: Skidmore, Owings & Merrill LLP; socio a cargo: Edward Charles Bassett; socio en diseño: Richard Keating

Arquitecto asociado: Lloyd Jones Brewer & Associates, Inc.

Cliente: Century Development Corporation

Ingeniería de estructuras: Skidmore, Owings & Merrill LLP

Ingeniería mecánica: I. A. Naman + Associates, Inc.

Consultoría acústico: Vito Cerami Acoustical Consultants

Consultoría de iluminación: Claude R. Engle

Fuente: Richard Chaix

Contratista: Miner-Tuner J. V.

Plantas por encima del suelo: 71

Sótanos: 4

Plantas útiles por encima del suelo: 71

Niveles mecánicos: 1 planta ático; 1 planta sótano

Uso: oficinas

Superficie del lugar: 5.806 m²

Superficie del edificio por encima del suelo: 159.903 m²

Superficie de una planta típica: 2.323 m² (aproximadamente)

Módulo base del proyecto: 1,5 m

Plazas de aparcamiento: 426 subterráneas

Principales materiales estructurales: tubo armado de acero

Otros materiales: muro cortina de cristal reflectante verde y acero inoxidable, granito negro

Kingdom Centre

El Kingdom Centre ocupa una superficie de más de 93.000 m² en el corazón del barrio comercial de Riad. Los tres elementos principales del proyecto –la torre, el podio este y el podio oeste– tienen una superficie bruta construida de casi 185.000 m², a lo que hay que sumar los más de 112.000 m² que ocupan las 3.000 plazas del aparcamiento.

A diferencia de la mayoría de los conjuntos de podio y torre, en los que las torres se yerguen desde el tejado del podio, la Kingdom Tower, en realidad, se alza desde la planta baja, con dos podios que la flanquean. Esto confiere a la torre una identidad individual en la plataforma de llegada, a la vez que, desde lejos, sigue dando la sensación de una torre que descansa sobre un único podio.

El podio este alberga un centro comercial y el oeste, un salón de bodas y banquetes, un salón de conferencias e instalaciones deportivas. El tercio superior de la altura total de la torre comprende un monumental arco parabólico invertido sobre el que cruza un puente mirador cubierto.

El uso deliberado en la torre de un acristalamiento a tope, junto con la ingente cantidad de espacio de alrededor, da a la torre una escala mayor, que se suma a su carácter monumental. La ausencia de elementos relativos a la escala, como montantes y travesaños o líneas del suelo, confiere a la torre, que es relativamente pequeña para los estándares mundiales, una escala que inspira admiració´n y una calidad de icono inherente en muchos edificios altos.

En contraste con los edificios altos de los países occidentales, la subestructura, la parte más grande de la superestructura de la torre, está diseñada como un armazón de hormigón armado. El tercio superior de la torre está construido en armazón de acero tubular, triangulado para la estabilidad contra los vientos laterales. Las conexiones entre el armazón inferior de hormigón armado y la estructura de acero de encima incorporan una barras de anclaje altamente resistentes especialmente diseñadas que se extienden a una altura de dos plantas. Los cimientos de la torre comprenden una alfombra de hormigón armado aferrada a la roca.

El edificio utiliza cristal reflectante plateado, hormigón, granito y aluminio cepillado. Estos materiales, combinados con variaciones en el reflejo del cielo en la forma del cristal curvo, dan a la torre un carácter visual inusualmente rico.

1. *Planos de plantas típicas.*
2-4. *Vistas generales del Kingdom Centre.*
5. *Detalle del arco parabólico invertido.*

Fotografía cortesía de Ellerbe Becket.

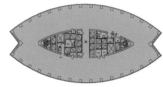

LEVELS 1-6 TYPICAL PLAN
OFFICES

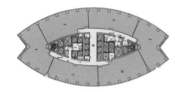

LEVELS 7-13 TYPICAL PLAN
OFFICES

LEVEL 14 PLAN
BUSINESS CENTER

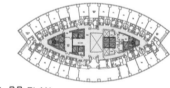

LEVEL 22 PLAN
HOTEL

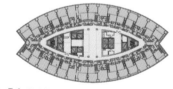

LEVEL 24 PLAN
APARTMENTS

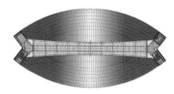

OBSERVATION DECK LEVEL
+286 M. ABOVE GROUND LEVEL

2

3

4

DEBENHAMS

5

Ubicación: Riad, Arabia Saudí
Fecha de finalización de la obra: 2002
Arquitecto: Consorcio de Ellerbe Becket y Omrania & Associates
Cliente: SMR Príncipe Alwaleed Bin Talal Bin Abdulaziz Alsaud (Kingdom Holding Company)
Ingeniería de estructuras: Ove Arup & Partners
Ingeniería mecánica: Ellerbe Becket
Arquitecto paisajista: Ellerbe Becket

Contratista: El-Serif Engineering Company
Jefe obra: Saudi Arabian Bechtel Co.
Altura: 302 m
Plantas por encima del suelo: 32
Sótanos: 3
Plantas útiles por encima del suelo: 30
Niveles mecánicos: 4
Uso: mixto de oficinas, residencial y comercial

Superficie del lugar: 9,3 ha
Superficie del edificio por encima del suelo: 306.570 m²
Plazas de aparcamiento: 3.000
Principales materiales estructurales: hormigón armado, acero
Otros materiales: cristal, granito, aluminio cepillado
Coste: 1,7 billones de riales

Eureka Tower

Melbourne, Victoria, AUSTRALIA

Imponente sobre el Southbank de Melbourne, la Eureka Tower ofrece 360° de vistas y un fácil acceso a la ciudad y a las zonas de arte y restaurantes de alrededor. Se trata de un espectacular nuevo añadido arquitectónico al *skyline* de Melbourne y complementa el carácter único y la reputación de logro arquitectónico de la ciudad.

El sorprendente perfil escultórico de la Eureka Tower, sus lujosos acabados, su diseño respetuoso con el medio ambiente y sus servicios e instalaciones de primera calidad son distintos de cualquier otra ampliación residencial de Melbourne. Las instalaciones y servicios incluyen un conserje 24 horas, sofisticados sistemas de seguridad y personal de seguridad todo el día, dos saunas, una piscina de 25 metros, gimnasio, un cine privado y una terraza exterior. Los apartamentos se encuentran en una variedad de configuraciones de uno, dos y tres dormitorios, y los pisos superiores, del 82 al 87, incluyen áticos de lujo. En la planta 88, el mirador será el mirador público más alto del Hemisferio Sur, a unos 285 m sobre el suelo. En la planta baja, una plaza ajardinada abierta alberga tiendas y restaurantes.

La torre fue diseñada con muchas características medioambientales y de ahorro de energía.

La estructura interna de hormigón armado estabiliza el ambiente térmico interno y el doble acristalamiento de cristal de alto rendimiento minimiza la ganancia y pérdida de calor, reduciendo así el consumo de energía. La maximización de las zonas acristaladas incrementa la entrada de luz natural, lo que reduce el consumo de luz artificial. El muro cortina que envuelve la estructura está aislado con cristal spandrel, lo que minimiza la pérdida térmica, y las ventanas, que se pueden abrir, proporcionan aire fresco, reduciendo la necesidad de ventilación artificial. Los materiales fueron elegidos en consideración con el ciclo de vida, y la minimización de los residuos. Siempre que se ha podido se han utilizado productos con bajas emisiones, al igual que materiales naturales (pavimentos y encimeras de piedra, alfombras de lana), y madera de plantaciones.

1. *Distribución de los apartamentos Sky Rise, plantas 66-80.*
2. *Distribución de los apartamentos Sky Rise, plantas 56-64.*
3. *Distribución de los apartamentos Premier Rise, plantas 28-52.*
4. *Distribución de los apartamentos River Rise, plantas 11-24.*
5. *La torre vista desde el río Yarra.*
6. *Vista desde el Real Jardín Botánico de Melbourne.*
7. *Detalle de la marquesina.*
8. *Vista general.*

Fotografía: Angelo Marcina, cortesía de Eureka Tower Pty Ltd.

Planos cortesía de Eureka Tower Pty Ltd.

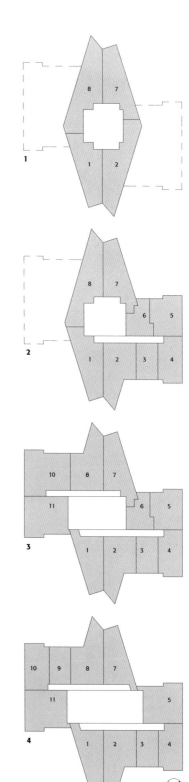

5

7

8

6

Ubicación: Melbourne, Víctoria, Australia

Fecha de finalización de la obra: 2006

Arquitecto: Fender Katsalidis Architects Pty Ltd.

Cliente: Eureka Tower Pty. Ltd.

Ingeniería de estructuras: Connell Mott MacDonald Pty. Ltd.

Ingeniería mecánica: Norman Disney & Young Pty. Ltd.

Consultoría para el transporte vertical: Norman Disney & Young Pty. Ltd.

Arquitecto paisajista: Tract Pty. Ltd.

Contratista: Grocon Constructors Pty. Ltd.

Altura: 300 m

Plantas por encima del suelo: 92

Sótanos: 1

Plantas útiles por encima del suelo: 89

Niveles mecánicos y sus números: 6, los niveles 25, 53, 81, 90, 91 y 92

Uso: residencial, tiendas y mirador

Superficie del lugar: 4.900 m²

Superficie del edificio por encima del suelo: 60.000 m²

Superficie de una planta típica: Plantas 11-24, 26-52, 54-55: 1.424 m²; plantas 56-64: 1.000 m²; plantas 65-87: 650 m²

Plazas de aparcamiento: 200 (sótano); 580 (aparcamiento)

Principales materiales estructurales: hormigón armado, muro cortina

Otros materiales: muros cortantes de hormigón armado, tabiques de yeso ligero de acústica nominal, pisos de hormigón armado postensionado, ventanas enmarcadas de aluminio con revestimiento de polvo

Coste: 500 millones de dólares australianos

Oficinas centrales del Commerzbank

El Commerzbank se considera la primera torre de oficinas ecológica del mundo. Resultado de un concurso internacional restringido, el proyecto explora la naturaleza del medio o entorno de unas oficinas, desarrollando nuevas ideas para su ecología y modelos de trabajo. En el centro de este concepto se encuentra la confianza en los sistemas naturales de iluminación y ventilación. Todas las oficinas de la torre tienen luz natural y ventanas que se pueden abrir. Siempre y cuando las condiciones externas lo permitan, los ocupantes pueden controlar su propio entorno la mayor parte del año, lo que conlleva unos niveles de consumo energético equivalentes a la mitad de los de las torres de oficinas convencionales.

La planta es triangular, con tres «pétalos» –los pisos de oficinas– y un «tallo» formado por un atrio central que ocupa toda la altura del edificio. Pares de mástiles verticales encierran en las esquinas los núcleos de servicios y circulación, y soportan vigas Vierendeel de ocho pisos de alto, que a su vez soportan los pisos de oficinas con vano ininterrumpido.

En cada uno de los tres lados de la torre y a diferentes alturas hay una serie de jardines de cuatro plantas, que forman una espiral de jardines alrededor del edificio. Como resultado, en cada planta hay oficinas en sólo dos de los tres lados de la torre. Los jardines se convierten en el foco visual y social para las oficinas, agrupadas como si fueran un pueblo. Estos jardines juegan un papel ecológico, al traer la luz natural y el aire fresco hasta el centro del atrio, que actúa como una chimenea natural de ventilación para las oficinas interiores.

Los jardines también son un lugar para relajarse durante los descansos de la jornada, llenando de viveza y humanidad el lugar de trabajo. Desde el exterior, dan al edificio una sensación de transparencia y luminosidad.

La torre tiene una presencia característica en el *skyline* de Fráncfort, pero también está anclada en el tejido urbano de inferior escala de la ciudad. La torre se yergue desde el centro de una manzana junto al edificio original del Commerzbank. La escala tradicional de este bloque de edificios ha sido reforzada mediante la restauración y la reconstrucción respetuosa de las estructuras del perímetro. El desarrollo a nivel de calle dispone tiendas, aparcamiento, apartamentos y una sala de la banca, y establece vínculos entre el Commerzbank y la comunidad en general. En el corazón del proyecto, una galería pública con restaurantes, cafeterías y espacios para actos sociales y culturales forma una nueva ruta popular que cruza el espacio.

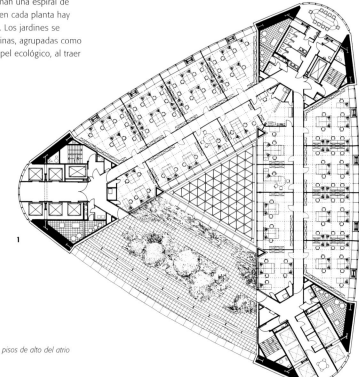

1

1. *Plano de planta típica.*
2. *Vista interior de restaurante.*
3. *Vista interior de jardín elevado.*
4. *Vista interior mirando hacia arriba a través de los 48 pisos de alto del atrio central.*
5. *Sección.*

Fotografía Nigel Young/Foster and Partners.

2

3

4

5

Ubicación: Fráncfort, Alemania

Fecha de finalización de la obra: 1997

Arquitecto: Foster and Partners

Cliente: Commerzbank AG

Ingeniería de estructuras: Ove Arup & Partners; Krebs & Kiefer

Ingeniería mecánica: J. Roger Preston & Partners; Pettersen & Ahrends

Consultoría para el transporte vertical: Jappsen & Stangier

Arquitecto paisajista: Sommerland and Partners

Contratista: Nevrus Gmbh

Director de proyecto: Nervus Gmbh

Altura: 298,7 m (con la antena); 258,7 m (sin antena)

Plantas por encima del suelo: 51

Sótanos: 2

Plantas útiles por encima del suelo: 3 vestíbulos de entrada, 45 pisos de oficinas

Uso: oficinas

Superficie del lugar: 120.736 m²

Superficie del edificio por encima del suelo: 85.503 m² (torre)

Plazas de aparcamiento: 300 automóviles, 200 bicicletas

Principales materiales estructurales: hormigón armado, acero

First Canadian Place

La torre First Canadian Place domina la zona del centro de la ciudad de Toronto. Esta estructura de 72 plantas se levanta hasta los 298 m de altura por encima de la ciudad, lo que la convierte en el edificio más alto de Canadá. La estructura se asemeja a una cruz modificada con una hendidura de 4,5 m en cada esquina. Esta disposición permite ocho oficinas de esquina por planta. La torre, de 325.000 m² de superficie, ocupa menos de la mitad de los 28.000 m² del lugar, con el resto dedicado a uso público. Alrededor de la torre hay un podio de tres plantas, que crea un espacio ideal para tiendas y actividades de ocio y entretenimiento.

El más fino mármol de Carrara se suma a la belleza tanto de la torre como del podio. Cada una de las 72 plantas de la torre proporciona 2.792 m² de espacio diáfano sin columnas, lo que permite una gran flexibilidad en la distribución del espacio. Todas las ventanas llevan acristalamiento doble, tintado y absorbente para eliminar el calor y el deslumbramiento del sol.

La torre se sustenta sobre un armazón tubular de acero. La estructura consiste en dos tubos de acero horizontal y vertical, unidos diagonal y horizontalmente. El tubo interior rodea típicamente los ascensores y otros elementos principales, mientras que el tubo exterior determina la piel exterior. Una vez que se unen los dos tubos, trabajan juntos para resistir las fuerzas del viento y los terremotos.

La ubicación y atractivos de la First Canadian Place atraen a miles de personas cada día. Está conectada a una vasta red subterránea de pasadizos que conectan los niveles inferiores de los principales hoteles, oficinas y transporte público del centro de Toronto. La acera de 11 m que rodea la torre está diseñada para prevenir la congestión durante el frenesí del mediodía. Una serie de paseos protegidos y ajardinados rodean el complejo.

La First Canadian Place alcanza el equilibrio entre una torre de oficina y una zona de recreo para aquellos que visitan el barrio financiero de Toronto. El complejo representa tanto la tecnología de diseño y la eficiencia de espacio, así como la comodidad y el atractivo estético.

1

2

0   30ft

1.   Vista exterior del pabellón de la banca.
2.   Plano de planta típica de oficinas.
Página siguiente:
      Vista general del edificio más alto de Canadá.
Fotografía Ian Leith (1); Fiona Spalding-Smith (página siguiente).

Ubicación: Toronto, Ontario, Canadá
Fecha de finalización de la obra: 1975
Arquitecto: Bregman + Hamann Architects
Consultor de diseño: Edward Durrel Stone
Cliente: Olympia & York Developments
Ingeniería de estructuras: M. S. Yolles & Partners
Ingeniería mecánica: The ECE Group
Consultor para el transporte vertical: Keith Jenkins & Associates

Contratista: Olympia & York Developments
Altura: 298 m
Plantas por encima del suelo: 72
Sótanos: 4
Plantas útiles por encima del suelo: 70
Niveles mecánicos y sus números: 2 plantas de doble altura en la parte superior del edificio
Uso: oficinas, tiendas

Superficie del lugar: 20.768 m²
Superficie del edificio por encima del suelo: 325.020 m²
Superficie de una planta típica: 3.130 m²
Módulo base del proyecto: 1,5 m
Plazas de aparcamiento: 1.465
Principales materiales estructurales: acero
Otros materiales: mármol, cristal
Coste: 250 millones de dólares

The Landmark Tower

The Landmark Tower se encuentra en la ampliación de Minato Mirai (literalmente, 'el puerto del futuro'), en Yokohama, Japón. Desde su construcción en 1993, la torre se ha convertido en el símbolo de la zona, que también incluye espacio de oficinas, residencia, hoteles, centros comerciales, restaurantes, centros de convenciones y parques públicos.

Con 296 m de altura, esta torre es el edificio más alto de Japón. Durante mucho tiempo, los edificios muy altos han sido un reto en Japón, dado los cientos de terremotos que se producen al año y las avanzadas técnicas que se necesitan para proteger los edificios y a la población de sus devastadores efectos. The Landmark Tower tiene una estructura flexible que absorbe las fuerzas del seísmo, teóricamente la misma estructura de las pagodas de cinco plantas de los templos japoneses, que nunca se han derrumbado a pesar de haber padecido muchos terremotos. Estructuralmente, el edificio es un tubo dentro de otro tubo. En el piso noveno se utiliza un sistema compuesto para incrementar la rigidez lateral, la fuerza de resistencia a la comprensión, y añadir masa para resistir el vuelco. Los tubos armados de acero de los pisos superiores están atados con riostras. En la planta a 282 m se encuentran situados dos amortiguadores activos ajustados y un sistema de control, de tal forma que puedan actuar en dos direcciones.

La forma cónica de la torre está revestida de granito y cuenta con 140.000 m² de espacio de oficinas distribuidos en 52 pisos. El Yokohama Royal Park Hotel ocupa las 15 plantas superiores, lo que hace de él el hotel más alto de Japón. Los dos pisos más altos tienen dos restaurantes, y al mirador del piso 69 se llega mediante el segundo ascensor más rápido del mundo (viaja a una velocidad de 750 m/min). En los días despejados, se puede ver el monte Fuji desde el mirador. En la base de la parte dedicada a hotel de la torre hay una piscina iluminada con luz natural y varias instalaciones de salud.

1

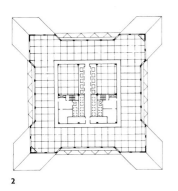

2

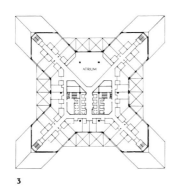

3

4

5

1. Vista general por la noche.
2. Plano de planta típica superior, plantas 36-52.
3. Plano de planta típica de hotel, plantas 56-71.
4. Vista general de día.
5. Entrada.

Fotografía cortesía de The Stubbins Associates, Inc.

Ubicación: Yokohama, Japón
Fecha de finalización de la obra: 1993
Arquitecto de diseño: The Stubbins Associates, Inc.
Arquitecto/ingeniero: Mitsubishi Estate Architectural and Engineering Office
Cliente: Mitsubishi Estate Company Ltd.
Ingeniería de estructuras: LeMessurier Consultants, Inc.
Ingeniería de servicios: Syska & Hennessy

Contratista principal: Taisei Corporation y Shimizu Corporation
Altura: 296 m
Plantas por encima del suelo: 73
Sótanos: 3
Uso: oficinas, hotel, centro comercial
Superficie del edificio por encima del suelo: 392.284 m² (total) de los que 162.649 m² (oficinas); 88.530 m² (hotel); 72.351 m² (centro comercial); 60.586 m² (aparcamiento); 8.168 m² (varios)

Plazas de aparcamiento: 1.400
Principales materiales estructurales: acero
Otros materiales: granito
Coste: 1 billón de dólares

American International Building

Cuando fue construido, en 1932, este edificio de 67 plantas por encima del suelo y 3 más por debajo era el tercer edificio más alto del mundo —los tres localizados en Manhattan—. Hoy considerado un edificio emblemático, en su momento fue la última de las grandes estructuras Art Decó construidas en el bajo Manhattan antes de la Segunda Guerra Mundial.

El American International Building fue erigido por la Cities Services Company, conocida hoy como CITGO. Al mismo tiempo, el propietario del edificio adquirió otro en Wall Street y construyó un puente que conectó las dos estructuras a fin de ganar el prestigio de la calle Wall Street.

Fue en este rascacielos donde se instaló por primera vez el ascensor Otis de doble piso (que da servicio a dos plantas a la vez). Este invento ahorró 2.230 m² de espacio de oficinas, un bien muy preciado en este lugar de altísimo valor; sin embargo, los ascensores fueron retirados más tarde debido a su impopularidad.

Mientras se excavaban los cimientos para esta torre alta y estrecha, las acerías del medio oeste de Estados Unidos estuvieron trabajando sin descanso para fabricar las 24.000 toneladas de vigas necesarias para su esqueleto. Una vez que el esqueleto empezó a elevarse, siguieron otros materiales llegados desde todos los rincones del mundo, incluidos la piedra caliza de Indiana para los adornos exteriores, ladrillos para el cascarón de la torre, y kilómetros de tuberías, cables y alambres para la infraestructura. Para decorar el elegante vestíbulo de doble piso y el mirador acristalado del piso 66, se transportaron en barco diversos materiales desde Francia, Italia y España. El American International Building estaba también entre los primeros que hicieron un amplio uso del aluminio en el exterior.

El mirador de la planta 66, encaramado en lo alto del distrito financiero, presenta un solárium acristalado con terrazas en las cuatro direcciones y una brújula con incrustaciones en el piso de piedra pulida. Esta elegante burbuja de cristal es propiedad privada de los ejecutivos del American International Group, propietario del edificio desde 1976.

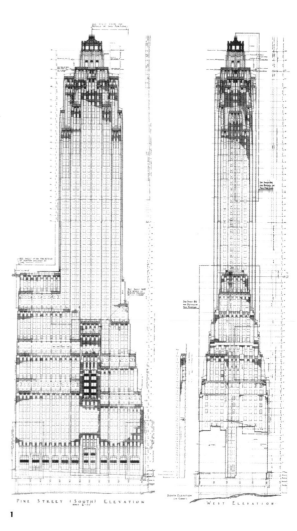

PINE STREET (SOUTH) ELEVATION   WEST ELEVATION

1

Ubicación: Ciudad de Nueva York, Nueva York, Estados Unidos
Fecha de finalización de la obra: 1932
Arquitecto: Clinton & Russell; Holton & George
Propietario: American International Group
Ingeniería: Taylor Ficher Steel Construction Inc.; Tenny & Dhems Inc. Consulting Engineers
Contratista: James Stewart & Co. Builders
Altura: 290 m

Plantas por encima del suelo: 67
Sótanos: 3
Uso: oficinas
Superficie del edificio por encima del suelo: 80.359 m²
Principales materiales estructurales: acero
Otros materiales: piedra caliza de Indiana, ladrillo, aluminio, mármol

2

3

4

5

6

1.   *Calco original con el alzado sur.*
2 y 5.   *Vistas generales.*
3.   *Postal de los años treinta con el edificio recién construido.*
4.   *Detalle del exterior.*
6.   *Vestíbulo de ascensores.*

Fotografía cortesía de American International Realty Corp. (2, 4, 5 y 6); © Skyscraper Museum (3).

Key Tower

Desde una esquina, el Key Center (originariamente conocido como Society Center) mira tanto a la plaza pública como al centro comercial, definiendo y uniendo dos de los espacios públicos más importantes del casco histórico de Cleveland. Su presencia en la esquina noreste de la plaza completa la envoltura perimetral del espacio y crea una puerta de entrada al centro comercial en el eje con otras dos torres, la Terminal Tower y la BP America Tower. Junto a estas dos torres, la Key Tower, de 57 plantas, sitúa la plaza pública en el *skyline* de Cleveland y crea una silueta emblemática en el centro de la ciudad.

El diseño del Key Center incluía la rehabilitación del histórico edificio de la Society for Savings Bank (diseñado por Burnham y Root en 1889) y un hotel de convenciones de 403 habitaciones, que concluye la intervención de toda la manzana conocida como Key Center. El ornamentado vestíbulo del banco, diseñado por William Pretyman con murales alegóricos de Walter Crane, hoy en día permanece en uso y sin cambios prácticamente. La limpieza y reparación de la piedra arenisca roja del exterior del banco y la eliminación de un añadido de mediados de siglo le devolvieron su apariencia original.

El Key Center es más grande que el banco original, pero la percepción es la de dos vecinos amables y simpáticos. En respuesta a las características de su emplazamiento, la torre fue diseñada para que pareciese un edificio independiente. Su cara más estrecha se alza junto al banco en la plaza pública, articulada en planta y en sección con retranqueos que crean una amable base de 11 plantas como compañera del edificio de la Society for Savings. La fachada que da a la Public Square está situada unos pocos pasos más atrás que el banco; al mostrarse sin tapujos hace que se diferencien los dos, y permite que se expresen el volumen y la silueta del edificio original.

El revestimiento en piedra, los retranqueos, los cambios de material y los tratamientos de la superficie de la base responden a la escala y perfil del banco. El Key Center está revestido de granito Stony Creek, y compuesto de acero y hormigón. La parte superior del edificio se compone de acero inoxidable.

1.   Plano de planta.
2.   Vista de la Key Tower hacia el sur.
3.   Vista de la torre en su contexto.
4.   Alzado.

Fotografía Hedrich-Blessing (2); Richard Payne, FAIA (3).

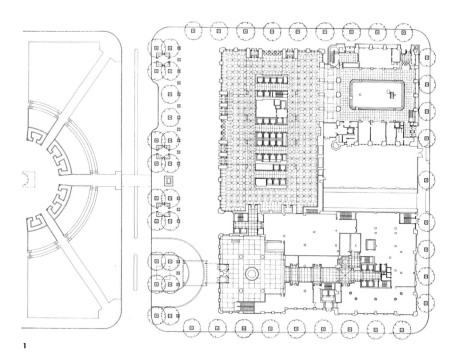

1

2

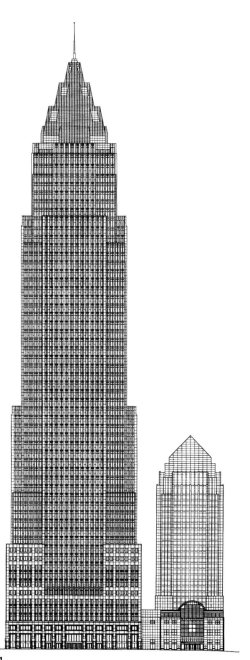

3

4

Ubicación: Cleveland, Ohio, Estados Unidos

Fecha de finalización de la obra: 1992

Arquitecto: Cesar Pelli & Associates (hoy, Pelli Clarke Pelli Architects)

Arquitecto asociado: Kendall/Heaton Associates, Inc.

Cliente: The Richard and David Jacobs Group, Cleveland

Ingeniería de estructuras: Skilling Ward Magnusson Barkshire Inc.

Ingeniería mecánica: Flack + Kurtz

Contratista: Turner Constuction Company

Altura: 289,5 m hasta lo alto de la aguja

Plantas por encima del suelo: 57

Planta útiles por encima del suelo: 57

Uso: oficinas, con un banco y hotel anexos

Superficie del lugar: 14.000 m²

Superficie del edificio por encima del suelo: 127.379 m²

Superficie de una planta típica: 1.579-2.183 m²

Principales materiales estructurales: compuesto de acero y hormigón

Otros materiales: granito Stony Creek, muro cortina de aluminio con resaltes de acero inoxidable, parte superior de acero inoxidable

Plaza 66/Nanjing Xi Lu

En el planteamiento del Plaza 66/Nanjing Xi Lu se previó una mezcla de zonas comerciales y de entretenimiento, y un amplio aparcamiento subterráneo con más de 93.000 m² de oficinas en la Torre I y 70.000 m² en la Torre II. La solución dispone una serie de volúmenes —rombo, cono, almendra y arco— inferidos de forma radial a modo de *collage*. Los elementos más cercanos al suelo armonizan con la escala de estructuras históricas y reflejan la ajetreada vida callejera de Nanjing Xi Lu. El podio de 5 plantas y 46.000 m² está interrumpido por dos espacios públicos interiores. Encerrados en volúmenes curvos, estos dos atrios quedan guarecidos por las paredes de la torre.

1. *Vista del interior de la linterna.*
2. *Plano de la azotea.*
3. *Vista del skyline del proyecto.*
4. *Interior del atrio con tiendas.*
5. *Vista de la entrada.*

Fotografía: John Butlin (1, 3); HG Esch (4, 5).

1

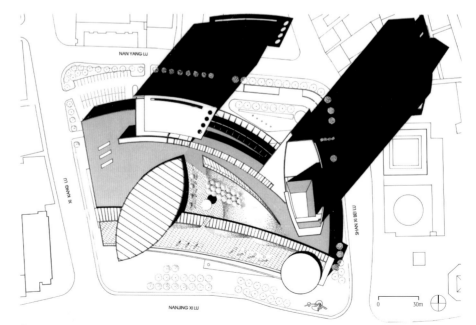

2

3

4

5

Ubicación: Shanghái, China
Fecha de finalización de la obra: 2002 (torre 1), 2006 (torre 2)
Arquitecto de diseño: Kohn Pedersen Fox Associates PC
Arquitecto asociado: Frank CY Feng architects & Associates, Ltd.
Cliente: Hang Lung Development Company, Ltd.
Ingeniería de estructuras: Thornton Tomasetti Engineers
Ingeniería mecánica: Flack & Kurtz Consulting Engineers
Consultoría para el transporte vertical: John A. Van Deusen & Associates, Inc.

Contratista: Shanghai Construction Group
Director de proyecto: Dominic Dunn
Altura: 288 m
Plantas por encima del suelo: 66 en la torre 1
Sótanos: 3
Plantas útiles por encima del suelo: 49 en la torre 1
Niveles mecánicos y sus números: en la torre 1: 6, 7, 8, 24, 25, 39, 40, 54, 55, azotea
Uso: oficinas y tiendas

Superficie del lugar: 213.729 m²
Superficie del edificio por encima del suelo: 140.263 m²
Superficie de una planta típica: 1.783 m²
Módulo base del proyecto: 1,2 m
Plazas de aparcamiento: 572
Principales materiales estructurales: hormigón armado
Otros materiales: en el exterior: muro cortina de aluminio y cristal, base con revestimiento de piedra; en el interior: terrazo, yeso, madera, escaparates de aluminio

One Liberty Place

El One Liberty Place fue la respuesta de los arquitectos a su continua búsqueda para alcanzar la síntesis entre los anhelos románticos de los rascacielos tradicionales y el despliegue de imágenes tecnológicas modernistas. En el momento de ser construido, representó un nuevo comienzo para la ciudad de Filadelfia, con el establecimiento de un barrio con una normativa municipal especial referente a los edificios de gran altura

El podio de tres plantas comerciales es el elemento contextual y urbano dentro del paisaje de la ciudad. La torre se integra con el podio a través de la clara diferenciación de superficies murales que o bien llegan hasta el suelo o se retranquean. La torre es cuadrada con esquinas remetidas. Un cambio de plano entre el cuerpo central del edificio y las esquinas enfatiza la situación de ocho grandes columnas que, mediante traviesas, enlazan con el núcleo central reforzado del edificio a intervalos intermitentes de pisos. La parte superior es una conclusión lógica de la geometría del edificio. El uso suelto y repetitivo del gablete es el que genera esta forma. Los gabletes múltiples crean una imagen visual que no dista mucho de la del edificio Chrysler, en Nueva York.

Diversos tratamientos de superficies de piedra y cristal se combinan sobre una rejilla estructural de aluminio. Desde la base revestida de piedra, la cantidad de cristal va aumentando hasta que la parte superior está completamente envuelta en cristal sintético (la forma histórica extraída se representa en un material tecnológico moderno).

Pilares verticales de piedra acentúan las columnas del cuerpo central de la torre y, con las bandas horizontales de piedra a intervalos de uno, dos, cuatro pisos, forman varios motivos decorativos y diferentes escalas. El vestíbulo de varios pisos es el lugar de transición espacial desde la calle hasta el lugar de trabajo en los pisos de oficinas.

Las cargas de gravedad de la torre y las fuerzas laterales del viento son soportadas fundamentalmente por una red que consiste en un núcleo reforzado de forma convencional con cuatro columnas principales en las esquinas alineadas con ocho «supercolumnas» perimetrales conectadas con el núcleo central mediante «traviesas» de cuatro pisos en tres puntos de la torre. La estructura de traviesaños/supercolumnas de la torre permite una gran flexibilidad y apertura en los espacios de oficinas y, en particular, en la zona de tiendas de la planta baja (sólo ocho columnas principales y el núcleo penetran en la zona comercial).

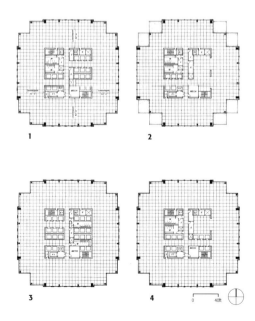

1   2

3   4

5

6

7

8

1. *Plano de planta zona intermedia, zona 2.*
2. *Plano de planta zona alta, zona 4.*
3. *Plano de planta zona baja, zona 1.*
4. *Plano de planta zona intermedia, zona 3.*
5. *Vista general de noche.*
6. *Vista general.*
7. *Detalle de la fachada.*
8. *Detalle a nivel de calle.*

Fotografía: Lawrence S. Williams Photography.

Ubicación: Filadelfia, Pensilvania, Estados Unidos
Fecha de finalización de la obra: 1987
Arquitecto: Murphy/Jahn, Inc.
Cliente: Consorcio One Liberty Place Tower
Promotor: Rouse & Associates
Ingeniería de estructuras: Lev Zetlin Associates, Inc.
Ingeniería mecánica y eléctrica: Flack & Kurtz

Consultoría para el transporte vertical: Kartz Drago & Co., Inc.
Arquitecto paisajista: Murphy/Jahn, Inc.
Contratista: LF Driscoll Company; Huber, Hunt & Nichols, Inc.
Altura: 288 m
Plantas por encima del suelo: 62
Sótanos: 2
Plantas útiles por encima del suelo: 61

Uso: oficinas
Superficie del lugar: 3.669 m², aproximadamente
Superficie del edificio por encima del suelo: 124.012 m²
Principales materiales estructurales: compuesto de metal, baldosas de hormigón
Otros materiales: mármol, granito, acero inoxidable

Tomorrow Square

El Tomorrow Square consta de tres elementos principales en una plaza ajardinada. Una torre alta con hotel y apartamentos está unida a un podio de poca altura con una galería comercial y un centro de conferencias. La torre y el podio se unen a través de un atrio. Al incorporar un amplio programa de funciones de hotel, residencia y tiendas, el Tomorrow Square crea un espectacular punto de referencia en el *skyline* de Shanghái.

La dinámica forma geométrica del Tomorrow Square, creada por la mera rotación de dos cuadrados, tiene algo de monolítico y futurista. Dos factores motivaron el giro en la estructura. En primer lugar estaba la orientación del edificio. El prestigioso emplazamiento del edificio se encuentra en la curva de Nanjing Road, una de las calles de tiendas de lujo de Shanghái. Así pues, las primeras 36 plantas del edificio están orientadas perpendicularmente al tráfico de peatones y vehículos de Nanjing Road, lo que le proporciona una entrada acogedora y atractiva a nivel de calle. El emplazamiento también es adyacente a la People's Square y al People's Park. Por tanto, en consideración al parque, el cuadrado base del plano del edificio está girado 45° en la planta 37, lo que crea una vista atractiva para los visitantes del parque y los huéspedes del hotel.

El giro también es un indicativo del cambio de función de la torre a partir de la planta 37. Las 60 plantas de la torre constan de 36 de apartamentos ejecutivos Marriott, sobre los que se hallan 342 habitaciones del JW Marriott Hotel. La fachada de aluminio y cristal de la planta cuadrada básica del edificio se alarga hacia arriba en una progresión geométrica recta hacia delante, reflejando el cambio de función interior mediante la rotación de 45° de la planta 37 del edificio. Una asombrosa vista panorámica de la ciudad da la bienvenida a los huéspedes cuando llegan al vestíbulo del hotel, situado en la planta 37, donde gira el edificio.

Esta torre, el hotel más alto del barrio Puxi, se alza con elegancia desde la calle hasta un característico pináculo que puede verse desde cualquier punto de la ciudad. En la parte superior, la fachada del edificio continúa elevándose hacia el cielo con los cuatro lados individuales inclinados los unos hacia los otros, pero sin llegarse a tocar nunca, a fin de no indicar la conclusión sino la continuación de su inherente relación. El resultado es una forma escultural simbólica y muy contemporánea.

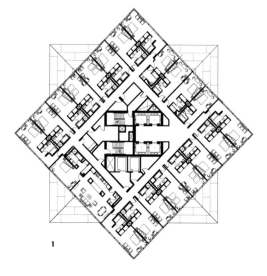

1

1. *Plano de planta típica de hotel.*
2. *A vista de pájaro.*
3. *La torre Tomorrow Square en el skyline de Shanghái.*
4. *Marquesina para parada de coches.*
5. *Entrada.*

Fotografía Michael Portman (2, 4, 5); cortesía de J. W. Marriott (3).

2

3

4

5

Ubicación: Shanghái, China

Fecha de finalización de la obra: 2003

Arquitecto: John Portman & Associates, Inc.

Arquitecto local: Shanghai Institute of Architectural Design & Research (SIADR)

Cliente: Shanghai Tomorrow Square Co., Ltd.

Promotor: Shanghai Anlian Investment & Development Company

Ingeniería de estructuras: John Portman & Associates, Inc.; Shanghai Institute of Architectural Design & Research

Ingeniería mecánica: Newcomb & Boyd Consultants and Engineers

Diseño interior: Hirsch Bedner Associates

Consultoría para el transporte vertical: Lerch, Bates & Associates

Arquitecto paisajista: Arnold Associates

Contratista: Shanghai Construction Group General Company (contratista principal), Shanghai no. 2 Construction Company (constructor general); Timalco International Pty. Ltd. (contratista para fachada)

Altura: 285 m

Plantas por encima del suelo: 60

Sótanos: 3

Plantas útiles por encima del suelo: 55

Niveles mecánicos y sus números: 5 niveles: 23, 36, 47, 59 y 60

Uso: hotel, residencia, tiendas

Superficie del lugar: 11.664 m²

Superficie del edificio por encima del suelo: 93.153 m²

Superficie de una planta típica: 1.296 m²

Módulo base del proyecto: 1,5 m

Plazas de aparcamiento: 380

Principales materiales estructurales: hormigón armado, acero estructural, revestimiento de fachada de aluminio y cristal

Otros materiales: granito, cristal

Columbia Center

El Columbia Center es una torre de seis caras en la que se alternan las rectas con las cóncavas. A medida que el edificio asciende, dos de las caras cóncavas se retranquean en las plantas 43 y 61 hasta dejar al descubierto el solitario anillo parcial, que se eleva hasta la parte superior. Sobre el plano, el edificio podría describirse como tres segmentos de anillo superpuestos.

Cuando se concluyó el edificio, era el más alto de Estados Unidos al oeste del Misisipi, y todavía hoy es el más alto al noroeste del Pacífico. En un principio fue diseñado como una torre de 306 m de altura, pero la FAA pidió que se acortase el edificio para dejar despejado el espacio aéreo al aeropuerto Sea-Tac. Se mantuvo el mismo número de plantas pero rebajando 15 cm la altura de cada piso, lo que permitió que el edificio alcanzase sus 284 m de altura y cumpliese con los requerimientos de la FAA.

Las excavaciones para el aparcamiento subterráneo y los cimientos del edificio llegaron a una profundidad de 41 m, y midieron aproximadamente 73 x 75 m, casi una manzana de la ciudad, la más grande que se había realizado en Seattle hasta el momento.

La torre está construida fundamentalmente de acero, pero estructuralmente está catalogada como de materiales mixtos, ya que las cargas principales del edificio se sustentan sobre tres columnas de hormigón y acero compuesto. Construidas por agrupaciones de perfiles H de ala ancha integrados en hormigón, las columnas de unos 2,4 x 3,6 m están situadas en las esquinas del núcleo del edificio. La esbelta parte superior podría haber sido expuesta a niveles incómodos de balanceo en tormentas con fuertes rachas de viento, así que se añadieron unos amortiguadores al corazón del edificio que consisten en una plataforma de acero entre dos vigas en forma de T conectadas por un material plástico recubierto de goma.

Cuando se inauguró el 2 de marzo de 1985, el edificio se conocía como el Columbia Center, y más tarde como Columbia Seafirst Center. El 27 de septiembre de 1999 se convirtió en el Bank of America Tower, y de nuevo fue renombrado como Columbia Center el 21 de noviembre de 2005.

Equity Office, en asociación con Zimmer Gunsul Frasca, completó una reforma de 5 millones de dólares del vestíbulo y el corredor de tiendas para enfatizar su papel de «ciudad vertical», con instalaciones para clientes y visitantes en las tres plantas. La reforma amplió el área de restaurante y tiendas, encargó dos esculturas a artistas destacados del noroeste para el vestíbulo, y dio luz al espacio con maderas claras y superficies de tonos pastel cubiertas con cristal translúcido.

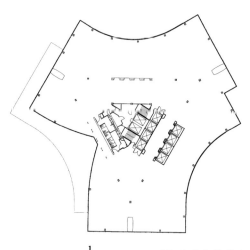

1

2

Ubicación: **Seattle, Washington, Estados Unidos**
Fecha de finalización de la obra: **1984**
Arquitecto: **Chester L. Lindsay Architects**
Promotor: **Martin Selig**
Ingeniería de estructuras: **Skilling Ward Rogers Barkshire, Inc.**
Ingeniería mecánica: **University Mechanical**
Contratista: **Howard S. Wright Construction**
Altura: **284 m**

Plantas por encima del suelo: **76**
Uso: **oficinas**
Superficie del edificio por encima del suelo: **141.216 m² (superficie útil)**
Superficie de una planta típica: **1.245-2.183 m² (superficie útil)**
Principales materiales estructurales: **acero, hormigón**
Otros materiales: **granito, cristal**

1. *Plano de planta intermedia (plantas 43-60).*
2. *Entrada renovada recientemente.*
3. *Vista del edificio elevándose por encima de Seattle.*
4. *Sección con el plano de los ascensores.*

Fotografía cortesía de Equity Office Properties (2); cortesía de Magnusson Klemencic Associates, Inc. (3).

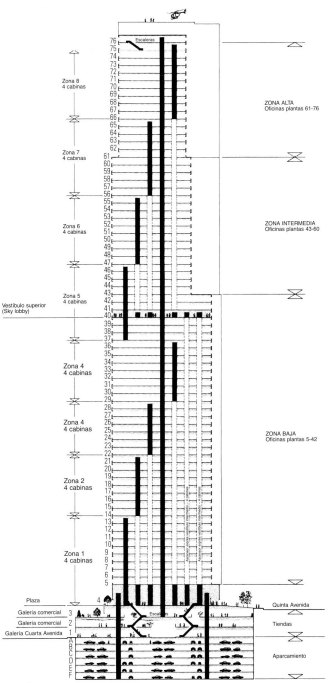

ZONA ALTA
Oficinas plantas 61-76

ZONA INTERMEDIA
Oficinas plantas 43-60

ZONA BAJA
Oficinas plantas 5-42

Quinta Avenida

Tiendas

Aparcamiento

Escaleras

Zona 8
4 cabinas

Zona 7
4 cabinas

Zona 6
4 cabinas

Zona 5
4 cabinas

Vestíbulo superior
(Sky lobby)

Zona 4
4 cabinas

Zona 4
4 cabinas

Zona 2
4 cabinas

Zona 1
4 cabinas

Plaza

Galería comercial

Galería comercial

Galería Cuarta Avenida

Edificio Trump

El edificio Trump se encuentra en el 40 de Wall Street, dentro de la media manzana entre William Street y Broad Street. Diseñado en 1928 y erigido en un tiempo récord de menos de un año, fue construido en un momento de la historia en el que la rivalidad en la carrera para «alcanzar el cielo» estaba en su máximo apogeo. Su principal rival en 1928 era el edificio Chrysler, del que en un principio se pregonaba una altura de 282,5 m. El arquitecto H. Craig Severance y su socio Yasuo Matsui se dispusieron a sobrepasar al Chrysler añadiendo un coronamiento piramidal decorativo y una aguja gótica en lo alto del edificio del 40 de Wall Street, en aquel entonces conocido como el Bank of Manhattan Trust Building. La volumetría del edificio se aprovechó de la vuelta al reglamento ordenada por la ley de zonificación de Nueva York en 1916.

Las obras en el 40 de Wall Street finalizaron en mayo de 1930, con una altura de 283 m. Pero William Van Alen, arquitecto del edificio Chrysler, no estaba dispuesto a permitir que Severance le superase. Así que Van Alen añadió una aguja de 56 m a su edificio, una aguja que, según los historiadores, fue ensamblada en secreto en el interior del edificio y colocada en su sitio una vez que se terminó la torre. Con 319 m de altura, el edificio Chrysler inclinó la balanza a su favor, ganando el título de edificio más alto poco antes de que lo hiciera el Empire State.

Aunque el 40 de Wall Street dominase el *skyline* del bajo Manhattan, fue superado en 1932 por el American International Building, con sus 290 m de altura.

Irritados por la victoria del edificio Chrysler, los arquitectos del 40 de Wall Street reivindicaron en un artículo de un periódico que su torre era realmente más alta ya que su mirador, «el piso útil más alto estaba unos 30 m por encima del Chrysler». La aguja del edificio Chrysler era puramente ornamental y, efectivamente, inaccesible. El mirador del 40 de Wall Street, aunque muy hacinado, estaba abierto gratuitamente en horario comercial, hasta la Segunda Guerra Mundial.

En 1995 la Trump Organization adquirió el edificio como negocio especulativo. Donal J. Trump anunció una rehabilitación y una vuelta del edificio, la «joya de la corona de Wall Street», a su esplendor original.

1

700
600
500
400
300
200

Ubicación: **Ciudad de Nueva York, Nueva York, Estados Unidos**
Fecha de finalización de la obra: **1930; restaurado en 1997**
Arquitecto: **H. Craig Severance en asociación con Yasuo Matsui**
Arquitecto consultor: **Shreve y Lamb**
Promotor: **Bank of Manhattan Trust Company**
Propietario: **The Trump Organization**
Altura: **283 m**

Plantas por encima del suelo: **72**
Uso: **oficinas**
Superficie del edificio por encima del suelo: **83.889 m²**
Principales materiales estructurales: **acero**
Otros materiales: **revestimiento de mármol**

1. *Arcos en el vestíbulo superior del banco.*
2. *Vista general.*
3. *Coronamiento piramidal.*
4. *Vestíbulo de ascensores de la planta baja.*
5. *Postal de época del edificio conocido entonces como Edificio Manhattan Trust.*

Fotografía de The Trump Organization (1, 4); Douglas Manson (2, 3); © The Skyscraper Museum (5).

2

3

4

5

Bank of America Plaza

Envuelto en cristal reflectante color plata y perfilado por la noche con luces de neón verde esmeralda, el Bank of America Plaza (antes llamado NationsBank Plaza y originariamente denominado Interfirst Plaza) domina el *skyline* de Dallas.

A diferencia de muchas torres de los años sesenta y setenta que dejaban ver su estructura al exterior, el edificio Bank of America Plaza no presenta columnas en su perímetro. Esto se consiguió gracias a un avanzado sistema estructural que soporta las cargas de gravedad de todo el edificio (incluido el núcleo) y resiste las fuerzas laterales.

La elección del color de las ventanas fue profundamente debatido. Al final, ganó el color plata, más conservador, dada su elegancia y homogeneidad de diseño. En las plantas típicas, las ventanas con esta piel de cristal se extienden desde 20 cm por encima del piso hasta el techo. El acristalamiento está realizado con un cristal aislante para ahorrar energía y que, combinado con la capa reflectante, permite recortar el coste de la refrigeración.

La flexibilidad del diseño interior era otra de las características novedosas de este edificio. Las dieciséis columnas principales están situadas a 6 m desde su centro a la pared exterior, lo que permite una mayor flexibilidad en la disposición interior. En voladizo de estas columnas de acero y hormigón están las oficinas del perímetro y el muro cortina, mientras que el núcleo interno está colgado de un marco de acero resistente al momento pegado a las columnas exteriores. Estos marcos de acero actúan como armaduras Vierendeel que conectan las columnas. Su tamaño único de un metro de profundidad en el momento de la construcción no se encontraba disponible en Estados Unidos y fueron fabricados en Luxemburgo. El núcleo es de planta cruciforme y permite acceso sin interrupciones a cada planta. Las columnas exteriores soportan no sólo las cargas de gravedad del edificio, sino que también resisten estructuralmente las fuerzas cortantes y de flexión generadas por el viento. Este sistema estructural permitió al edificio ser el más esbelto del mundo en el momento de su construcción, con una proporción de 7:1. El edificio sigue siendo el más alto de Dallas, y el tercero de Texas.

1

2

3

4

1.   *Plano de planta típica.*
2.   *Vista general.*
3 y 4. *De noche, más de 3 km de tubo de neón verde
       iluminan el edificio.*

Fotografía: Colección G. Binder/Buildings & Data SA.

Ubicación: Dallas, Texas, Estados Unidos
Fecha de finalización de la obra: 1985
Arquitecto: Jarvis Putty Jarvis (JPJ Architects)
Promotor: Bramalea Texas, en asociación con Prudential Reality Group
Ingeniería de estructuras: LeMessurier Associates, en asociación con Brockette
Ingeniería mecánica: Purdy McGuire, Inc.
Contratista: Austin Commercial

Altura: 281 m
Plantas por encima del suelo: 72
Uso: oficinas
Superficie del edificio por encima del suelo: 178.047 m²
(superficie útil)
Superficie de una planta típica: 1.370-2.648 m² (superficie útil)
Módulo base del proyecto: 1,5 m
Principales materiales estructurales: mixtos
Otros materiales: muro cortina de cristal y aluminio

OUB Centre

Este rascacielos de Raffles Place, Singapur, fue diseñado como la sede del Overseas Union Bank (OUB) y como prestigioso espacio para centro comercial, oficinas de alquiler y aparcamiento.

El UOB Centre se levanta como uno de los tres rascacielos más altos de Singapur. La torre está ideada como dos volúmenes triangulares diferentes, integrados estructuralmente. El escaso espacio existente entre las dos formas da la sensación de que en realidad la forma es un todo.

Las torres triangulares se miran la una a la otra por la hipotenusa. La torre más alta de las dos está sustentada por un núcleo de servicios y una columna triangular en una esquina. En las torres hay diseños cuadrados y circulares que animan el exterior del edificio. La fachada está grabada por una cuadrícula superpuesta con grandes rectángulos, compuesta de unidades de ventana más pequeñas. Estos elementos producen un gran efecto rítmico.

La estructura se alza 280 m y cuenta con 102.000 m² de espacio de oficinas. El armazón de acero permite que las plantas sea diáfanas, libres de columnas. El suelo consiste en hormigón armado compuesto con nervios de acero. Una parte importante del espacio bajo el suelo es un aparcamiento de hormigón armado que conecta con la estación de metro, y un centro comercial. El exterior de la torre luce un muro cortina de aleación tratada químicamente que cambia de color según la luz que refleje.

La espectacular entrada del edificio se encuentra en un recorte que hay en la base del edificio, de 36,5 m de alto. En estas zonas públicas se utilizan claraboyas y otro tipo de iluminación para dar sensación de espacio aireado.

El OUB Centre fue el edificio más alto de Asia hasta la construcción de la China Tower en Hong Kong, en 1989.

1

1. *Claraboyas en la espectacular entrada al edificio.*
2. *Vista desde abajo.*
3. *Vista general del OUB Centre.*
4. *Sección y planos de plantas.*

Fotografía: Osamu Murai, cortesía de Kenzo Tange Associates.

2

3

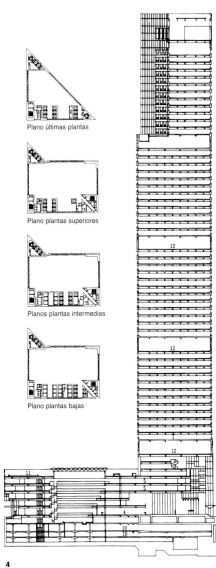

Plano últimas plantas

Plano plantas superiores

Planos plantas intermedias

Plano plantas bajas

4

Ubicación: Singapur, Singapur
Fecha de finalización de la obra: 1986
Arquitecto: Kenzo Tange Associates
Arquitecto asociado: SAA Partnership
Cliente: OUB Centre Limited
Ingeniería de estructuras: Bylander Meinhardt Partnership
Ingeniería mecánica: Bylander Meinhardt Partnership
Contratista general: Kajima Corporation; Hazama-gumi Ltd.;
Japan Development Construction Co. Ltd.

Director de proyecto: Overseas Union Project Management
Altura: 280 m
Plantas por encima del suelo: 66
Sótanos: 4
Uso: oficinas, tiendas
Superficie del lugar: 7.530 m²
Superficie del edificio por encima del suelo: 102.190 m²
Principales materiales estructurales: acero
Otros materiales: aluminio

UOB Plaza

El UOB Plaza se encuentra situado en el centro empresarial de Singapur, junto al Overseas Union Bank (OUB) Centre, construido por el mismo arquitecto. El UOB Plaza consiste en dos torres de oficinas: la UOB Tower, de 66 plantas y 280 m de alto, y otra más pequeña de 38 plantas. El UOB Plaza es uno de los tres edificios de 280 m de alto de Singapur, la altura máxima permitida por las autoridades de aviación civil del país.

La UOB Tower se estrecha en su parte superior y está formada por bloques cuadrados, encajados en ángulo de 45° y asentados sobre una base octogonal. La articulación de la torre crea un perfil que expresa movimiento, mediante el juego de luces y sombras. Cada oficina dentro de la torre de múltiples caras tiene una vista panorámica. Un vestíbulo superior de doble piso, situado en las plantas 37 y 38, también ofrece a los visitantes una vista panorámica de la ciudad.

El podio abarca 45 m y se sustenta sobre cuatro grandes columnas. Es el lugar donde se encuentra el vestíbulo del banco y sirve como conexión literal entre las dos torres. El podio está decorado con un muro cortina de acero inoxidable de 12 m de alto, situado en el primer piso del vestíbulo del banco. Los visitantes pueden pasar directamente desde Raffles Place hasta el Singapure River atravesando este vestíbulo del banco. Se trata de una zona peatonal concurrida y agradable; debajo de ella, un paseo exterior permite el acceso a la base de las torres.

En 1995, terminaron las reformas del edificio de 38 plantas, construido en 1974. Los elementos estructurales de acero permanecieron intactos, pero el interior, las fachadas y el equipamiento sí fueron renovados. La fachada nueva y las plantas superiores fueron rediseñadas por Kenzo Tange Associates para que se asemejasen a los de la torre principal.

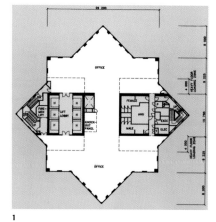

1

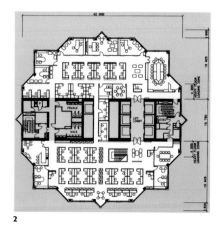

2

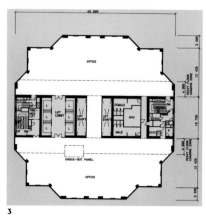

3

1. *Plano de planta típica, plantas 52-56.*
2. *Plano de planta típica, plantas 31-36.*
3. *Plano de planta típica, plantas 8-18.*
4. *El UOB Plaza, con el OUB Center, entre las dos torres de 38 y 66 plantas.*

Fotografía: Osamu Murai, cortesía de Kenzo Tange Associates.

Planos reproducidos a partir del folleto de arrendamiento original de UOB. Colección G. Binder/Buildings & Data SA.

4

Ubicación: Singapur, Singapur
Fecha de finalización de la obra: 1992
Arquitecto: Kenzo Tange Associates
Arquitecto de proyecto: Architects 61 Pte. Ltd.
Cliente: United Overseas Bank Ltd.
Ingeniería de estructuras: Ove Arup & Partners
Ingeniería mecánica: J. Roger Preston & Partners
Consultoría para el transporte vertical: Lerch, Bates & Associates Inc.
Arquitecto paisajista: Belt Collins Associates

Contratista: Nishimatsu Lum Chang JV (Construction & Civil Engineering) Pte. Ltd.
Dirección de proyecto: UOB Property Management Pte. Ltd.
Altura: 280 m
Plantas por encima del suelo: 66
Sótanos: 3
Plantas útiles por encima del suelo: 58
Niveles mecánicos: 21-22, 39-40, 63-66
Uso: oficinas
Superficie del lugar: 131.887 m²

Superficie del edificio por encima del suelo: 92.900 m²
Superficie neta de una planta típica: 1.151 m² (plantas 8-18); 1.032 m² (plantas 41-51); 782 m² (plantas 52-56).
Módulo base del proyecto: 3,2 m
Plazas de aparcamiento: 421
Principales materiales estructurales: hormigón armado y compuesto de acero
Otros materiales: muro cortina de granito y marco metálico

Republic Plaza

Este edificio de 66 plantas fue construido junto a Raffles Place en el barrio empresarial central de Singapur. En la torre se encuentran las oficinas y el aparcamiento, en el podio. El vestíbulo de entrada a la sección de múltiples plantas es un atrio abierto de cuatro pisos, en una escala acorde con la del parque de Raffles Place y la de las calles adyacentes. Al sótano, que alberga una serie de tiendas y restaurantes, se accede mediante unas escaleras mecánicas que parten del camino cubierto que hay a nivel de calle, y está conectado con la estación de metro.

El edificio comprende secciones octogonales creadas cortando las esquinas de los cuadrados de la torre alta, lo que genera esta forma portadora de buenos auspicios, según el Feng Shui chino. En las partes inferiores de la torre, los lados largos del octógono están alineados con las calles, mientras que en los pisos superiores los lados están girados 45° para mejorar las vistas que tienen los inquilinos del puerto y el mar.

La torre, de 280 m de alto, está formada por tres secciones, cada una más estrecha que la inmediata inferior. La forma cónica crea una perspectiva que enfatiza la altura del edificio. El muro cortina que rodea los cuatro lados del edificio está gradualmente inclinado para pasar suavemente de la forma octogonal de la planta típica a la forma cuadrada de la parte superior de la torre. Las paredes exteriores son una combinación de granito pulido, cristal reflectante tintado de azul y montantes pintados de negro. La parte superior del edificio es una azotea con forma de zigurat de cristal tintado de azul que, cuando de noche se ilumina desde el interior, se convierte en uno de los elementos más llamativos del horizonte de Singapur.

El Republic Plaza fue diseñado como edificio «inteligente». Dispone de un sistema de automoción de edificios que, mediante un control digital directo conectado al equipo eléctrico y del aire acondicionado y a los equipos de detección de incendios y los ascensores, controla y mantiene un óptimo control del entorno y seguridad del edificio.

El edificio está equipado para resistir fuertes vientos e incluso seísmos gracias a la combinación de un sistema de pared central y un armazón resistente en el exterior, que incluye riostras de ligazón.

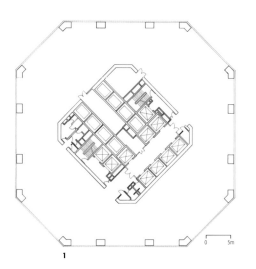

1

2

Ubicación: Singapur, Singapur
Fecha de finalización de la obra: 1996
Arquitecto de diseño: Kisho Kurokawa Architect & Associates
Arquitecto: RSP Architects Planners & Engineers (Pte.) Ltd.
Cliente: CDL Properties Pte. Ltd.
Ingeniería de estructuras: RSP Architects Planners & Engineers (Pte.) Ltd.
Ingeniería mecánica: Squire Mech Pte. Ltd.
Arquitecto paisajista: Cicada Pte. Ltd.
Contratista: Shimizu Corporation

Director de proyecto: City Project Management Pte. Ltd.
Altura: 280 m
Plantas por encima del suelo: 66
Sótanos: 1
Plantas útiles por encima del nivel del suelo: 62
Uso: oficinas
Niveles mecánicos y sus números: 4 niveles; 28, 47, 65 y 66
Superficie del lugar: 6.765 m²
Superficie del edificio por encima del suelo: 99.275 m²

Superficie de una planta típica: 2.044 m² (plantas más bajas); 1.304 m² (plantas intermedias); 1.102 m² (plantas superiores)
Módulo base del proyecto: 2,4 m
Plazas de aparcamiento: 504
Principales materiales estructurales: armazón de acero estructural, hormigón armado
Otros materiales: muro cortina de cristal, granito
Coste: 251 millones de dólares de Singapur

1. Plano de planta típica baja (plantas 19-20).
2. La forma del edificio pasa de ser un octógono a un cuadrado.
3. Vista en su entorno.
4. Vestíbulo.
5. Entrada.

Fotografía © Albert Lim KS (2); Shinkenchiku-sha Co., Ltd. (3-5).

Cheung Kong Center

El diseño del Cheung Kong Center se realizó en respuesta a dos importantes requerimientos de proyecto: primero, los parámetros de la autoridad local de planificación en lo referente a la altura y volumetría del edificio propuestos en relación con sus prominentes vecinos, el Hong Kong and Shanghai Banking Corporation al oeste y el Bank of China al este; segundo, el estudio de los principios Feng Shui para determinar la orientación del edificio, la configuración de planta cuadrada y la utilización de materiales de revestimiento altamente reflectantes.

Diseñado dentro de estos parámetros, el edificio adopta la forma de un prisma cuadrado alto, elegante y bien proporcionado. El Hong Kong and Shanghai Bank y el Bank of China son ambos formas idiosincrásicas altamente escultóricas, que imprimen carácter al *skyline* de Hong Kong. La forma del Cheung Kong Center no trata de competir con sus vecinos, sino que asienta las bases de su presencia en su sencillez y elegancia.

La pared de cristal reflectante está modulada mediante una rejilla envolvente de líneas de acero inoxidable. Las esquinas del edificio están ligeramente en chaflán para acentuar la tirantez de la envoltura del edificio y de la continuidad de la superficie de la rejilla de acero inoxidable. De noche, un diseño denso de artefactos de luz en el exterior del edifico hace que la tracería de la rejilla de acero inoxidable brille tenuemente en la oscuridad, definiendo la cualidad prismática de la forma del edificio. Un segundo diseño menos denso de luces de fibra óptica permite que la iluminación cambie de color y forma en las festividades. Un borde brillante de luz corona la parte superior del edificio acentuando aún más su forma contra el cielo nocturno.

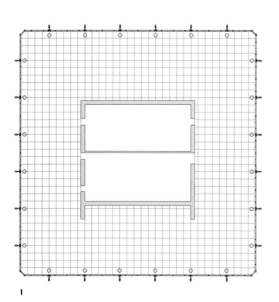

1

2

1. *Plano de planta típica.*
2. *Alzado típico.*
3. *Vista del alzado oeste de noche.*

Fotografía: Virgile Simon Bertrand.

Ubicación: Hong Kong, China

Fecha de finalización de la obra: 1999

Arquitecto: Cesar Pelli & Associates (hoy Pelli Clarke Pelli Architects); Hsin Yieh Architects & Associates Ltd.; Leo A. Daly

Cliente: Cheung Kong (Holdings) Ltd.; Hutchison Whampoa Property

Ingeniería de estructuras: Ove Arup & Partners Hong Kong Limited

Ingeniería mecánica: Flack + Kurtz Consulting Engineers; Parsons Brinckerhoff

Consultoría para el transporte vertical: John Van Deusen & Associates

Arquitecto paisajista: Belt Collins Hong Kong Ltd.

Contratista: Paul Y - Downer empresa conjunta

Altura: 280 m

Plantas por encima del suelo: 62

Sótanos: 6

Niveles mecánicos: 6

Plantas refugio: 2

Uso: oficinas

Superficie del edificio por encima del suelo: 120.770 m²

Superficie de una planta típica: 1.873-2.086 m²

Plazas de aparcamiento: 911

Principales materiales estructurales: núcleo de acero y hormigón con muro cortina de cristal y acero inoxidable

Citigroup Center

Desde el principio, el Citigroup Center (originariamente Citicorp Center) fue un reto de ingeniería. La manzana elegida para su emplazamiento estaba toda comprada excepto la esquina donde se encontraba la iglesia luterana de St. Peter. La iglesia accedió a vender a Citicorp sus derechos aéreos, a cambio de que se construyera en esa misma esquina una iglesia nueva sin conexión con el Citicorp y sin que hubiese columnas que pasaran a través de la iglesia.

El diseño resultante fue una obra maestra. A fin de proporcionar luz al nivel de calle, las columnas que sustentan la torre de oficinas están desplazadas hacia en centro de las fachadas. La torre se apoya sobre las cuatro columnas y un núcleo central, y sobresale 22 m por cada lado de las cuatro columnas. Estas columnas se alzan 35 m, punto en el que comienza la primera planta del edificio. Situada parcialmente bajo la torre hay una sección de siete plantas que se retranquea a medida que asciende.

La iglesia, cubierta con granito marrón rojizo, forma una escultura que parece una roca. Esta «linterna» tiene un tejado inclinado dividido en dos diagonalmente por una clara franja de claraboya de cristal que continúa descendiendo por los lados hasta la base.

El armazón de acero de la torre presenta riostras diagonales en el perímetro, que se repiten en módulos de ocho plantas. En el piso de abajo, allí donde la riostra diagonal hace intersección con las esquinas, no hay columnas verticales. Con esto se evita que las cargas de gravedad se acumulen en las columnas de las esquinas y permite además, como característica extra, unas magníficas vistas sin obstáculos.

Éste fue uno de los primeros edificios en Estados Unidos con un Amortiguador de Masa Sintonizado (AMS, o TMD en sus siglas inglesas). Este bloque de hormigón de 400 toneladas de peso controlado por ordenador controla los movimientos de balanceo provocados por el viento.

Como maestro en diseño y forma que es el Citigroup, su historia no estaría completa sin relatar los hechos del verano de 1978, cuando el ingeniero de estructuras del edificio, William LeMessurier, descubrió un fallo en el diseño que no había sido detectado con anterioridad. Por lo que parece, las juntas atornilladas, las más débiles en la planta 30 del edificio, podían romperse con una tormenta fuerte –algo que las estadísticas predecían que podía ocurrir una vez cada dieciséis años–. Después de tres meses de frenéticos cálculos, discusiones y horas extraordinarias, se colocaron unas placas de acero de refuerzo sobre todas las juntas atornilladas, lo que corregía permanentemente el problema y permitía que el edificio preservase su lugar como brillante añadido al *skyline* de Nueva York.

1

2

1. *Detalle de la fachada.*
2. *Enormes columnas revestidas de aluminio sustentan el edificio; abajo a la izquierda, una iglesia nueva.*
3. *Vista general con el coronamiento revestido de aluminio.*
4. *Sección.*

Fotografía cortesía de The Stubbins Associates, Inc.

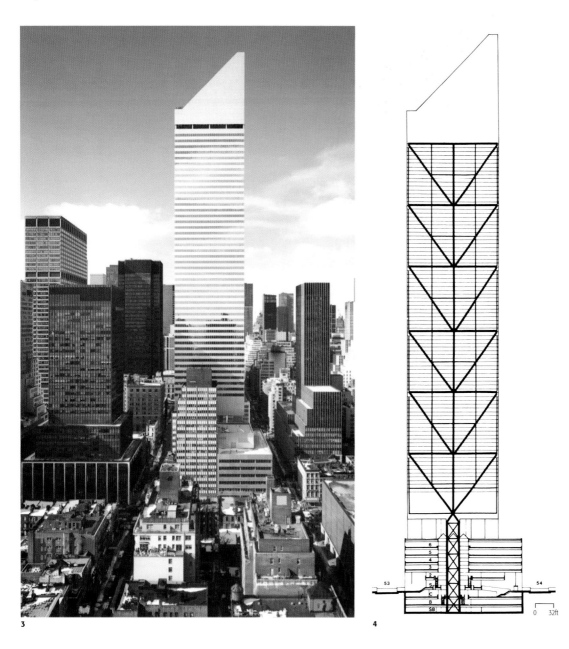

3

4

Ubicación: Ciudad de Nueva York, Nueva York, Estados Unidos
Fecha de finalización de la obra: 1977
Arquitecto: Hugh Stubbins and Associates
Arquitecto asociado: Emery Roth & Sons
Cliente: Citigroup

Ingeniería de estructuras: William LeMessurier and Associates; oficina de James Ruderman
Ingeniería de servicios: Joseph R. Loring & Associates
Contratista: HRH Construction
Altura: 279 m
Plantas por encima del suelo: 59

Uso: mixto
Superficie del edificio por encima del suelo: 145.762 m²
Principales materiales estructurales: acero
Otros materiales: aluminio, cristal reflectante
Coste: 128 millones de dólares americanos

SunTrust Plaza

La llamativa torre de oficinas de 62 plantas SunTrust Plaza fondea en el extremo norte del complejo Peachtree Center del centro de la ciudad de Atlanta. El imponente edificio de 130.000 m², con su atrevido y gráfico coronamiento en forma de pirámide, se ha convertido en el icono más importante del *skyline* del distrito de negocios central de Atlanta. El SunTrust Plaza, una puerta de entrada al centro de la ciudad, proporciona vida en la calle, espacios verdes e instalaciones que mejoran la vida de la ciudad y anticipan desarrollos futuros.

Las apuestas fachadas del edificio están realizadas de bandas alternantes de rico granito con cristal gris que refuerza la forma escultórica y multifacética de la torre. Su planta es básicamente un cuadrado con un interés arquitectónico añadido: las paredes del edificio son escalonadas, hacia fuera y hacia dentro, hasta formar cinco naves en cada fachada. Estas proyecciones dinámicas no son únicamente decorativas, sino que también son funcionales ya que crean 36 oficinas de esquina en cada planta, lo que hace del SunTrust Plaza un edificio ideal para sede corporativa.

El edificio está diseñado para maximizar el espacio de oficinas. Vigas de 15 m de vano sustentadas por columnas exteriores inclinadas permiten la creación de espacios diáfanos de más de 2.300 m² por planta. Pasarelas cubiertas conectan la torre con una estructura independiente donde se encuentran tiendas, restaurantes, hoteles, gimnasios y el aparcamiento de 2.782 plazas. Los ascensores exprés que van a las plantas más altas son los más rápidos de Atlanta, pues alcanzan los 487 m/min.

La pendiente escalonada del lugar presentaba una oportunidad para establecer cuatro entradas principales en el vestíbulo de 19 m de alto; cada una de ellas forma un nivel de calle diferente y ofrece una sensación de llegada diferente. En la planta superior del vestíbulo, un balcón rodea el ascensor cilíndrico del centro del edificio y vigila una importante galería de esculturas diseñada para disfrute del público. Fuera, en la planta de la plaza exterior, una marquesina de acero y cristal cubre el pasillo que rodea la torre. Los amplios espacios verdes y plazas actúan como un jardín público de esculturas para el disfrute de la comunidad.

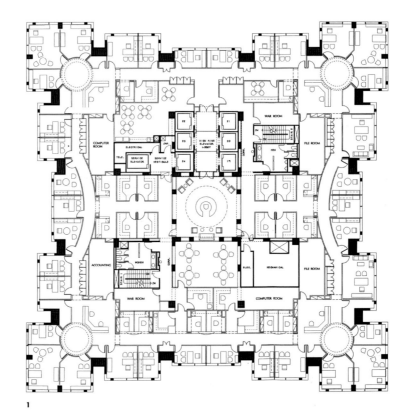

1

1. *Plano de la planta baja de la torre.*
2. *Exterior de noche.*
3. *Puente hasta las oficinas y garaje del Sun Trust.*
4. *Vista del edificio a través del Ballet Olympia, escultura de Paul Manship.*
5. *El skyline de la ciudad al atardecer.*

Fotografía: Michael Portman (2, 3, 5); Timothy Hursley (4).

3

2

4

5

Ubicación: **Atlanta, Georgia, Estados Unidos**
Fecha de finalización de la obra: **1992**
Arquitecto: **John Portman & Associates**
Cliente: **SunTrust Plaza Associates, LLC**
Promotor: **Portman Holdings**
Ingeniería de estructuras: **John Portman & Associates**
Ingeniería mecánica: **Newcomb & Boyd**
Consultoría para el transporte vertical: **Lerch, Bates & Associates**

Arquitecto paisajista: **Arnold Associates**
Contratista: **J. A. Jones Construction Company**
Altura: **275 m (incluida la antena)**
Plantas por encima del suelo: **62**
Sótanos: **1**
Plantas útiles por encima del suelo: **55**
Plantas mecánicas: **7 plantas: la SL (subterránea) y de la 56 a la 63**
Uso: **oficinas**

Superficie del lugar: **1,05 ha**
Superficie del edificio por encima del suelo: **116.076 m²**
Superficie de una planta típica: **2.323 m²**
Módulo base del proyecto: **1,5 m**
Plazas de aparcamiento: **2.782 en un edificio separado adyacente**
Principales materiales estructurales: **hormigón vertido in situ, con postensado incluido**
Otros materiales: **granito, cristal visión, cristal spandrel, marco de muro cortina de aluminio**

Williams Tower

Una inmensa estructura de 275 m de alto, la Williams Tower (originalmente llamada la Transco Tower) se alza solitaria desde un podio de hierba. La torre, cubierta con cristal espejo no reflectante, mira hacia atrás a la época dorada de los rascacielos recreando el estilo Art Decó de los años treinta. Los clientes querían un edificio monumental y una estructura que recordase al Empire State; el resultado fue algo único, una torre perfectamente simétrica sin parte delantera ni trasera.

En las plantas inferiores de la base, los arquitectos crearon una enorme entrada ceremonial en arco, de 23 m de alto, cubierta con granito rosa de España. La base del edificio, de 5 plantas, proporciona espacio para un banco en la planta baja y espacio extra en las plantas superiores. Dentro, los suelos del vestíbulo están cubiertos de granito y las cabinas de los ascensores están forradas cada una con un mármol de distinto color.

El cuerpo central de la torre está dispuesto con una serie progresiva de retranqueos, en la más pura tradición Art Decó. Revestida con dos tipos de cristal, la piel de alta tecnología del cuerpo central tiene una apariencia como de piedra. Los paneles con espejo desempeñan el papel de la piedra tradicional; dada su opacidad, dependiendo del momento del día que sea, pueden parecer azules, verdes, grises o negros, o de un espectacular color oro al atardecer.

El inusual tejado a dos aguas tiene su cumbre a 275 m por encima del nivel de calle para completar la elegante y alargada forma de la torre. El arquitecto John Burgee describió el efecto general del edificio como un «campanario de aldea suburbana».

Al sur del edificio hay un parque de 1,2 ha con una gran fuente llamada Water Wall (la pantalla o pared de agua), diseñada por Johnson/Burgee Architects y Richard Fitzgerald and Partners. La fuente es un maravilloso trabajo de ingeniería hidráulica y la completa un frontón con arco romano.

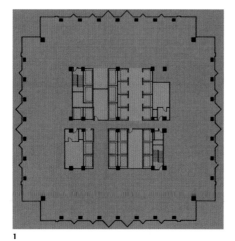

2

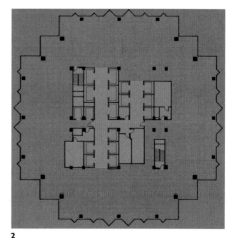

1

1. *Plano de planta típica, plantas 10-48.*
2. *Plano de vestíbulo superior (planta 51).*
3. *Vista general.*

Fotografía cortesía de Hines Interests Limited Partnership.

Planos reproducidos a partir del folleto de arrendamiento original de Transco Tower, Colección G. Binder/Buildings & Data SA.

Ubicación: Houston, Texas, Estados Unidos
Fecha de finalización de la obra: 1983
Arquitecto: Johnson/Burgee Architects
Arquitecto asociado (torres): Morris Aubry
Arquitecto asociado (parque y fuente): Richard Fitzgerald and Partners
Promotor: Gerald D. Hines Interests
Ingeniería de estructuras (torre): CBM Engineers, Inc.

Ingeniería de estructuras (parque): Madeley Engineers, Inc.
Ingeniería mecánica: I. A. Naman & Associates
Arquitecto paisajista: Zion & Breen Associates, Inc.
Consultoría para iluminación: Claude R. Engle
Consultoría para fuente: S Collaborative
Contratista: J. A. Jones Construction Company
Altura: 275 m

Plantas por encima del suelo: 64
Uso: oficinas
Superficie del edificio por encima del suelo: 148.640 m²
Plazas de aparcamiento: 3.200
Principales materiales estructurales: acero
Otros materiales: cristal reflectante gris plata

Hong Kong New World Tower

Este complejo de uso mixto se encuentra situado en el corazón de la Huai Hai Road de Shanghái, una de las calles comerciales más populares de la ciudad. Este lugar está delimitado por la Huai Hai Road al sur, la Ma Dang Road al oeste, la Huang Pi Road (N) al este, y la Jinling Road al norte.

La ubicación y escala del complejo hicieron que fuese inevitable que se convirtiera en punto de referencia, tanto en su barrio como en el *skyline* de la ciudad. La torre refleja una elegancia clásica y, mediante el uso de técnicas y materiales de construcción modernos, celebra el futuro a la vez que reconoce la historia y contexto de la gente y su cultura. A lo largo de Huai Hai Road, el podio define la calle y mejora su vida y ritmo a modo de paseo.

Dado que el principal uso que se da a esta torre es el de espacio de oficinas, su material y aura celebran el lujo y la elegancia, sobre todo en la entrada de Jinling Road. Otros componentes son los 25.000 m² de tiendas y los 11.000 m² de aparcamiento público. Los espacios públicos abiertos del complejo, diseñados para usos tanto activos como pasivos, proporcionan un espacio de disfrute para los usuarios del edificio y para la comunidad.

La torre se alza desde un podio de cuatro plantas de la base hasta la planta 59, con una altura total de 271 m. La superficie exterior total es de 137.000 m².

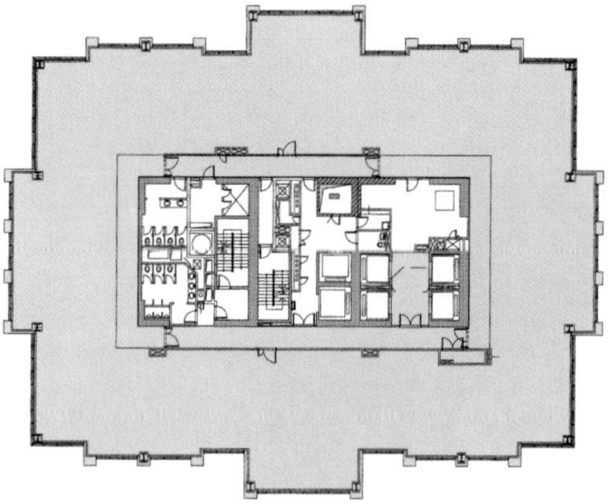

1. *Plano de planta típica, plantas superiores (48-53).*
2. *Plano de planta típica, plantas intermedias (35-47).*
3. *Plano de planta típica, plantas inferiores (12-33).*
4. *Vista a nivel de calle.*
5. *Vista del patio interior.*
6. *Vista general.*
7. *Alzado sur.*

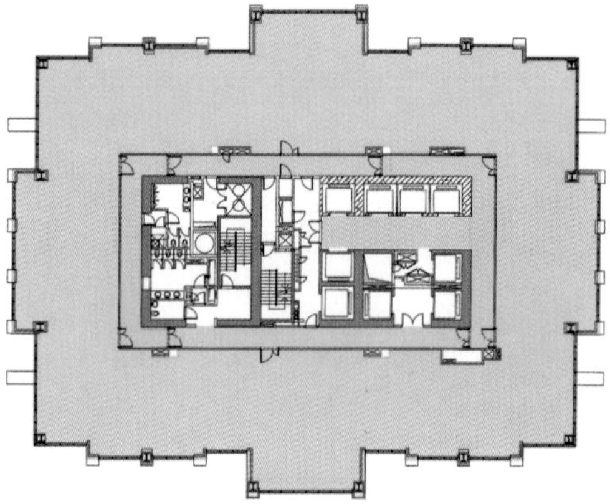

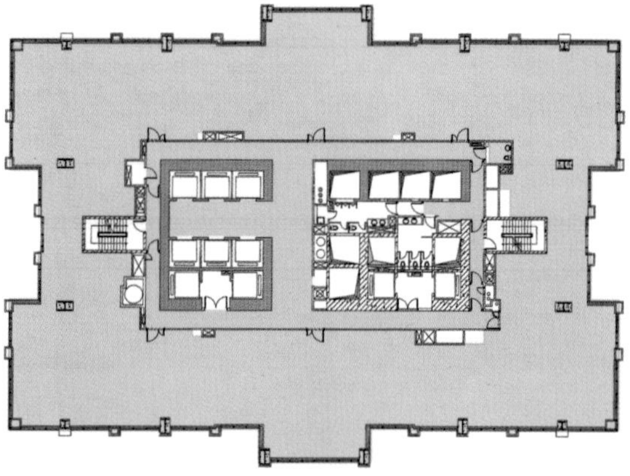

Fotografía: Kerun Ip.

Planos reproducidos a partir del folleto de arrendamiento original del Hong Kong New World Tower, Colección G. Binder/Buildings & Data SA.

1

2

3

4

5

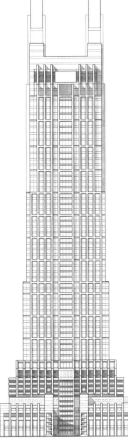

6

7

Ubicación: Shanghái, China

Fecha de finalización de la obra: 2002

Arquitecto: Bregman + Hamann Architects

Cliente: Shanghai New World Huai-Hai Property Development Ltd.

Ingeniería de estructuras: Ove Arup & Partners

Ingeniería mecánica: J. Rogers Preston Ltd.

Arquitecto paisajista: EDAW

Contratista: Shanghai 7th Construction Co. Ltd.; Hip Hing Construction Co. Ltd.

Altura: 271,25 m

Plantas por encima del suelo: 59

Sótanos: 3

Plantas útiles por encima del suelo: 54

Plantas mecánicas: 5 plantas: la 10, 25, 42, 58 y 59

Uso: oficinas, tiendas

Superficie del lugar: 9.953 m²

Superficie del edificio por encima del suelo: 137.336 m²

Superficie de una planta típica: 1.653-1.978 m²

Módulo base del proyecto: 2,6 x 3,8 m

Plazas de aparcamiento: 256 (25 en superficie; 231 en la torre)

Principales materiales estructurales: acero, hormigón armado, granito

Otros materiales: aluminio

Coste: 2,5 billones de RMB

21st Century Tower

La inconfundible y moderna 21st Century Tower fue proclamada el edificio residencial más alto del mundo cuando fue acabada en el año 2003. Con 270 m de altura, ocupa un lugar preeminente en la calle Sheikh Zayed Road y le da un nuevo sentido de prominencia con sus líneas netas y simples y su elegante forma, complementando el paisaje urbano contemporáneo de Dubái.

Atkins fue nombrado consultor principal para la arquitectura, diseño interior, diseño de ingeniería estructural, mecánica y eléctrica, y para la supervisión de la construcción y la dirección del proyecto.

El deseo del cliente era una torre distintiva con un diseño moderno. El concepto del diseño original se tomó de elementos del logotipo del cliente, unos pájaros volando superpuestos. El cliente también expresó la necesidad de utilizar materiales externos duraderos, capaces de mantener durante mucho tiempo la apariencia del edificio.

El concepto refleja estos aspectos del encargo, y el alzado frontal ofrece un elemento «pluma» o alado de cristal y aluminio plateado curvado que representa el vuelo, la gracia y la fuerza. Luego está el alzado trasero, una fachada sencilla simétricamente equilibrada sin el movimiento dinámico del alzado frontal.

La volumetría inicial de la torre fue llevada fuera de los límites del lugar, en términos de maximizar las restricciones tanto de altura

como de huella. El resultado es un terreno más una torre residencial de 53 plantas y un aparcamiento colindante de varios pisos, con una superficie total construida de 86.000 m². La torre residencial incluye trescientos apartamentos de tres habitaciones y cien apartamentos de dos habitaciones distribuidos en 50 plantas. La torre también alberga espacio para tiendas en la planta baja e intermedia, así como un gimnasio, una piscina y unos vestuarios en la azotea, más los servicios del edificio, que ocupan dos plantas.

El aparcamiento consiste en nueve plantas con una capacidad total para 412 vehículos. Los servicios del edificio se encuentran en la edificación del aparcamiento.

1.   *Plano de planta típica.*
2 y 3.   *Con sus 270 m, la 21st Century Tower era, en el momento de su construcción, el edificio residencial más alto del mundo.*
4.   *Vestíbulo de recepción de la entrada.*
5.   *El elemento «ala» de la fachada frontal.*

Fotografía: Nick Otty (3); cortesía de Atkins (2, 4 y 5).

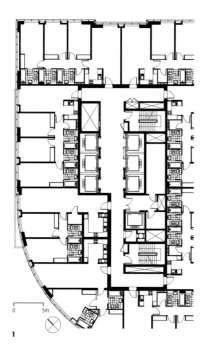

1

2

3

4

5

Ubicación: **Dubái, Emiratos Árabes Unidos**
Fecha de finalización de la obra: **2003**
Arquitecto: **Atkins**
Cliente: **Al Rostamani Group of Companies**
Promotor: **Al Rostamani Real Estate**
Ingeniería de estructuras: **Atkins**
Ingeniería mecánica: **Atkins**
Consultoría para el transporte vertical: **Atkins**

Contratista: **Arabtec & Al Rostamani Pegel (JV)**
Director de proyecto: **Atkins**
Altura: **270 m**
Plantas por encima del suelo: **55**
Sótanos: **1**
Plantas útiles por encima del suelo: **54**
Niveles mecánicos: **4**
Uso: **residencial**

Superficie del lugar: **1.319 m²**
Superficie del edificio por encima del suelo: **86.000 m²**
Superficie de una planta típica: **1.280 m²**
Plazas de aparcamiento: **412**
Principales materiales estructurales: **hormigón armado**
Otros materiales: **panel de revestimiento de aluminio y de cristal reflectante azul y gris**

Complejo Al Faisaliah

El complejo Al Faisaliah de Riad es un elemento clave del desarrollo urbano de la ciudad. Incluye el primer rascacielos de Arabia Saudí, además de un hotel de cinco estrellas, un centro de conferencias y banquetes, apartamentos de lujo y un centro comercial de tres plantas. El esquema equilibra cuidadosamente la rentabilidad, la flexibilidad y el interés arquitectónico para producir edificios que sean eficientes en cuanto a servicios, planificación y funcionamiento, y que sean fáciles de mantener y sensibles al clima de Oriente Próximo.

La torre de oficinas tiene una planta cuadrada, diseñada alrededor de un núcleo central compacto, y en punta, con cuatro columnas principales en las esquinas que definen su silueta única. Una serie de miradores en las zonas superiores del edificio se corresponden con las gigantescas riostras en forma de K, que transfieren las cargas a las columnas de las esquinas. El edificio está revestido con paneles de aluminio anodizado en plata con dispositivos de protección solar en voladizo que minimizan el deslumbramiento y permiten el uso de cristales no reflectantes y energéticamente eficientes. Estas fachadas en capas proporcionan el máximo control sobre el ambiente interior.

Por encima de sus 30 plantas de oficinas, la torre alberga el restaurante a mayor altura de Arabia Saudí, dispuesto en el interior de una esfera de cristal dorado a 200 m del nivel del suelo. El mirador que hay debajo de esta esfera proporciona una increíble vista de la ciudad y sus alrededores. En su pináculo la torre se estrecha hasta convertirse en un faro iluminado, sobre el que hay un remate de acero inoxidable.

La torre se encuentra retranqueada con relación a la King Fahd Highway para crear una plaza ajardinada. Debajo de ésta se halla un salón de banquetes, en el que se pueden desarrollar actividades que van desde ceremonias de boda para dos mil personas hasta conferencias para más de tres mil personas. Un sistema de arco de un único vano largo permite alcanzar un alto grado de flexibilidad, ya que proporciona un espacio diáfano libre de columnas con un sistema de particiones móviles que pueden dividir el salón en un máximo de dieciséis habitaciones separadas.

Un vestíbulo de cinco plantas en la base de la torre realiza la conexión entre el hotel de la parte norte y los apartamentos y el centro comercial de la zona sur. Una espectacular pared de cristal tintado realizada en el vestíbulo por el artista Brian Clarke tiene un tema del desierto intercalado, con imágenes que representan las características medioambientales y naturales regionales.

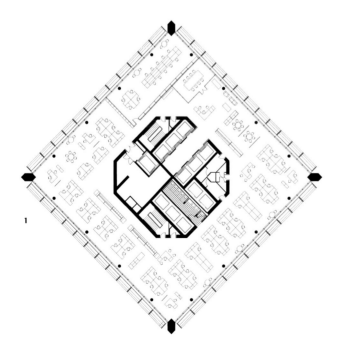

1

2

1. *Plano de planta.*
2. *Interior del atrio.*
3. *Vista aérea.*
4. *Mirador.*
5. *Plano de planta baja.*

Fotografía: Nigel Young/Foster and Partners (2 y 4); Joe Poon (3).

3

4

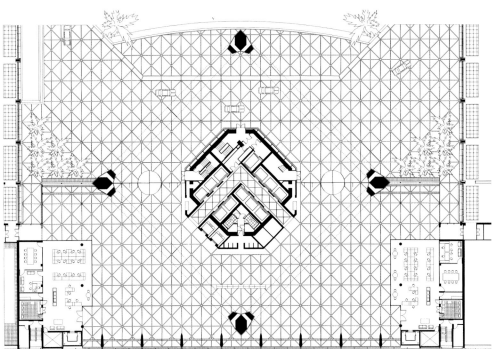

5

Ubicación: Riad, Arabia Saudí
Fecha de finalización de la obra: 2000
Arquitecto: Foster and Partners
Cliente: King Faisal Foundation
Ingeniería de estructuras: Buro Happold
Ingeniería mecánica: Buro Happold

Consultoría para el transporte vertical: Lerch Bates & Associates Ltd.
Arquitecto paisajista: WET Design
Contratista: Saudi Bin Ladin Group (SBG)
Altura: 267 m
Plantas por encima del suelo: 30 plantas de oficinas más el mirador y restaurante

Uso: oficinas (torre), centro comercial, hotel y apartamentos
Superficie del lugar: 55.000 m²
Superficie del edificio por encima del suelo: 240.000 m² (total)
Superficie de una planta típica: 800-1.500 m² (torre)
Plazas de aparcamiento: 1.300
Principales materiales estructurales: hormigón, acero y cristal

Bank of America Corporate Center

El Bank of America (que anteriormente se llamaba NationsBank) Corporate Center está en el centro histórico, geográfico y empresarial de Charlotte. El Center incluye una torre de 60 plantas con las oficinas centrales de la empresa, dos plazas ajardinadas y el Founder's Hall, un gran espacio público con tiendas a lo largo de todo su perímetro.

La torre de 266 m de alto es el punto focal del *skyline* de Charlotte. Su base está recubierta con granito oscuro con columnas de mármol en las entradas; los lados curvos del cuerpo central de la torre presentan 13 retranqueos. El exterior está forrado de entrepaños de granito beis, que se estrechan y adelgazan progresivamente con cada retranqueo. En contraposición a la base, las secciones superiores se hacen cada vez más ligeras y transparentes. La parte superior está compuesta de pilotes verticales de aluminio anodizado, que definen un volumen cerrado únicamente por esta jaula. De noche, se ilumina desde dentro.

El Founder's Hall, un gran espacio cívico, conecta directamente con el North Carolina Blumenthal Performing Arts Center y los 7.000 m² de instalaciones de tiendas, restaurante y club de salud y bienestar. El diseño permite tanto representaciones improvisadas como actos programados; una monumental escalera circular hace las funciones de teatro natural.

Los pisos y paredes del interior del Founder's Hall están revestidos de mármol. Las columnas estructurales y el armazón de metal están pintados en una degradación de ocres dorados a amarillos brillantes. El efecto general de los acabados es un espacio cálido y lleno de luz durante todo el año. Cuatro grandes olivos se agrupan alrededor de una fuente decorativa de granito, que se encuentra en el extremo opuesto a la monumental escalera.

El Founder's Hall unifica los elementos programáticos dispares del lugar. Haciendo de vestíbulo de entrada para los empleados de la Bank of America Tower, este espacio unifica el nivel de la plaza de la acera con el de un paso elevado denominado Overstreet Mall. Este gran espacio central de 41 x 24 m está definido por columnas de cuatro pisos que soportan un armazón abovedado y un sistema de claraboyas. El espacio da a dos plantas con tiendas. El segundo nivel conecta con tres puentes sobre la calle, que unen el complejo con la ciudad circundante.

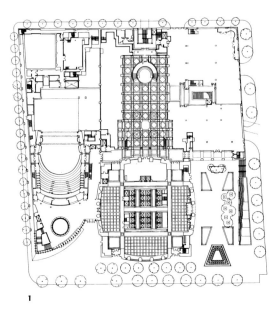

1

2

1. *Plano del lugar.*
2. *Interior del Founder's Hall.*
3. *Alzado norte.*
4. *Alzado.*

Fotografía: Tim Griffith (2); **Tim Hursley** (3).

3

4

Ubicación: Charlotte, Carolina del Norte, Estados Unidos

Fecha de finalización de la obra: 1992

Arquitecto: Cesar Pelli & Associates (hoy, Pelli Clarke Pelli Architects)

Arquitecto asociado: HKS, Inc.

Cliente: NationsBank Corporation; Charter Properties; Lincoln Property Company

Ingeniería de estructuras: Walter P. Moore & Associates

Ingeniería mecánica: BL&P Engineers, Inc.

Arquitecto paisajista: Balmori Associates, Inc.

Altura: 266,7 m

Plantas por encima del suelo: 60

Sótanos: 9.290 m² de servicios y aparcamiento

Plantas útiles por encima del suelo: 60

Uso: mixto de oficinas, tiendas, salón de actos y centro de artes escénicas adjunto

Superficie del lugar: 14.000 m²

Superficie del edificio por encima del suelo: 130.060 m²

Superficie de una planta típica: 2.230 m²

Principales materiales estructurales: núcleo de hormigón vertido in situ, granito, mármol, cristal visión reflectante, aluminio anodizado (parte superior)

BOCOM Financial Towers

Básicamente, el edificio son dos columnas sólidas y muy esbeltas, de 230 y 200 m de alto, conectadas por un enorme atrio de 160 m con un podio debajo. Las dos columnas se apoyan sobre una estructura de armadura espacial de acero dentro del atrio. La entrada principal y los servicios verticales se orientan al atrio central.

La forma triangular dinámica y en pendiente de la zona superior de cada torre se desvía de las proporciones extremadamente verticales de la fachada principal. Estas zonas superiores están casi libres de usos técnicos para permitir que los conferenciantes y usuarios aprovechen la gran vista panorámica sobre el Pudong y el Shanghai Bund. La estructura horizontal de la fachada, enfatizada por las persianas metálicas, contrarresta la fuerte verticalidad del edificio. La fachada está revestida de granito gris. El diseño del proyecto se realizó mediante concurso internacional.

1. *Plano de planta típica.*
2. *Vista aérea en la que se aprecia la forma trianqular de las torres.*
3. *Vista del atrio de 160 m; más adelante, si así se requiere, se pueden conectar los dos edificios mediante puentes a través del atrio.*
4. *El podio inferior de las torres, visto desde el río.*
5. *Sección b-b.*

Fotografía: PHOTO IMAGING DESIGN, Werner Kirgis.

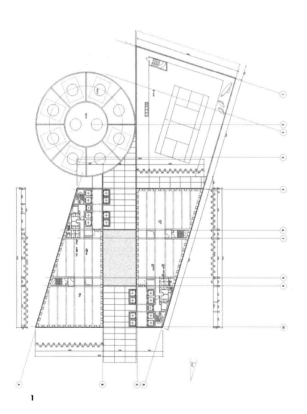

1

2

Ubicación: Shanghái, China

Fecha de finalización de la obra: 2001

Arquitecto: ABB Architekten; East China Architectural Design & Research Institute Co. Ltd. (ECADI)

Cliente: Bank of Communications

Ingeniería de estructuras: Obermeyer Planen & Beraten

Ingeniería mecánica: Obermeyer Planen & Beraten

Consultoría para el transporte vertical: Obermeyer Planen & Beraten

Altura: 200 m y 230 m; 265 hasta lo alto de la aguja

Plantas por encima del suelo: 42 y 50

Sótanos: 4

Plantas mecánicas y sus números: 3 plantas; 13, 16 y 39

Uso: oficina

Superficie del edificio por encima del suelo: 102.000 m²

Superficie de una planta típica: 1.640 m²

Principales materiales estructurales: hormigón

3

4

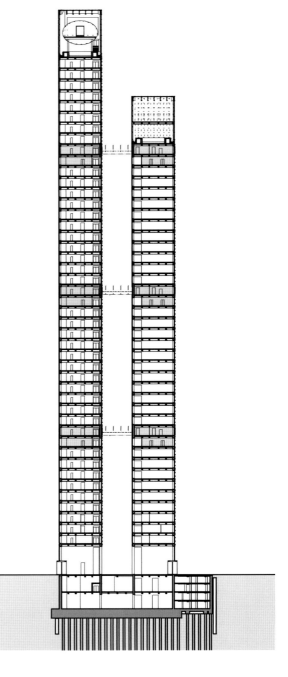

5

Triumph-Palace

Con 264 m de alto (incluida la aguja), el Triumph-Palace es uno de los edificios residenciales más altos de Europa. Situado en el prestigioso barrio histórico de Sokol, el Triumph-Palace disfruta de unas increíbles vistas del centro de Moscú, la avenida de Leningrado y los parques y zonas de recreo de alrededor. El diseño del edificio continúa la gloriosa tradición del estilo arquitectónico monumental de los edificios de siete plantas construidos en la capital rusa a finales de los años cuarenta.

Las nueve secciones del edificio se integran en una única composición mediante un estereobato de cinco plantas. El edificio central es el elemento predominante de la composición, con sus secciones verticales proporcionadas que decrecen gradualmente a medida que el edificio asciende. A la fachada delantera del edificio central se accede desde el parque Chapayevski, aunque cada edificio tenga también una entrada independiente. Las fachadas presentan paneles de piedra natural de colores claros y baldosas de cerámica de tonos marrón cálido. El edificio tiene un sistema de fachada ventilada Eurofox. Las fachadas tienen un llamativo detalle: ventanas verticales de vidrio de color. Una serie de acristalamiento en las esquinas con cristal de color proporciona más luz natural a las viviendas.

Todos los apartamentos, cada uno de los cuales puede albergar un jardín de invierno, incluyen esquinas acristaladas desde el suelo hasta el techo, miradores y balcones estilo francés protegidos por fuertes cristales triples multicapa. Cada sección tiene dos apartamentos con terraza en la planta 25. Doce áticos exclusivos, con vistas panorámicas y amplias terrazas, coronan las ocho secciones del inmueble.

La infraestructura del inmueble está orientada a un estilo de vida activo: el centro deportivo incluye una piscina de 25 m, saunas finlandesas y baños turcos, gimnasios para aeróbic y salas de deporte.

La fase de construcción fue completada con una única operación técnica para instalar la aguja en el edificio central. Ocho componentes estructurales, cada uno con un peso entre las 4 y las 8 toneladas, fueron transportados hasta el edificio y cada uno fue instalado en unos cinco a diez minutos, mientras que para ensamblar el conjunto de la aguja hicieron falta seis días. Utilizando una técnica original, un pararrayos activo en la aguja atrae los relámpagos y los envía lejos del edificio. La aguja descansa sobre una base octogonal de tres plantas de profundo, y unas escaleras especiales en su interior dan acceso a las áreas de mantenimiento.

1

2

1. *Ático con terraza, imagen renderizada.*
2. *Detalle de fachada.*
3. *Vista general.*
Fotografía cortesía de DON-Stroy.

3

Ubicación: **Moscú, Rusia**
Fecha de finalización de la obra: **2005**
Arquitecto: **TROMOS**
Cliente: **DON-Stroy**
Ingeniería de estructuras: **SMU-1**
Ingeniería mecánica: **SMU-1**

Contratista: **SMU-1**
Promotor: **DON-Stroy**
Altura: **264,1 m**
Plantas por encima del suelo: **57**
Sótanos: **2**
Niveles mecánicos: **4**

Uso: **residencial, oficinas, ocio, tiendas**
Superficie del lugar: **6 ha**
Superficie del edificio por encima del suelo: **276.033 m²,
incluidos 168.633 m² de superficie residencial**
Principales materiales estructurales: **piedra natural, ladrillo,
acero, hierro**

Tower Palace Three

El Tower Palace Three promueve un nuevo estándar de vivienda de gran altura para los habitantes de Seúl, Corea del Sur. El diseño e imagen de la torre procede de varias formas e influencias naturales, que se integran en la tecnología de vanguardia del edificio para proporcionar a la ciudad una estructura monumental. Este edificio también debe gran parte de su imagen conceptual al esquema que en los años veinte Mies Van de Rohe presentó para una torre en el Fredrichstrasse de Berlín.

La disposición tripartita de la torre ofrece corredores de vistas completas en los pisos inferiores y evoluciona en la parte superior hasta presentar una cara alta y esbelta hacia la ciudad, mientras permite a los residentes disfrutar las vistas tanto del dinamismo urbano del norte como del tranquilo paisaje natural del sur.

El concepto estructural incluye un núcleo central con tres paredes que forman una estructura en forma de trípode. Tanto el núcleo como las paredes fueron diseñados para absorber la mayor cantidad de carga de gravedad y lateral posible, reduciéndose así la necesidad de columnas macizas en la pared exterior. En consecuencia, las columnas exteriores fueron limitadas a las cargas de gravedad que están atadas juntas en los puntos terceros de la torre mediante paredes-cinturón, para ayudar a transferir las fuerzas laterales hasta el corazón y la estructura de pared del corredor. Las columnas del perímetro y todo el emparrillado del suelo dentro de las unidades están construidos en acero.

La torre está revestida con un cristal tintado de verde-azul clarito de alto rendimiento para permitir la máxima transmisión de luz y unas vistas brillantes. Una serie de paneles anodizados naturales dan una calidad metálica a las superficies sólidas y unas barras de acero inoxidable pulido que funcionan como abrazaderas del limpiaventanas añaden brillo a la superficie exterior. Allí donde la torre se encuentra con el suelo, la estructura de columnas queda expuesta para dejar al descubierto la pared del núcleo y del vestíbulo. La pared exterior a esta altura es cristal y perno de araña soportado, y el núcleo está cubierto de mármol verde antiguo. Las columnas exteriores están revestidas de acero inoxidable texturizado. La principal característica de la planta baja es la estructura truncada y su marquesina de cristal, que protege a los visitantes del viento y de la lluvia. Este truncamiento circular ofrece una conveniente rampa para entrar y salir del aparcamiento que hay debajo.

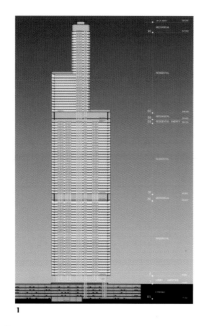

1

1. Alzado.
2. Vista hacia arriba.
3. Vista general.

Fotografía: HG Esch Photography, cortesía de Skidmore, Owings & Merrill LLP.

2

3

Ubicación: Seúl, Corea del Sur

Fecha de finalización de la obra: 2004

Arquitecto: Skidmore, Owings & Merrill LLP, Adrian D. Smith, FAIA, Design Partner

Ingeniería asociada: Samoo Architects & Engineers

Cliente: Samsung Corporation; Samsung Construction Co. Ltd.

Ingeniería de estructuras: Skidmore, Owings & Merrill LLP; Samoo Architects & Engineers

Ingeniería mecánica: Skidmore, Owings & Merrill LLP; Samoo Architects & Engineers

Consultoría para el transporte vertical: Edgett/Williams Consulting Group Inc.

Arquitecto paisajista: SWA Group

Contratista: Samsung Construction Co. Ltd.

Altura: 262,425 m (sin la antena)

Plantas por encima del suelo: 72

Sótanos: 6

Plantas útiles por encima del suelo: 67

Plantas mecánicas: 7 plantas: la B6, B5, B1 Mezz, 16, 55, 70 y 71

Uso: mixto

Superficie del lugar: 7,3 ha

Superficie bruta del proyecto: 181.421 m²

Principales materiales estructurales: acero

Otros materiales: muro cortina de aluminio y cristal

Water Tower Place

El Water Tower Place lleva el nombre de sus ilustres vecinos, la histórica Chicago Water Tower y la Pumping Station, construidas en 1869 en estilo neogótico. La Water Tower Station –a la que Oscar Wilde llamó una «monstruosidad almenada»– sobrevivió al gran incendio de 1871 y ha permanecido como parte de la colorida historia de Chicago.

El Water Tower Place fue el edificio de hormigón más alto del mundo en el momento de su construcción, en 1976, y conservó el título hasta 1990, cuando lo sobrepasó el edificio 311 S Wacker Drive, de 293 m y también en Chicago.

La torre se alza desde la parte trasera de un centro comercial, con sus 74 plantas dispuestas alrededor de un atrio central. El edificio aloja un hotel Ritz-Carlton, condominios, oficinas, aparcamiento y zonas de entretenimiento. La zona comercial está centrada alrededor de un atrio de ocho plantas con terraza y con el ascensor más famoso de Chicago, albergado en tres tubos hexagonales de cristal agrupados. La entrada principal al centro comercial consta de una pareja de escaleras mecánicas de dos pisos, con una cascada de agua entre ellas y escaleras de caracol a los lados. En el año 2002 se reformó la entrada y se integraron los escaparates en la fachada que hay sobre la arcada.

El Water Tower Place fue la primera ampliación de uso mixto de la zona, con un uso pionero del hormigón altamente reforzado. Utilizando hormigón en lugar de acero, el edificio podía ser 27 m más corto con el mismo número de plantas, con lo que se ahorraba el sustancioso coste asociado al cerramiento de la envoltura exterior en mármol y cristal.

1.   Plano de la planta calle.
2-4. Vistas generales.
5.   Vista al atardecer con la histórica Chicago Water Tower y la Pumping Station en primer plano.

Fotografía: Tom Cramer (2); David Clifton (3, 4 y 5), cortesía de Loebl Schlossman & Hackl.

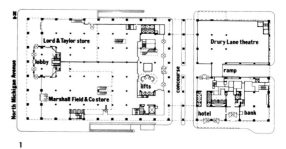

1

2

3

4

5

Ubicación: Chicago, Illinois, Estados Unidos

Fecha de finalización de la obra: 1976

Arquitecto: Loebl Schlossman, Bennett & Dart (hoy, Loebl Schlossman & Hackl); C. F. Murphy Associates

Arquitecto consultor para el centro comercial: Warren Platner Associates

Promotor: JMB/Urban Investment & Development Company

Ingeniería de estructuras: C. F. Murphy Associates

Ingeniería de servicios: C. F. Murphy Associates

Contratista: Inland Robbins Construction, Inc.

Altura: 262 m

Plantas por encima del suelo: 74

Sótanos: 4

Plantas útiles por encima del suelo: 73

Plantas mecánicas: 2 plantas: la 13A y 74

Uso: mixto de oficinas, tiendas, hotel, residencial, ocio

Superficie del lugar: 10.585 m²

Superficie del edificio por encima del suelo: 287.990 m²

Módulo base del proyecto: 9,1 x 9,1 m

Plazas de aparcamiento: 640

Principales materiales estructurales: hormigón, revestimiento de mármol

Grand Gateway

Grand Gateway es uno de los mayores y más complejos proyectos llevados a cabo en Shanghái. Estas dos torres gemelas de oficinas, de 52 plantas y 262 m de alto, se alzan sobre un podio de 102.000 m² de espacio dedicado a tiendas y entretenimiento. Este complejo de uso mixto con una superficie total de 306.000 m² incluye espacio para tiendas, residencia, tránsito y oficinas. Es uno de los destinos comerciales más grandes de Shanghái y ocupa un lugar preeminente sobre la estación de metro de Xu Hui, que da servicio a unos 250.000 usuarios al día aproximadamente.

Los componentes del proyecto fueron ideados y diseñados de tal forma que cada uno pudiese tener un desarrollo independiente, una estrategia que permite a cada componente ser ejecutado de acuerdo con las demandas del mercado. Como resultado, el Grand Gateway fue uno de los pocos proyectos que se ha mantenido en un proceso continuado de construcción y ha mantenido una fuerte ocupación durante la última década. Incluso las torres de oficinas reflejan este enfoque flexible de la planificación, diseñadas con la habilidad de ser construidas tanto como oficinas o como apartamentos con servicio de habitaciones por encima de la planta 35, según sean las demandas del mercado.

El proyecto además está cuidadosamente integrado para aprovechar las sinergias de los distintos usos. Para fomentar un alto nivel de clientela en el centro comercial del Grand Gateway, las torres de oficinas están conectadas con la estación de metro a través del componente comercial del complejo. El componente dedicado al entretenimiento hace las veces tanto de ancla para el centro comercial como de zona de servicio para las cercanas torres residenciales.

Grand Gateway es un desarrollo comercialmente exitoso gracias a la esmerada integración de sus usos, a su cuidadosa introducción progresiva, a una aguda visión comercial y a un diseño que integra un alto grado de flexibilidad para protegerse contra un entorno de mercado altamente dinámico.

1. *Plano planta típica, plantas 40-46.*
2. *La entrada, de día.*
3. *Grand Gateway, Shanghái, China.*
Fotografía: Chris Eden, Callison.

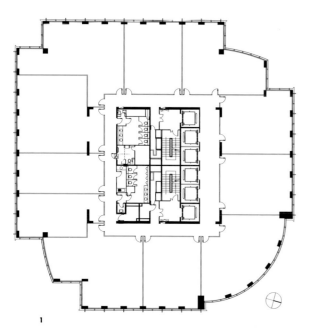

1

2

3

Ubicación: Shanghái, China

Fecha de finalización de la obra: 2005

Arquitecto de diseño: Callison

Arquitecto local: East China Architectural Design & Research Institute Company Ltd.

Cliente: Hang Lung Development Co. Ltd.; Henderson Development; Hysan Development Co. Ltd.

Promotor: Hang Lung Development Co. Ltd.

Ingeniería de estructuras: Maunsell Structural Consultants Ltd.

Ingeniería mecánica: Associated Consulting Engineers (ACE)

Diseñador de iluminación: Horton Lees Brogden

Consultoría para el transporte vertical: Lerch Bates & Associates, Inc.

Arquitecto paisajista: Stamper Whithin Works

Contratista: Fujita Corporation

Altura: 262 m (incluido el farol de la parte superior)

Plantas por encima del suelo: 52

Sótanos: 3

Plantas útiles por encima del suelo: 46

Plantas mecánicas y sus números: 6: 7, 23, 37, 50, 51, 52

Uso: oficinas, tiendas, residencia

Superficie del lugar: 38.000 m²

Superficie del edificio por encima del suelo: 99.325 m² repartidos en dos torres de 52 plantas (oficinas)

Superficie de una planta típica: 1.628 m²

Módulo base del proyecto: 3 m

Plazas de aparcamiento: 1.250 automóviles; 7.000 bicicletas

Principales materiales estructurales: hormigón armado

Otros materiales: cristal, granito y acero inoxidable

Aon Center

Cuando se emitió el primer comunicado de prensa en 1972, se anunció que este edificio, conocido por aquel entonces como el United California Bank (UCB) Building (más adelante, la First Interstate Tower), sería el más alto de Estados Unidos al oeste de Chicago. Cuando se terminó de construir, despuntó en el *skyline* del centro de Los Ángeles con una altura de 262 m.

La ubicación de la torre, en la esquina noroeste de Wilshire Boulevard, en Hope Street, es el emplazamiento original de uno de los primeros rascacielos comerciales de Los Ángeles, que sirvió como sede central a la Western Bancorporation.

Aon Center se encuentra en una amplia plaza ajardinada pavimentada con granito gris. Entre la planta baja y la azotea, la torre se estrecha 1,67 m. En su base, unos enormes pilares de 3,65 m de ancho, forma de L y revestimiento de aluminio, anclan el edificio por sus cuatro esquinas. Por encima de esta base se proyectan los montantes de aluminio color bronce y las ventanas de cristal solar color bronce y cristal espandrel que recorren la altura total de la estructura, lo que acentúa la verticalidad de su diseño. La estructura de armazón de acero presenta una de las mayores columnas de acero jamás utilizadas en Los Ángeles, una columna que mide 3 pies en el piso inferior y pesa más de 1 tonelada por pie. Los cimientos de la torre son a base de un armazón de acero en losas y pozos de cimentación.

En la planta baja, en un espacio ininterrumpido, se halla el banco, que se ve a través de paredes de cristal que acentúan la altura de más de 13 m de alto del vestíbulo. Los 27 ascensores de alta velocidad del edificio parten de la zona del vestíbulo de la entreplanta sobre la planta del banco y a ellos se accede desde la calle mediante escaleras mecánicas ultrarrápidas y desde el aparcamiento mediante ascensores lanzadera. Los ascensores de la torre se agrupan en cuatro: los de las plantas inferiores, los de las plantas intermedias inferiores, los de las plantas intermedias superiores y los de las plantas superiores. Dos ascensores privados conectan las plantas del banco con la planta 7.

Un camino peatonal subterráneo y un túnel para vehículos conectan las tres plantas subterráneas. Tres plantas de aparcamiento subterráneo dan cabida a 340 coches y una estructura de 10 plantas ofrece aparcamiento adicional con 760 plazas para coches y un primer piso dedicado a espacio comercial.

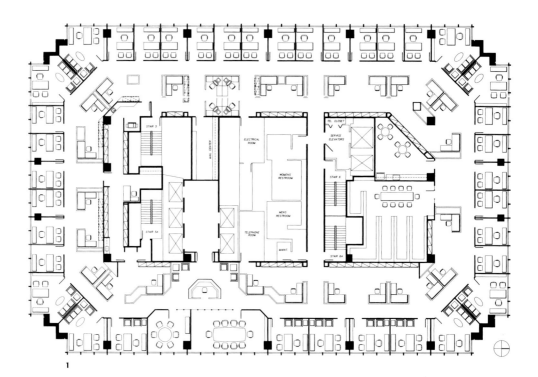

1

1. *Plano de planta típica.*
2. *Vista general.*
3. *Axonometría del sistema de transporte vertical.*

Fotografía cortesía de The Luckman Partnership.

Los planos están reproducidos según el folleto original de alquiler de UCB Building, Colección G. Binder/Buildings & Data SA.

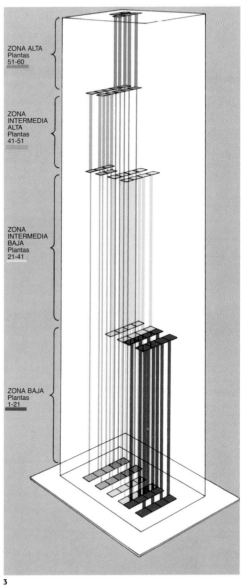

ZONA ALTA
Plantas
51-60

ZONA INTERMEDIA ALTA
Plantas
41-51

ZONA INTERMEDIA BAJA
Plantas
21-41

ZONA BAJA
Plantas
1-21

2

3

Ubicación: Los Ángeles, California, Estados Unidos
Fecha de finalización de la obra: 1974
Arquitecto: The Luckman Partnership
Cliente: United California Bank Realty Corporation y The Equitable Life Assurance Society of the United States
Ingeniería de estructuras: Erkel Greenfield Associates Inc.
Ingeniería mecánica: Levine y McCann
Ingeniería eléctrica: Michael Garris & Associates

Consultoría para el transporte vertical: Charles W. Lerch & Associates
Consultoría de obra: Carl A. Morse, Inc.
Contratista: CL Perk Contractor
Altura: 262 m
Plantas por encima del suelo: 62
Plantas mecánicas y sus números: 6 plantas, la 4, 5, 22, 42, 61 y 62

Uso: oficinas
Superficie del edificio por encima del suelo: 116.125 m²
Superficie de una planta típica: 1.626 m²
Plazas de aparcamiento: 340 subterráneas; 760 en un edificio aparte
Principales materiales estructurales: acero
Otros materiales: aluminio y cristal

TD Canada Trust Tower en el BCE Place

El complejo BCE Place consta de dos torres de oficinas: la TD Canada Trust Tower, de 261 m de alto, y la Bay Wellington Tower, de 207 m. En la zona hay varios edificios históricamente significativos ligados a las torres mediante una galería acristalada. Por debajo del suelo, el complejo está conectado con la Union Station, con el sistema de pasadizos peatonales subterráneos y con garajes. La Galería Allen Lambert, de 12 m de ancho y 116 m de largo, la diseñó el arquitecto Santiago Calatrava; ésta une las dos torres, un patio ajardinado, la explanada comercial y el Hockey Hall of Fame (el Salón de la Fama del Hockey).

Ambas torres están revestidas en granito flameado de Rockville con destacados de granito negro pulido de Cambrian y cristales tintados de verde. En el interior, el podio de dos plantas de tiendas en la base de la TD Canada Trust Tower está ricamente decorado con paredes y suelos de mármol. Las plantas típicas tienen ventanas desde el suelo hasta el techo, a 2,75 m. La localización de la torre en las afueras del distrito empresarial central proporciona vistas panorámicas en todas direcciones, y la superposición de los cuadrados de los planos de las plantas permite numerosas oficinas de esquina.

2

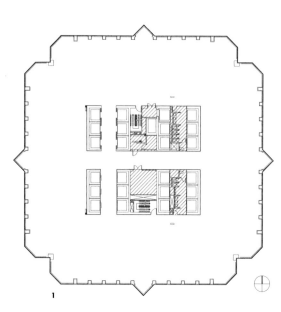

1

3

1. *Ejemplo del plano de una planta.*
2. *Entrada a la galería diseñada por Santiago Calatrava.*
3. *La TD Canada Trust Tower.*
4. *La TD Canada Trust Tower (izquierda) y la Bay Wellington Tower (derecha) forman parte del BCE Complex.*
5. *Alzado.*

Fotografía: Lenscape (2); Robert Burley/Design Archive (3, 4).

4

5

Ubicación: Toronto, Ontario, Canadá
Fecha de finalización de la obra: 1990
Arquitectos: Bregman + Hamann Architects y Skidmore, Owings & Merrill LLP (consorcio)
Cliente: Brookfield Development Corporation
Ingeniería de estructuras: M. S. Yolles & Partners
Ingeniería mecánica: The Mitchell Partnership
Consultoría para el transporte vertical: Katz Drago & Company Inc.
Arquitecto paisajista: Moorehead Fleming Corban McCarthy

Contratista: PCL Constructors Eastern Inc.
Dirección de proyecto: Brookfield Development Corporation
Altura: 261 m (hasta lo alto de la aguja)
Plantas por encima del suelo: 53
Sótanos: 5
Plantas útiles por encima del suelo: 51
Plantas mecánicas y sus números: 2 plantas, la 52 y la 53
Uso: oficinas
Superficie del lugar: 2,2 ha (el complejo BCE Place entero)

Superficie del edificio por encima del suelo: 104.097 m² (espacio útil)
Superficie de una planta típica: 2.072-2.174 m² (espacio útil)
Módulo base del proyecto: 1,5 m
Plazas de aparcamiento: 1.465
Principales materiales estructurales: acero, hormigón armado
Otros materiales: granito, mármol, cristal
Coste: 1,2 millones de dólares americanos (el complejo BCE Place entero)

Transamerica Pyramid

Desde que fue inaugurada la Transamerica Pyramid, de 48 plantas y 49.000 m², se convirtió en un edificio emblemático del horizonte de San Francisco. Su forma tan radical confirió un aspecto nuevo al barrio financiero de la ciudad y colmó los deseos de la Transamerica de tener una estructura que pudiese reflejar la moderna imagen corporativa de la empresa.

La torre, que se yergue desde una base de acero y forma una arcada parecida a un claustro que rodea el edificio, alcanza una altura de 260 m desde una plaza pública aterrazada con pavimento de granito. La pirámide, ideal para su entorno urbano, proyecta una sombra más pequeña que la de una torre de oficinas convencional, por lo que deja que llegue más luz y aire al nivel de la calle pública. La forma piramidal del edificio también baja el centro de gravedad, por lo que aumenta su resistencia estructural a los seísmos.

Habiéndose convertido en uno de los lugares de San Francisco más prestigiosos, el edificio se compara favorablemente con las torres de oficinas convencionales en términos de proporción de eficiencia del espacio útil/bruto. Todas las plantas del edificio tienen un tamaño diferente. La planta más grande, la 5, mide 1.953 m², y la menor, la planta 48, mide sólo 188 m².

La Transamerica Corporation ocupó aproximadamente un tercio de la superficie total del edificio, y el resto del espacio fue alquilado a distintos inquilinos, desde despachos de abogados a instituciones financieras. En la base del edificio se situaron un restaurante y un salón. El aparcamiento de 280 plazas se encuentra en un garaje subterráneo de tres plantas.

La Transamerica Pyramid ya no es la sede central de la Transamerica Corporation, aunque la empresa mantiene una pequeña presencia como inquilina y todavía utiliza la imagen del edificio como logotipo de su marca. La Transamerica Pyramid forma parte del Transamerica Center, que alberga tres edificios de oficinas: Transamerica Pyramid, Two Transamerica Center y Transamerica Redwood Park, construido en 1972 y reformado en 1997. Un mirador en la planta 27, que antes estaba abierto al público, ahora permanece cerrado.

1

2

1. La base de acero forma una arcada parecida a un claustro que rodea el edificio.
2. Vistas generales (también página siguiente).

Fotografía cortesía de Johnson Fain (1, pág. sig.); Colección G. Binder/Buildings & Data SA (2).

Ubicación: San Francisco, California, Estados Unidos
Fecha de finalización de la obra: 1972
Arquitecto: William L. Pereira Associates
Cliente: Transamerica Corporation
Ingeniería de estructuras: Chin y Hensolt Inc.
Ingeniería mecánica: Simonson & Simonson
Arquitecto paisajista: Anthony M. Guzzardo & Associates

Diseño de interior: Morganelli-Heumann & Associates
Contratista general: Dinwiddie Construction Company
Altura: 260 m (incluidos los 64,6 m de aguja)
Plantas por encima del suelo: 48
Sótanos: 3
Uso: oficinas
Superficie del edificio por encima del suelo: 49.237 m²

Superficie de una planta típica: 188-1.953 m²
Plazas de aparcamiento: 280
Principales materiales estructurales: hormigón que encierra barras reforzadoras de acero
Otros materiales: añadidos de cuarzo blanco prefabricado
Coste: 32 millones de dólares americanos

Shenzhen Special Zone Press Tower

La Shenzhen Special Zone Press Tower es la sede central del diario local más importante. Esta torre de 48 plantas mide 260 m hasta el mástil. Entre las plantas 9 y 40 se encuentran las oficinas; las plantas 41 y 42 están reservadas al club y las salas de conferencias; y el podio de cuatro plantas alberga el espacio de exposiciones y un auditorio con 700 asientos.

El lugar está estratégicamente situado al oeste del nuevo CBD de Shenzhen y es colindante al Shennan Boulevard, una de las arterias principales de la ciudad. En respuesta a la evolución futura en el nuevo CBD, esta expresión arquitectónica modernista de la torre incluye una línea inclinada, un globo y una galería como un barco, como reflejo de los deseos del cliente. La torre tiene una planta típica de dos núcleos centrales, lo que permite dividir el espacio con libertad y da una gran flexibilidad para que las plantas alberguen grandes diseños abiertos y unidades más pequeñas. Cada tres plantas hay un jardín compartido. La esfera de cristal alberga la sala de reuniones de la junta, de 12 m de alto. Esta galería en forma de barco frente al podio proporciona un generoso espacio exterior semiabierto con una sensación de cultura tropical.

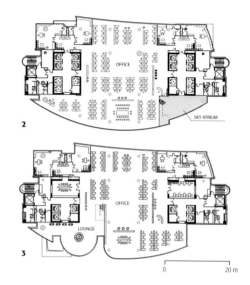

2

3

0   20 m

1

4

1. Vista de la plaza frontal.
2. Plano de planta típica de oficinas.
3. Plano de planta 38.
4. Claraboya de la entrada principal.
5. Vestíbulo interior.
6. Vista de la torre desde el sur.
7. Sección.

Fotografía cortesía de The Institute of Architecture Design & Research, de la universidad de Shenzhen (SUIADR).

5

6

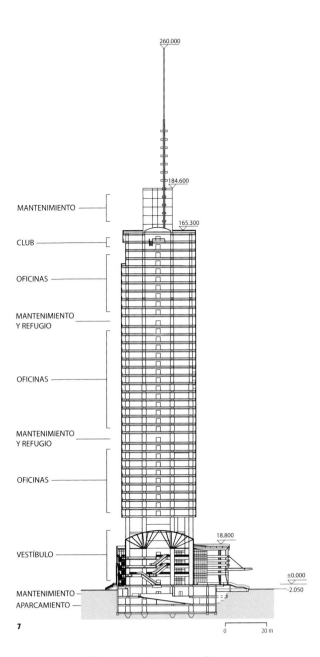

MANTENIMIENTO

CLUB

OFICINAS

MANTENIMIENTO
Y REFUGIO

OFICINAS

MANTENIMIENTO
Y REFUGIO

OFICINAS

VESTÍBULO

MANTENIMIENTO
APARCAMIENTO

260.000
184.600
165.300
18.800
±0.000
-2.050

0   20 m

7

Ubicación: Shenzhen, China

Fecha de finalización de la obra: 1998

Arquitecto: Gong Wei Min y Lu Yang, de The Institute of Architecture Design & Research de la Universidad de Shenzhen

Cliente: Shenzhen Special Zone Daily

Ingeniería de estructuras: Fu Xue Yi, de The Institute of Architecture Design & Research de la Universidad de Shenzhen

Ingeniería mecánica: Liu Wen Bin, Meng Zu Hua y Lian Jian She, Wen Yi Bing, de The Institute of Architecture Design & Research de la Universidad de Shenzhen

Arquitecto paisajista: Goang Wei Min y Lu Yang, de The Institute of Architecture Design & Research de la Universidad de Shenzhen

Contratista: China Construction Third Engineering Bureau; Shenzhen Company

Altura: 260 m (incluida la aguja)

Plantas por encima del suelo: 48

Sótanos: 3

Plantas útiles por encima del suelo: 44

Plantas mecánicas y sus números: 4 plantas, la 18, 32, 45 y sótano 1

Uso: oficinas

Superficie del lugar: 4.900 m²

Superficie del edificio por encima del suelo: 75.000 m²

Superficie de una planta típica: 1.900 m²

Plazas de aparcamiento: 270

Principales materiales estructurales: hormigón armado (estructura principal), acero (barandilla y esfera), muro cortina

Otros materiales: aluminio esmaltado, cristal, granito

Coste: 500 millones de RMB

GE Building

Las 70 plantas del GE Building (originariamente conocido como el RCA Building) forman la pieza central del Rockefeller Center, un complejo construido por John D. Rockefeller, fundador de la Standard Oil. En 1985, el New York City Landmark Preservation Committee (el comité para la conservación de los monumentos de la ciudad de Nueva York) otorgó la categoría de monumento al Rockefeller Center, haciendo referencia al edificio como «el corazón de Nueva York, una importante presencia unificadora en el caótico centro de Manhattan».

El GE Building, con su esbelta figura de 259 m de alto, marcó la aparición de una nueva forma de rascacielos. Este delgado bloque estaba basado en el principio de 8 m de profundidad de luz para que se den las condiciones de trabajo óptimas alrededor del núcleo del ascensor central. Con orientación norte-sur, el edificio presenta sus enormes y anchos lados a la calle (fue por esta razón por la que la *New York City Guide* de 1939 apodó a esta estructura como «la losa»).

El vestíbulo principal del GE Building está decorado con un inmenso mural que representa, de forma alegórica y abstracta, el progreso de la humanidad. Instalado en 1941, sus tres grandes figuras alegóricas representan el Pasado, el Presente y el Futuro, que aparecen con los pies apoyados contra las grandes columnas de mármol del vestíbulo. Entre los demás murales de la zona del vestíbulo están el *Espíritu de la danza,* instalado en 1937, y el *Triunfo del hombre en comunicaciones de radio, teléfono y telégrafo,* también instalado en 1937.

El Rockefeller Center como conjunto es uno de los centros de negocios y entretenimiento de propiedad privada más grandes del mundo, y forma parte de un complejo de 8,9 ha en el centro de la ciudad. Uno de los mejores ejemplos del estilo Art Decó, cuenta con treinta obras de grandes artistas del siglo XX. En su origen, el Rockefeller Center incluía 14 edificios y cubría 4,85 ha de tierra entre las calles 48 y 51. Hoy en día, 19 edificios ocupan casi el doble de esa superficie.

En el momento de su construcción, era uno de los proyectos más grandes jamás llevados a cabo por una empresa privada. Supuso la demolición de 228 edificios y el realojo de 4.000 inquilinos. Más de 75.000 trabajadores fueron empleados en el lugar del edificio; por cada uno de los obreros que trabajaban in situ, había dos preparando materiales en algún lugar, lo que hacía casi un total de un cuarto de millón de personas empleadas durante los peores años de la Gran Depresión.

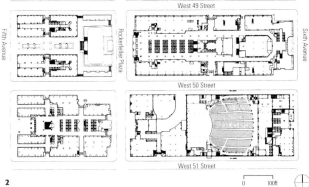

1

1. Entrada principal al GE Building.
2. Plano del lugar, con el plano de la planta baja del GE Building arriba a la derecha.
3. Vista de la «losa».
4. Postal de época con el GE Building.
5. Vista nocturna.

Fotografía: Ivan Zaknic (1); Douglas Mason (3); © The Skyscraper Museum (4); Bart Barlow (5).

2

Ubicación: Ciudad de Nueva York, Nueva York, Estados Unidos

Fecha de finalización de la obra: 1933

Arquitecto: Associated Architects (Reinhard & Hormeister; Corbett, Harrison & Maurray; Raymond Hood, Godley & Foulihoux)

Promotor: John D. Rockefeller Jr.

Constructora: Hegeman-Harris Company

Altura: 259 m

Plantas por encima del suelo: 70

Uso: oficinas, estudios de televisión y restaurante

Superficie del lugar: 8,9 ha (todo el emplazamiento del Rockefeller Center)

Superficie del edificio por encima del suelo: 195.090 m²

Principales materiales estructurales: acero

Otros materiales: granito, fachada de piedra caliza de Indiana, paneles de aluminio

3

4

5

Torre Chase

Este edificio de 60 plazas (en su origen conocido como One First National Plaza) fue el precursor de la explosión del desarrollo del centro de Chicago. La Chase Tower, que nació de la necesidad de tener un espacio grande e ininterrumpido para bancos en la calle o cerca de ella, tiene las instalaciones completas de banco, oficinas bancarias, espacio para inquilinos, y también cafetería, cocina, restaurante y teatro.

La forma de esta torre de 259 m se desliza hacia arriba desde el nivel de calle en una única curva menguante. El edificio pasa de los 61 m de la base a los 29 m de la parte superior. La longitud este-oeste total es de 91,5 m. El diseño de la amplia base proporciona una resistencia eficaz contra las fuerzas horizontales del viento. Para conseguirlo, las cargas del piso de arriba son transmitidas a las columnas exteriores de debajo en armaduras de dos pisos a la altura de la planta 40 y se omiten las columnas interiores de la planta 39. Las cabinas de ascensor, las escaleras, los conductos principales y las tuberías están albergados en los núcleos de servicio, situados en ambos extremos del edificio para permitir que haya el máximo espacio abierto en las plantas del banco.

La naturaleza del edificio dictó el uso de acero estructural, que ofrece la solución más práctica y la única económicamente viable. En el edificio se utilizaron más de 40.000 toneladas de acero, 10.000 toneladas de capacidad de aire acondicionado y unos 48.200 km de cable.

La estructura de acero está revestida de granito gris perla procedente de una cantera del centro sur de Texas. Las torres de refrigeración están encerradas en una hilera de buhardillas independientes que hay en la parte superior de la torre. En el revestimiento del edificio se utilizaron más de 16.000 toneladas de piedra, para un total de 20.000 baldosas. En su época este edificio marcó un antes y un después en la construcción. El granito también se utilizó en la plaza y las aceras, y en el vestíbulo del banco de dos pisos de la entreplanta.

La plaza exterior tiene dos niveles y ocupa la mitad de una manzana. Fuentes, ajardinamiento y una importante obra de Marc Chagall, *Las cuatro estaciones*, llenan la plaza. La obra de Chagall es un mosaico arquitectónico enorme de 21 m de largo, 4 m de alto y 3 m de ancho, cubierto por un mural de cerámica brillante y diseñado como regalo al pueblo de Chicago.

1. *Plano de planta típica, plantas 43-55.*
2. *Alzados.*
3. *Vista general.*
4. *La forma curva comienza en el nivel de calle.*
5. *En la plaza exterior luce la obra de Marc Chagall.*

Fotografía de Hedrich-Blessing, cortesía de Murphy/Jahn, Inc.

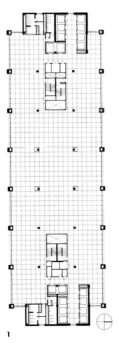

1

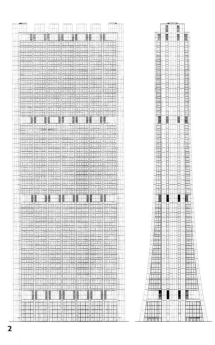

2

3

4

5

Ubicación: Chicago, Illinois, Estados Unidos

Fecha de finalización de la obra: 1969

Arquitecto: CF Murphy Associates (hoy, Murphy/Jahn, Inc.); Perkins + Will Partnership (consorcio)

Cliente: The First National Bank of Chicago

Ingeniería de estructuras: CF Murphy Associates (hoy, Murphy/Jahn, Inc.); Perkins + Will Partnership

Contratista: Gust K. Newberg Construction Company

Altura: 259 m

Plantas por encima del suelo: 60

Plantas mecánicas y sus números: 4 plantas, la 3, 23, 40 y 58

Uso: oficinas

Superficie del edificio por encima del suelo: 203.592 m²

Principales materiales estructurales: acero

Otros materiales: hormigón, granito, cristal

Coste: 117 millones de dólares americanos

Capital Tower

La Capital Tower emerge como un referente visual que marca el límite sur del CBD de Singapur y contribuye a la continuación de la transformación del centro de la ciudad de Singapur en centro financiero de importancia internacional.

El diseño integra las funciones programáticas de la torre y del parque urbano en un único complejo integrado, entretejido con el tejido urbano. El parque urbano no es ni un refugio aislado, ni un simple proscenio para la torre; se yergue como un componente activo del cinturón verde a lo largo de este concurrido cruce.

La forma de la torre es un bloque de 52 plantas que surge del plano predominantemente horizontal de la plaza urbana. Reforzada por el tratamiento y elección de los materiales de la fachada, se alza como una forma rectilínea hasta la planta 35 y, en adelante y hasta la cumbre, se inclina gradualmente, formando un coronamiento ligero del edificio.

Las funciones en el interior de la torre están divididas en cuatro zonas. Los aparcamientos y las oficinas inferiores, intermedias y superiores están intercalados con plantas de ocio y plantas

mecánicas, incluido un vestíbulo de ascensor lanzadera. En el segundo nivel hay un apartado exclusivo VIP, cerca del vestíbulo del ascensor VIP de acceso privado al edificio. La planta 9 ofrece a los ocupantes un rápido y adecuado acceso a las instalaciones de ocio y negocio, entre las que se encuentran un auditorio con capacidad para 230 personas, salas de conferencia, salas de lectura, gimnasio, spa, piscina y una clínica. Los comercios, que incluyen un banco, una cafetería, una floristería y una tienda de vinos, están situados en la planta primera del edificio.

El ático de la planta 52 está diseñado como una zona exclusiva de restaurante/salón para ejecutivos. El desplazamiento de la mayor parte de los servicios mecánicos, que convencionalmente se sitúan en el último piso de un edificio, a un piso de abajo hace que sea posible sacarle el máximo provecho a las excelentes vistas que ofrece el tejado. Por consiguiente, el salón del ático, con su estructura diáfana libre de columnas y una fachada acristalada sin marco de 16 m de alto, ofrece una vista panorámica de 360° de la isla. Las armaduras arqueadas de acero inoxidable que sustentan la fachada de cristal están colocadas por el exterior, lo que permite la plena utilización del espacio interior sin el estorbo de estructuras de ningún tipo.

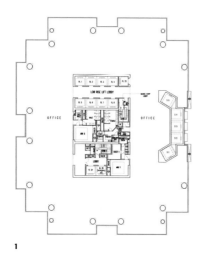

1

2

3

Ubicación: Singapur, Singapur
Fecha de finalización de la obra: 2000
Arquitecto: RSP Architects Planners & Engineers (Pte.) Ltd.
Cliente: HSBC Institutional Trust Services (Singapur), Ltd., como fideicomisario de CapitaCommercial Trust
Ingeniería de estructuras: Maunsell Consultants (Singapur) Pte. Ltd.
Ingeniería mecánica: Parson Brinckerhoff Consultants (Pte.) Ltd.
Arquitecto paisajista: PDAA Design Pte. Ltd.
Contratista: Ssangyong Engineering & Construction Pte. Ltd.

Promotor: Capital Tower Pte. Ltd. (filial de CapitaLand)
Director de proyecto: Pidemco Land Ltd. (hoy, CapitaLand Commercial Project Management Pte. Ltd.)
Altura: 258 m
Plantas por encima del suelo: 52
Sótanos: 1
Plantas útiles por encima del suelo: 52
Plantas mecánicas y sus números: 4 plantas, la 21, 36, 51 y el sótano
Uso: oficinas, tiendas

Superficie del lugar: 7.109,8 m²
Superficie del edificio por encima del suelo: 92.710 m²
Superficie de una planta típica: 1.994 m² (inferior); 1.849 m² (intermedia); 1.259 m² (superior)
Plazas de aparcamiento: 415
Principales materiales estructurales: acero, hormigón armado, bondeck
Otros materiales: exterior de granito, muro cortina de aluminio esmaltado; interior de granito, baldosas de cerámica, acero inoxidable, panelado de madera
Coste: 317 millones de SGD

4

1. *Plano de planta típica, parte inferior.*
2. *Plano de planta típica, parte intermedia.*
3. *Plano de planta típica, parte superior.*
4. *Vista general.*
5-6. *Detalles de la fachada.*

Fotografía: © Albert Lim KS.

5

6

152

Park Tower

Elegantemente diseñada para asumir un lugar preeminente en la Milla de Oro de Chicago, la Park Tower combina con inteligencia un elegante hotel con una zona con viviendas en el extremo superior que da servicio a múltiples mercados. Todas las vistas, tanto del hotel como de las residencias, son ininterrumpidas y ofrecen una visión sin igual del lago Michigan y del maravilloso *skyline* de Chicago.

Las primeras 20 plantas están ocupadas por las 203 habitaciones del Park Hyatt Hotel, el buque insignia de esta cadena afincada en Chicago. Situada junto a la histórica Water Tower de Chicago, la Park Tower se encuentra a poca distancia de los museos más importantes, tiendas de lujo y restaurantes. Las plantas que hay por encima del hotel están dedicadas a grandes viviendas, entre las que se encuentran ocho áticos. Todas las comodidades y servicios del hotel están disponibles para los residentes.

Uno de los mayores desafíos arquitectónicos del edificio fue el de coordinar el diseño de la base con las potenciales unidades personalizadas de los compradores. Todas las unidades se vendieron un año antes de que se terminara la torre, lo que refleja la capacidad de respuesta del diseño del proyecto a los estudios de mercado.

El edificio está revestido de piedra caliza color beis y coronada por un tejado de cobre en pendiente. Debido a su gran altura y esbeltez, el balanceo del edificio planteaba un desafío, que fue solucionado con un amortiguador de 300 toneladas instalado bajo el tejado. Elementos clásicos de diseño, como retranqueos y columnas, suavizan la verticalidad del edificio y a distintas alturas existen muestras de elementos de contexto.

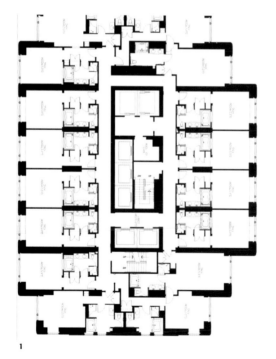
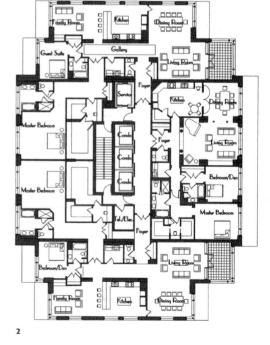

1 **2**

1. *Plano de planta de hotel típica.*
2. *Plano de planta de viviendas típica.*
3. *Vista general.*
4. *Detalle de la fachada.*
5. *Entrada a la zona de viviendas al anochecer.*

Fotografía: Anthony May (3, 5); Barbara Karant (4).

3

4

5

Ubicación: Chicago, Illinois, Estados Unidos

Fecha de finalización de la obra: 2000

Arquitecto: Lucien Lagrange Architects

Arquitecto de obra: HKS, Inc.

Cliente: Hyatt Development Corporation; LR Development Company

Ingeniería de estructuras: Chris Stefanos & Associates

Ingeniería mecánica: Environmental Systems Design, Inc.

Consultoría para el transporte vertical: Greg Davis & Associates

Arquitecto paisajista: Daniel Weinbach and Partners, Ltd.

Contratista: James McHugh Construction Company

Dirección de proyecto: John Ryden (de Hyatt); Kerry Dickinson (de LR Development)

Altura: 257,3 m (hasta el extremo de la aguja); 252,2 m (hasta el parapeto del tejado)

Plantas por encima del suelo: 70

Sótanos: 1

Plantas útiles por encima del suelo: 68

Plantas mecánicas y sus números: 6 plantas, la 8, 9, 19, 19T (69 y 70 dentro del tejado)

Uso: residencia, hotel, tiendas, restaurante, aparcamiento, spa

Superficie del lugar: 2.613 m²

Superficie del edificio por encima del suelo: residencias, 44.128 m²; hotel, 17.930 m²; tiendas, 1.858 m²; aparcamiento, 8.547 m²

Superficie de una planta típica: 898 m²

Módulo base del proyecto: 4,1 m (hotel)

Plazas de aparcamiento: 200 plazas de aparcamiento integradas dentro y en otro edificio colindante

Principales materiales estructurales: hormigón armado

Otros materiales: revestimiento de hormigón prefabricado arquitectónico, piedra caliza, granito

Coste: 94,65 millones de dólares americanos

MesseTurm

Cuando se construyó el MesseTurm, con una altura de 256,5 m, era el edificio más alto de Europa. Esta altura fue el resultado de varios factores, entre otros, del reglamento alemán para los lugares de trabajo, que determinaba que un trabajador de oficina debía estar en las cercanías de una ventana. Este requerimiento redujo el tamaño del espacio que rodeaba el núcleo central. La «puerta» que la torre forma a nivel de calle, y la punta piramidal, en la que están las torres de refrigeración, también contribuyen a la altura.

Arquitectónicamente, la torre continúa la estela de los grandes rascacielos americanos de los años veinte y treinta, en lugar de seguir a los más modernos de los últimos años que componen el *skyline* de Fráncfort hoy. La rigurosa geometría que gobierna su silueta comienza en planta con un cuadrado de 42 m y revestimiento de granito. Dentro de este cuadrado hay inscrito un círculo revestido de cristal. El círculo –en volumen, un cilindro– es visible por encima de la puerta, en las esquinas melladas y en la parte de arriba, donde desaparece el revestimiento de granito del cuadrado. El cilindro de cristal retranquea

en dos ocasiones justo antes del coronamiento piramidal y está articulado por recovecos de ventana rítmicamente alternados. Por encima de esto aparece la pirámide escalonada en tres. Las esquinas de la pirámide están centradas con los lados de la torre, donde una hilera de ventanas triangulares salientes se alza desde el ápice de la puerta hasta lo alto de la torre.

El vestíbulo de entrada es un cilindro de cristal claro rodeado por poderosas columnas que sustentan el núcleo central. Presenta seis ascensores lanzadera en un marco abierto que conducen hasta el vestíbulo superior, desde el que doce ascensores llevan a los ocupantes a sus respectivas plantas.

El edificio está construido con hormigón, con una fachada de columnas de granito rojo pulido mezclado con rayas flameadas y bandas de aluminio perfilado en todas las plantas. El cristal es cristal reflectante plateado. El color de los marcos de las ventanas y los travesaños es pintura cocida beis-plata metálico.

1

1. Entrada principal.
2. Vista general.
3. Sección.
4. Plano de planta 57, planta de oficinas más alta.
5. Plano de plantas 48-56.
6. Plano de plantas 9-28.
7. Plano de planta baja.

Fotografía de Roland Halbe.

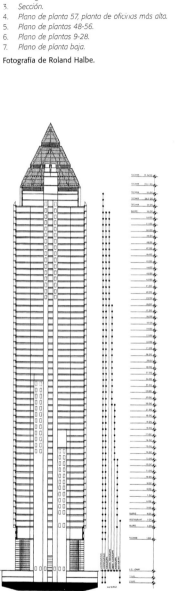

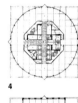

4

5

6

7

2   3   7

Ubicación: Fráncfort, Alemania
Fecha de finalización de la obra: 1990
Arquitecto: Murphy/Jahn, Inc.
Cliente: Messe Frankfurt GmbH
Ingeniería de estructuras: Dr. Ing. Fritz Noetzold
Ingeniería mecánica: Brendel Ingenieure GmbH
Consultoría para el transporte vertical: Jappsen & Stangier GmbH
Contratista general: Hochtief AG
Promotor: Tishman Speyer Properties

Altura: 256,5 m
Plantas por encima del suelo: 63
Sótanos: 2
Plantas útiles por encima del suelo: 60
Plantas mecánicas: 3
Uso: oficinas
Superficie del edificio por encima del suelo: 85.000 m²
Principales materiales estructurales: hormigón
Otros materiales: granito, aluminio, cristal

Highcliff

Highcliff es un edificio residencial de gran altura, de 73 plantas, situado en un lugar aterrazado de la isla de Hong Kong. El edificio ya ha sido galardonado con tres grandes premios: el Premio a la Excelencia en Ingeniería otorgado por el Consejo Americano de Empresas de Ingeniería (el ACEC en sus siglas inglesas) en 2004, la medalla de plata en el premio Emporis Skyscraper, y el premio a la estructura más innovadora otorgado por la Asociación de Ingenieros Estructurales de Illinois en 2004.

Según el arquitecto, lo que determinó la forma global del edificio es el esquema de las plantas, distribuido en apartamentos individuales. Por tanto, la gran altura es una consecuencia lógica del proceso de diseño, y no un objetivo que había que cumplir.

El diseño evita las muestras superficiales de lujo. La generosidad de la planificación hace que éstas sean particularmente inadecuadas e innecesarias: los apartamentos son grandes, con acristalamiento en toda su anchura. Las zonas comunes también son espaciosas y majestuosas. Como un edificio genuinamente lujoso, el Highcliff no necesita el «camuflaje ornamental» característico de muchas residencias privadas en Hong Kong. Aunque se trata de una estructura espectacular y sorprendente, el énfasis está puesto en la simplicidad visual, evitando la ostentación.

La planta, que consta de dos elipsis superpuestas, ofrece un buena distribución espacial de los apartamentos y permite su iluminación natural. La forma aerodinámica, resultante del esquema de planta elíptica, mitiga los efectos del viento que, en este proyecto ubicado en una ladera, son considerables. Highcliff experimenta tensiones producidas por el viento inferiores a las que experimentaría un edificio rectangular de altura parecida. El amortiguamiento no utiliza sistemas ni eléctricos ni mecánicos. El agua del interior de una serie de tanques interconectados en la azotea actúa de enorme y dinámico contrapeso contra las oscilaciones que se producen sobre todo durante los tifones que con periodicidad se dan en Hong Kong. El uso de un sistema de amortiguamiento pasivo evita la innecesaria complejidad y los altos costes de mantenimiento de los sistemas hidráulicos alternativos.

La fachada está revestida con un muro cortina. Así, además de la erosión, éste evita los problemas endémicos de la mampostería cementada y los acabados vítreos que, por lo general, se deterioran. La necesidad de andamios para el mantenimiento, con sus riesgos asociados para la seguridad y la salud, se obvian gracias al uso de una góndola automatizada en inspecciones exteriores y reparaciones.

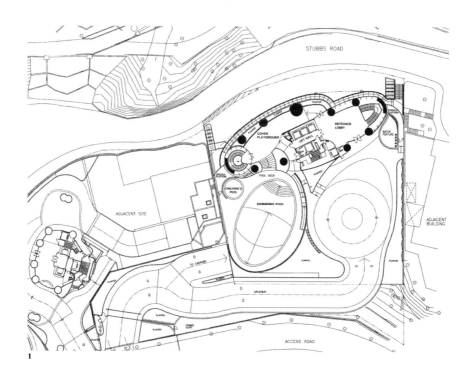

1

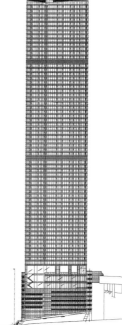

1. *Plano de distribución del lugar.*
2. *Vista interior del vestíbulo principal.*
3 y 4. *Alzado exterior.*
5. *Alzado frontal.*

Fotografía de Frankie FY Wong.

2

3

4

5

Ubicación: Hong Kong, China

Fecha de finalización de la obra: 2002

Arquitecto: Dennis Lau & Ng Chun Man Architects & Engineers (Hong Kong) Limited

Cliente: Highcliff Investment Ltd.; Central Development Ltd.

Ingeniería de estructuras: Canwest Consultant (Int'l) Ltd.

Ingeniería mecánica: Skilling Ward Magnusson Markshire Inc.

Ingeniería de servicios: Associated Consulting Engineers, Hong Kong

Consultoría para el muro cortina: CDC Ltd.

Arquitecto paisajista: ADI Ltd.

Contratista: Híp HIng Construction Co. Ltd.

Dirección de proyecto: Central Development Ltd.

Altura: 253,4 m

Plantas por encima del suelo: 73

Sótanos: 0

Plantas útiles por encima del suelo: 71

Plantas mecánicas y sus números: 3 plantas, la 71, 72 y 73

Uso: residencia

Superficie del lugar: 4.366 m²

Superficie del edificio por encima del suelo: 34.922 m²

Superficie de una planta típica: 600 m² (aproximadamente)

Plazas de aparcamiento: 298

Principales materiales estructurales: hormigón de alta resistencia

Otros materiales: sistema de muro cortina puesto en unidades

Coste: 128 millones de dólares americanos

HarbourSide

El HarbourSide forma parte de la Union Square, una ampliación integral encima de la estación Kowloon. Consiste en tres torres, de 65 plantas residenciales, sobre un podio con un aparcamiento de cinco plantas y la sede del club que tiene dos plantas. La superficie total es de unos 129.000 m², repartida en 1.122 unidades residenciales. El tamaño de estas unidades residenciales varía desde los 90 m² de las de dos habitaciones, hasta los más de 240 m² de los áticos.

El diseño se ajusta al esquema general del plan maestro, con una fachada curvilínea que aprovecha su emplazamiento único con vistas panorámicas del puerto en su fachada sur hacia el Hong Kong Central y el Union Square Central Park en su lado norte. La principal caída se encuentra a nivel del techo del podio, que alberga vestíbulos de cristal ondulado. En la parte sur del tejado del podio hay una zona de recreo con una piscina y un jardín. Una escultura de mármol italiano encargada especialmente actúa como foco del jardín de la planta de entrada en el lado norte.

El HarbourSide es uno de los rascacielos más anchos del mundo. Cuatro aperturas verticales rompen la escala de la fachada y mitigan la importante tensión del viento que se crea en una estructura así de ancha. Estas aperturas también proporcionan una ventilación natural para las unidades al aire libre con aire acondicionado ocultas dentro de los dos grandes pozos de luz entre los bloques del edificio.

Los elementos de acero inoxidable de la fachada reflejan la luz del sol, creando un efecto similar al de las olas del mar.

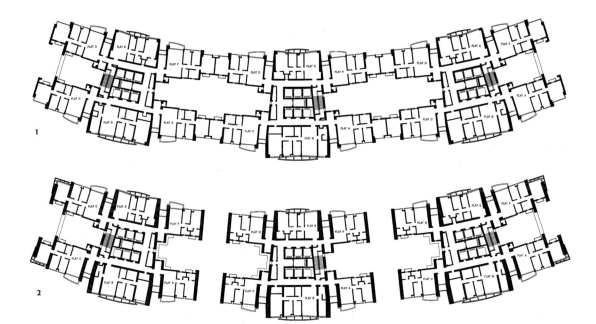

1. *Plano de planta típica, plantas 63-71.*
2. *Plano de planta típica, plantas 19-25.*
3 a 5. *Vistas generales y de detalle.*
Fotografía cortesía de P & T Architects and Engineers Ltd.

3

4

5

Ubicación: Hong Kong, China
Fecha de finalización de la obra: 2004
Arquitecto: P & T Architects & Engineers Ltd.
Cliente: Hang Lung Properties Limited
Promotor: Mass Transit Railway Corporation; Hang Lung Properties Limited
Ingeniería de estructuras: Ove Arup & Partners Hong Kong Limited
Ingeniería mecánica: Parsons Brinckerhoff (Asia) Limited
Dirección de proyecto: Hang Lung Project Management Limited

Arquitecto paisajista: Belt Collins International (Hong Kong) Limited
Contratista: Hip Hing Construction Co. Ltd.
Altura: 251 m
Plantas por encima del suelo: 73
Sótanos: 0
Plantas útiles por encima del suelo: 67
Plantas mecánicas y sus números: 2 plantas, la 26 y la 53
Uso: residencia

Superficie del lugar: 13.386 m²
Superficie del edificio por encima del suelo: 128.845 m²
Superficie de una planta típica: 930 m² (aproximadamente)
Plazas de aparcamiento: 864
Principales materiales estructurales: hormigón armado
Otros materiales: exterior de cristal tintado, revestimiento de metal, azulejos
Coste: 282 millones de dólares americanos

Condé Nast Building– Four Times Square

El Condé Nast Building-Four Times Square es el eje central del plan maestro preparado por la 42nd Street Development Corporation, un consorcio mitad público mitad privado creado para fomentar la modernización de este tradicional corazón de Manhattan.

Diseñado por Fox & Fowle Architects (hoy FXFOWLE ARCHITECTS), el edificio ocupa un lugar importante en la esquina noreste de Brodway y la calle 42, sentándose a horcajadas de varios espacios urbanos importantes con diferentes identidades. Su diseño abraza la esencia de Times Square a la vez que satisface las necesidades de las empresas inquilinas: un matrimonio de éxito entre la cultura pop y los estándares corporativos.

Diseñado con dos orientaciones distintas, los lados norte y oeste del edificio reflejan el entorno dinámico de Times Square y están revestidos fundamentalmente de metal y cristal; mientras que la fachada este y la de la calle 42, un tratamiento de mampostería a escala y con textura, presenta una personalidad más compleja, adecuada al contexto empresarial del centro y el estilo refinado del Bryant Park. Un aumento del 30% del emplazamiento original del edificio ha permitido a los arquitectos emplear retranqueos del volumen, y así el edificio evoluciona desde una base que ocupa toda la calle a una torre retranqueada. A medida que asciende el cuerpo principal del edificio, el *collage* de volúmenes y superficies va transformándose en una estructura compuesta que culmina con una parte superior muy dinámica. Esta parte superior refleja el principal sistema sustentante estructural y, con sus 21 m² de publicidad y torre de comunicación, expresa en un estilo muy tecnológico la localización del proyecto en la Encrucijada del Mundo.

El Condé Nast Building-Four Times Square es un edificio responsable con el medio ambiente. Todos los sistemas y tecnologías de construcción del edificio han sido evaluados para comprobar el impacto que tienen sobre la salud de los ocupantes, su sensibilidad ambiental y la reducción del consumo de energía, lo que hace que éste sea el primer proyecto de este tamaño en adoptar los más avanzados estándares para la conservación de energía, la calidad del aire interior, sistemas de reciclaje y procesos de manufacturación sostenibles.

El Condé Nast Building recibió el Premio de Honor del Instituto Americano de Arquitectos de Nueva York en el año 2000, el Premio Estrella de Energía Eficiente concedido en 1999 por la Alianza para el Ahorro de Energía, y el Premio al Mayor Logro de 2000 otorgado por la Sociedad Audubon de Nueva York. Y la prensa sigue refiriéndose a él actualmente como la primera torre verde o ecológica de Estados Unidos.

1

2

1. *Vista de contexto.*
2. *Detalle de la fachada.*
3. *Las fachadas norte y oeste están revestidas con metal y cristal.*
4. *Plano de planta superior, planta 48.*
5. *Plano de planta intermedia, planta 11.*
6. *Tratamiento de mampostería en la fachada.*

Fotografía: David Sundberg/Esto (1, 6); Jeff Goldberg/Esto (2, 3).

3

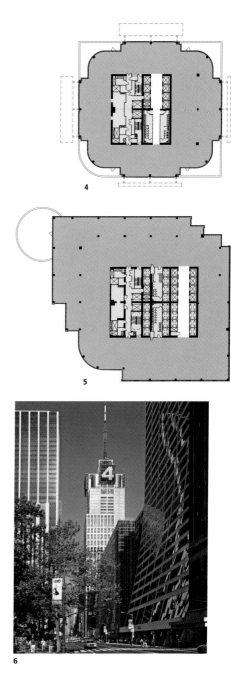

4

5

6

Ubicación: Ciudad de Nueva York, Nueva York, Estados Unidos

Fecha de finalización de la obra: 1999

Arquitecto: Fox & Fowle Architects, PC (hoy, FXFOWLE ARCHITECTS, PC)

Cliente: The Durst Organization

Ingeniería de estructuras: Cantor Seinuk Group

Ingeniería mecánica: Cosentini Associates

Consultoría para el transporte vertical: Van Deusen & Associates

Contratista: Tishman Construction Corporation

Promotor: The Drust Organization

Altura: 213,5 m hasta el suelo del tejado (principal) de la planta 49; 223,6 m hasta el tejado de brazos cruzados de acero y mamparo; 242,8 m hasta la parte superior del «cubo» de acero; 246,6 m hasta lo alto del acero en el exterior de la torre n.º 1; 340,7 m, torre New Broadcast

Plantas por encima del suelo: 48 plantas más 3 plantas de mamparo

Sótanos: 2

Plantas útiles por encima del suelo: 47 plantas alquilables

Plantas mecánicas y sus números: 3 plantas, la bodega, la 4 y la 48

Uso: oficinas

Superficie del lugar: 148.640 m²

Superficie de una planta típica: van desde los 2.276 m² (parte superior) a los 4.115 m² (parte inferior)

Módulo base del proyecto: 1,5 m

Principales materiales estructurales: acero

Otros materiales: muro cortina de granito de Oconee; base del edificio de granito de Oconee y de Grand Caledonia; paredes del vestíbulo de piedra caliza y granito de Grand Caledonia; suelo de granito de Juparana Columbo

Edificio Woolworth

Fran K. Woolworth tenía un gran sueño: construir el edificio más alto del mundo y que llevase su nombre. En sus visitas a Londres, quedó impresionado por las Casas del Parlamento y pidió a Cass Gilbert, un arquitecto americano que había estudiado en Europa, que diseñase un edificio de oficinas en un estilo similar al gótico, con agujas, gárgolas, arbotantes, tracerías en piedra y demás ornamentación. Cuando fue terminado, el edificio Woolworth se llamó la «catedral del comercio» y la «reina de Manhattan», por su arquitectura adornada.

Una obra maestra excepcional del período artístico ecléctico americano, el edificio Woolworth se levanta 241 m sobre Broadway y consta de 57 plantas y 3 pisos de sótano. El edificio presenta una base con forma de U, de 29 plantas de alto, sobre la cual se alza la torre cuadrada con varios retranqueos. La parte superior es un coronamiento con pináculos y gárgolas, una de las cuales representa a Cass Gilbert con una maqueta de su edificio.

El coste total de este edificio neogótico, que se terminó de construir en 1913, fue de 13,5 millones de dólares. Fue pagado al contado ya que Woolworth no quería abrir una hipoteca, ejerciendo así el mismo principio que sus clientes, que pagaban en monedas de cinco y diez centavos. Hasta nuestros días ha estado casi siempre alquilado por completo y nunca ha cambiado de propietarios. Hasta 1930, momento en el que se terminó el Chrysler, el Woolworth era el edificio más alto del mundo.

La estructura está cubierta con bloques de terracota policromada, considerada en aquel momento uno de los materiales más duraderos debido a su barniz vítreo impermeable. Tanto el interior como el exterior presentan temas góticos por todas partes, incluidos los suelos de terrazo pulido, mármol italiano, frisos y elementos decorativos dorados.

Para los cimientos se optó por cajones neumáticos, con una profundidad media de 33 m hasta la roca madre. Las vigas de acero eran tan pesadas que los inspectores tuvieron que comprobar que las calles eran lo suficientemente seguras como para que no se derrumbasen. La torre también fue preparada con riostras especiales para vientos de más de 300 km/h de velocidad.

El edificio Woolworth fue el primero que tuvo su propia planta de energía, que generaba energía suficiente para cinco mil personas. El sistema de ascensores de alta velocidad, que comprendía 30 cabinas, también era entonces el mejor del mundo y podía ascender a 213 m por minuto.

En 1981 se llevó a cabo una restauración importante de 20 millones de dólares, que incluía la sustitución de 26.000 unidades de terracota seriamente dañadas por hormigón arquitectónico prefabricado iguales que los originales en el color y los detalles.

1

2

Ubicación: Ciudad de Nueva York, Nueva York, Estados Unidos
Fecha de finalización de la obra: 1913
Arquitecto: Cass Gilbert
Arquitecto de la restauración: Ehrenkrantz Group & Eckstut
Cliente: Frank W. Woolworth
Ingeniería de estructuras: Gunvald Aus
Contratista para la restauración: Turner Construction Co.
Altura: 241 m

Plantas por encima del suelo: 57
Sótanos: 3
Uso: oficinas
Superficie del edificio por encima del suelo: 120.770 m²
Principales materiales estructurales: acero
Otros materiales: bloques de terracota policromada
Coste: 13,5 millones de dólares (en 1913)

1. *Detalle de la fachada.*
2. *El edificio Woolworth tras la restauración de 1981.*
3. *Vista del edificio Woolworth con el Transportation (166 m de alto, 1927) a la izquierda.*
4. *Vista desde el nivel de calle.*

Fotografía cortesía de Ehrenkratz Eckstut & Kuhn Architects (1, 2); reproducción tomada del King's Views of New York, Manhattan Post Card Company, Nueva York, 1926, Colección G. Binder/Buildings & Data SA (3); cortesía de Wiss, Janney, Elstner Associates, Inc. (4).

3

4

Torre Roppongi Hills Mori

La Torre Mori, de uso mixto y 54 plantas, es el centro del proyecto Roppongi Hills, de 11 ha de superficie, situado en un importante barrio de ocio y negocios de Tokio. Ubicado junto a la Roppongi Dori, una carretera arterial de la capital nipona, el edificio alberga más de 279.000 m² dedicados a oficinas; el Tokyo City View, una zona pública con vistas de 360°; instalaciones para encuentros y aprendizaje culturales; el club privado Roppongi Hills; y el museo Mori de arte contemporáneo, con su privilegiado emplazamiento en el coronamiento de la torre.

La forma de la torre procede de tradiciones del diseño japonés, donde abigarradas formas naturales están expresadas mediante modelos geometrizados. Este traslado crea un muro cortina de cristal y acero facetado que se va abriendo a medida que uno se mueve alrededor del proyecto. El museo de la azotea está concebido para atraer a un gran número de visitantes, en una ratio estimada de incluso veinte mil al día.

El edificio tiene la huella de gran altura más grande del mundo, y aproximadamente 5.500 m² están reservados para oficinas en las plantas 7 a 48. El edificio ofrece instalaciones de vanguardia con una red de información ultrarrápida y está construido de acuerdo con un diseño completo resistente a los terremotos que proporciona la seguridad más innovadora.

El encargo requería que la torre Mori fuese mucho más funcional de lo que traslucía su aspecto de negocios. Para plasmar los nobles objetivos culturales de la visión del promotor, el arquitecto dio el audaz paso de incorporar las espectaculares vistas de la ciudad de Tokio en un esquema artístico global. Al emplazar el centro de arte Mori en los cinco pisos superiores, KPF pudo integrar el museo de arte Mori, una plataforma de observación, la cubierta aérea de la azotea y una academia de enseñanza, de forma que el visitante puede experimentar el constante y dinámico cambio que es Tokio como obra de arte virtual.

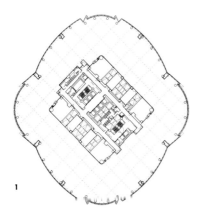

1

2

1. *Plano de planta típica.*
2. *Detalle de la torre.*
3. *Sección.*
4. *Vistas de las tiendas.*
5. *Vista de la plaza pública con la entrada a la torre.*
6. *Vista de contexto.*
7. *Vista de la torre Mori.*

Fotografía: HG Esch (2); Kohn Pedersen Fox Associates PC (4-7).

Ubicación: Tokio, Japón
Fecha de finalización de la obra: 2003
Arquitecto de diseño: Kohn Pedersen Fox Associates PC
Arquitecto asociado: Mori Biru Architects & Engineers, Tokio
Cliente: Mori Building Company Ltd.
Ingeniería de estructuras: ARUP
Ingeniería mecánica: Mori Building Company Ltd.; Erie Miyake Architects & Engineers
Arquitecto paisajista: EDAW

Contratista: Mori Building Company Ltd.
Altura: 238 m
Plantas por encima del suelo: 54
Sótanos: 6
Plantas útiles por encima del suelo: 53
Plantas mecánicas y sus números: una planta, la 54
Uso: oficinas, museo, plataforma de observación abierta al público
Superficie del lugar: 11,6 ha (el conjunto Roppongi Hills entero)

Superficie del edificio por encima del suelo: 310.679 m²
Superficie de una planta típica: 5.574 m²
Módulo base del proyecto: 1,8 m
Plazas de aparcamiento: 2.450 (subterráneas)
Principales materiales estructurales: hormigón armado
Otros materiales: muro cortina de aluminio pintado, metal y cristal; paneles de hormigón prefabricado pintado; granito Jet Mist, paneles de metal, acero inoxidable y cristal claro
Coste: 2.450 millones de dólares americanos (el proyecto Roppongi Hills entero)

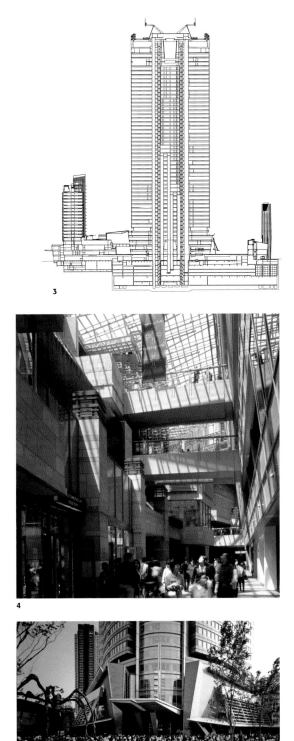

3

6

7

4

5

Torre Caja Madrid

Esta torre de oficinas, actualmente propiedad de Caja Madrid, fue concebida como sede central de la empresa española de gas y petróleo Repsol YPF (de ahí que sea conocida también como torre Repsol YPF). Cuando Repsol cambió de planes con respecto al emplazamiento de su sede, la entidad financiera Caja Madrid adquirió el edificio entero por 815 millones de euros. Obra de Foster and Partners, actualmente es el edificio más alto de España.

El edificio, de 45 plantas, se encuentra en los terrenos de la antigua Ciudad Deportiva del Real Madrid, donde la ayuntamiento de la ciudad asignó emplazamiento a cuatro torres realizadas por arquitectos internacionales (el llamado complejo Cuatro Torres Business Area, CTBA). Marca una curva en el ancho Paseo de la Castellana, la columna vertebral de Madrid, y está situado cuidadosamente para maximizar las excepcionales cualidades del lugar. Compositivamente, se puede pensar en el edificio como un arco alto con los núcleos de servicio y circulación enmarcando las plantas de oficina abierta. En la planta baja, un atrio acristalado de casi 22 m es el espacio de transición entre la calle y la torre, y alberga un auditorio «flotante» con paredes de cristal situado en una

entreplanta. En la parte superior del edificio, el espacio vacío debajo de la sección más alta del marco «portal» estaba diseñado para albergar turbinas de viento capaces de proporcionar una parte bastante significativa del suministro de energía del edificio. Se trata de una innovación señal del compromiso que tenía Repsol con el equilibrio medioambiental, indicativo de las investigaciones de la empresa en cuanto a potenciales fuentes de energía alternativa. El espacio ahora ha quedado hueco, como recuerdo del diseño original.

Las plantas de la torre cuentan con un importante grado de flexibilidad, resultante en parte de empujar los núcleos de servicio hacia los bordes del plano hasta crear plantas diáfanas de 1.200 m², sin interrupciones. Las rutas de circulación vertical ocupan un espacio mínimo gracias a un sistema de ascensores inteligente que requiere de un número inferior de cabinas que un sistema convencional. Los núcleos están situados estratégicamente de forma que obstaculizan la luz de sol directa este-oeste, un movimiento que tiene el beneficio añadido de proporcionar vistas espectaculares de las colinas de la sierra de Guadarrama hacia el norte y el centro, y de la ciudad de Madrid hacia el sur.

1

1. Vestíbulo de entrada.
2. Imagen del alzado.
3. Imagen desde el nivel de la calle, de noche.

Imágenes renderizadas cortesía de Foster and Partners.

2

3

Ubicación: Madrid, España
Fecha de finalización de la obra: 2009
Arquitecto: Foster and Partners
Arquitecto asociado: Reid Fenwick Asociados
Cliente: Repsol YPF, Caja Madrid

Ingeniería de estructuras: SGS Tecnos, S. A.
Ingeniería mecánica: Aguilera ingenieros, S. A.
Altura: 250 m
Plantas por encima del suelo: 45
Sótanos: 5
Plantas útiles por encima del suelo: 34 plantas de oficinas

Uso: oficinas
Superficie del lugar: 7.500 m²
Superficie del edificio por encima del suelo: 56.250 m²
Superficie de una planta típica: 1.200 m²

Beijing Yintai Centre

Con detalles arquitectónicos que recuerdan la arquitectura de la antigua China en un modo contemporáneo, el Beijing Yintai Center es un complejo de uso mixto global situado en el distrito de negocios central de Pekín. Las tres torres, de planta cuadrada, son estudios de diseño simple y sencillo. La torre residencial, el punto focal del proyecto, está flanqueada por dos torres gemelas de oficinas y alberga un hotel Park Hyatt de cinco estrellas con elegantes habitaciones, apartamentos de lujo y viviendas con servicio de habitaciones.

Coronando la torre residencial hay un cubo majestuoso que recuerda a los faroles chinos. Los ascensores exprés deslizan a los huéspedes hasta la parte alta, donde se encuentra la recepción del hotel en el interior del farol. Las demás funciones públicas del hotel, como el bar, el salón y el restaurante especializado también se encuentran situadas en el interior de la linterna y ofrecen unas espectaculares vistas de Pekín. El cubo es un majestuoso símbolo de la cultura china durante el día y, por la noche, un emblemático edificio que brilla.

En la parte superior del podio, un jardín de azotea une las tres torres. Más que en un intento de copiar un jardín chino tradicional, los elementos de los jardines chinos históricos están incorporados de forma simbólica. El verde frescor y el sonido del agua suponen un grato descanso con respecto a los alrededores urbanos, a la vez que realzan las formas de la arquitectura.

El podio base incluye tiendas y restaurantes especializados, salas de baile, centros de *fitness* y una piscina cubierta que conecta con las zonas de tiendas exclusivas de la parte inferior. El acceso a motor hasta el emplazamiento, vía un gran espacio monumental bajo el podio, da a cada torre su propia sensación de gran entrada. Sustentado por majestuosas columnas circulares, el patio cubierto cuenta con luz natural.

En el Beijing Yintai Centre, materiales imperecederos crean y refuerzan espacios en armonía con los alrededores urbanos. El diseño simétrico en planta da una sensación de orden que guía a peatones y conductores por igual, y el jardín y las fuentes manifiestan calma y tranquilidad. En la capital de un gran país con un rico patrimonio arquitectónico, el diseño elegante y las formas simples ofrecen una sensación de dignidad, majestuosidad y grandeza sumamente representativos del orgullo de la nueva era que vive Pekín.

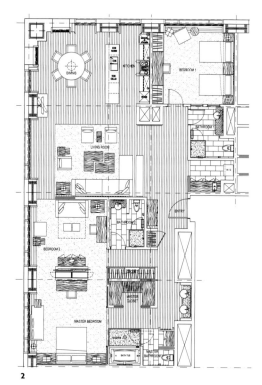

1. *Plano de planta de apartamento tipo 1.*
2. *Plano de planta de apartamento tipo 3.*
3. *Vista general.*

Imagen renderizada cortesía de John Portman & Associates.

Planos cortesía de Remedio Siembieda, Inc.

3

Ubicación: Pekín, China

Fecha de finalización de la obra: 2007

Arquitecto para el diseño inicial: John Portman & Associates

Arquitecto local: China Electronics Engineering Design Institute (CEEDI)

Cliente: Beijing Yintai Property Co., Ltd.

Ingeniería de estructuras para el diseño inicial: John Portman & Associates; LeMessurier Consultants

Ingeniería mecánica para el diseño inicial: Citadel Consulting

Consultoría para el transporte vertical del diseño inicial: Lerch Bates & Associates Inc.

Concepto diseño paisajista: Arnold Associates

Diseño paisajista final: Place Media

Concepto de diseño paisajista para el jardín de la azotea: Arnold Associates

Diseño paisajista final para el jardín de la azotea: Super Potato

Diseño interior: Remedio Siembieda, Inc. (RS)

Dirección de proyecto: Bovis Lend Lease

Altura: 250 m

Plantas por encima del suelo: 63

Sótanos: 4

Plantas útiles por encima del suelo: 57

Plantas mecánicas y sus números: 6 plantas, la 4, 17, 33, 34, 47 y 56

Uso: hotel, residencia, tiendas, restaurantes, ocio

Superficie del lugar: 31.629 m²

Superficie del edificio por encima del suelo: 118.519 m²

Superficie de una planta típica: 160 m²

Módulo base del proyecto: 5 m

Plazas de aparcamiento: 1.692 (automóviles), 1.500 (bicicletas)

Principales materiales estructurales: vigas, losas, columnas y paredes cortantes de hormigón, acero de refuerzo, acero estructural, cubierta de planta de acero, muro cortina por unidades

Otros materiales: granito, cristal

Dual Towers
en el Bahrain Financial Harbour

Bahrain Financial Harbour (BFH) es un desarrollo urbanístico de unos 1.300 millones de dólares. Cubre una superficie de 370.000 m² de tierra recuperada en una sección principal orientada al norte de la cornisa Manama, cerca de la histórica puerta Bab Al-Bahrain de la capital. Situado en la tierra firme del reino, BFH se encuentra a tan sólo diez minutos de la carretera elevada King Fahad que une el país con Arabia Saudí. El desarrollo urbanístico del puerto consiste en diez proyectos que comprenden treinta desarrollos urbanos de parcelas individuales, entre las que está el Financial Centre, torres de oficinas, residencias, restaurantes de lujo, tiendas, el Bahrain Performance Centre (que alojará el Bahrain Royal Opera House), avenidas, paseos marítimos y puertos deportivos.

El Financial Centre cuenta con tres componentes: las Dual Towers (dos edificios de 57 plantas), el Financial Mall y el Harbour House.

Con sus imponentes 57 plantas, las Dual Tower, de diseño exclusivo, son los edificios más llamativos y visibles del *skyline* de Manama. Con unas bellas vistas panorámicas, las torres brindan espacio comercial y de oficinas al sector financiero. Las torres ofrecen además un amplio y eficaz interior, con un equilibrio entre forma, función y flexibilidad adaptable a las necesidades de sus ocupantes y proporcionan un entorno sofisticado y altamente tecnológico a las empresas financieras regionales e internacionales con las mejores oportunidades de instalación de tecnología de la información y todos los dispositivos de seguridad necesarios.

1, 4 y 5. *Vistas generales del desarrollo urbanístico del Bahrain Financial Harbour.*
2. *Plano de planta superior.*
3. *Plano de planta inferior.*

Imágenes renderizadas cortesía de Bahrain Financial Harbour Holding Company B. S. C. (c).

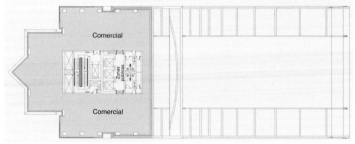

1

2

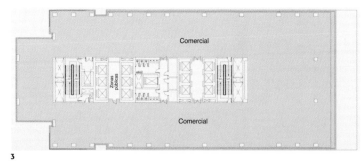

3

Ubicación: Manama, Reino de Bahréin
Fecha de finalización de la obra: 2009 (Fase 1)
Arquitecto: Ahmed Janahi Architects S. P. C.
Cliente: Bahrain Financial Harbour Holding Company B. S. C. (c)
Contratista: (Fase 1) Al Hamad Construction and Development Company
Altura: 260 m (Dual Towers)
Plantas por encima del suelo: 57
Sótanos: 1

Plantas útiles por encima del suelo: 55
Plantas mecánicas: 2
Uso: oficinas, tiendas, restaurante, entretenimiento
Superficie del edificio por encima del suelo: 74.000 m², cada torre
Superficie de una planta típica: 597-1.699 m²
Materiales estructurales: hormigón armado
Otros materiales: granito, paneles de aluminio, cristal verde semirreflectante

4

5

The Masterpiece

Este rascacielos de la calle Hanoi Road, en el corazón del Tsim Sha Tsui, es algo más que otro edificio emblemático de Hong Kong. Es un proyecto de renovación urbana de alta calidad con funciones comerciales, residenciales y de hotel (alberga el Hyatt Hotel) en el corazón del reformado barrio comercial y residencial de Kowloon. La ubicación de este prominente edificio, que mira al puerto Victoria, demanda una única fachada y una excelente iluminación para complementar la belleza del puerto.

The Masterpiece, antes conocido como New World Building, tiene un alzado exclusivo, diseñado en armonía con los alrededores ya existentes y los futuros edificios de la península de Kowloon. El alzado de la torre está articulado por aleros, que crean una nítida expresión horizontal, influida por hendiduras y ventanas proyectadas sobre la fachada. La iluminación de los aleros por la noche recalca la expresión horizontal.

Esta renovación urbanística consiste en una torre de 64 plantas sobre un podio de ocho pisos. El podio tiene cuatro plantas de sótano con rutas subterráneas hasta la estación pública de tren de Tsim Sha Tsui y hasta el KCRC East Rail-Tsim Sha Tsui. Un espacio abierto cubierto de 1.200 m² en la planta baja permite a los peatones circular con facilidad por una zona ajardinada. Las zonas de tiendas están en las plantas del podio y sótanos, y ofrecen 100 tiendas y 25 restaurantes con fácil acceso al transporte público y otras infraestructuras. El Hyatt Hotel ocupa las 24 plantas inferiores.

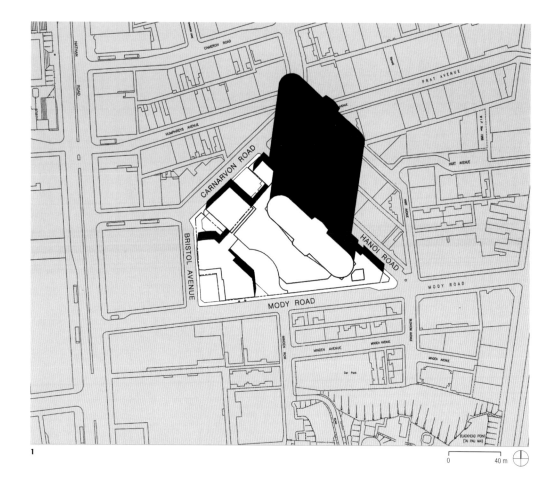

1

0   40 m

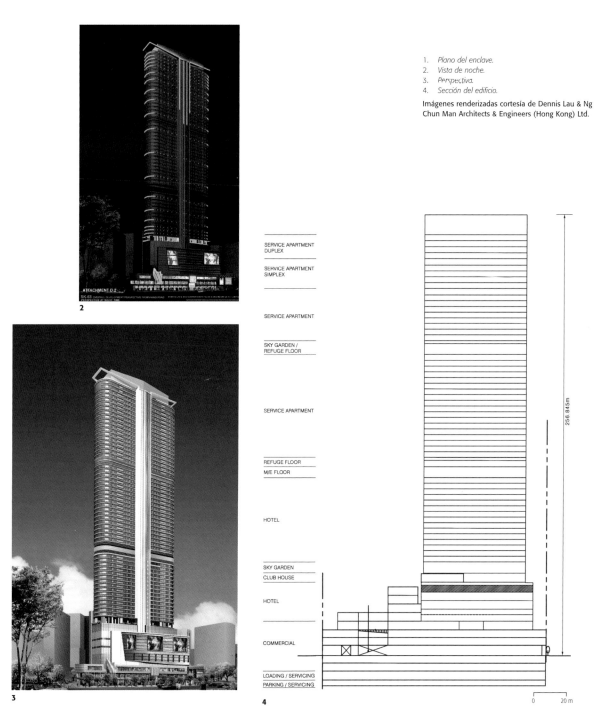

1. *Plano del enclave.*
2. *Vista de noche.*
3. *Perspectiva.*
4. *Sección del edificio.*

Imágenes renderizadas cortesía de Dennis Lau & Ng Chun Man Architects & Engineers (Hong Kong) Ltd.

2

SERVICE APARTMENT
DUPLEX

SERVICE APARTMENT
SIMPLEX

SERVICE APARTMENT

SKY GARDEN /
REFUGE FLOOR

SERVICE APARTMENT

REFUGE FLOOR
M/E FLOOR

HOTEL

SKY GARDEN
CLUB HOUSE

HOTEL

COMMERCIAL

LOADING / SERVICING
PARKING / SERVICING

256.845m

0   20 m

3

4

Ubicación: Hong Kong, China
Fecha de finalización de la obra: 2007
Arquitecto principal: Dennis Lau & Ng Chun Man Architects & Engineers (Hong Kong) Ltd.
Arquitecto de la zona comercial: HOK International Ltd.
Cliente: New World Development Company Ltd.; y la autoridad encargada de la renovación urbanística de la ciudad

Ingeniería de estructuras: Ove Arup Partners Hong Kong Ltd.
Ingeniería mecánica: Meinhardt (Hong Kong) Ltd.
Arquitecto paisajista: Team 73
Contratista: Contratista principal: Hip Hing Builders Co. Ltd. (estructura principal); Vibro (Hong Kong) Ltd (cimientos y sótanos)
Altura: 261 m

Plantas por encima del suelo: 64
Sótanos: 4
Uso: hotel, residencia, tiendas
Superficie del lugar: 8.299 m²
Superficie del edificio por encima del suelo: 102.662 m²
Coste de la obra: 309 millones de dólares americanos

Millennium Tower

La Millennium Tower, antes llamada Bright Start Tower, ocupa un lugar prominente en un terreno adyacente a la carretera principal de Dubái, la Sheikh Zadey Road. Con su elegante sencillez, la torre responde a la demanda de la ciudad de un espacio residencial de alta calidad y con estilo. La torre cuenta con 59 plantas y una superficie total construida de 99.800 m², incluido un aparcamiento de 10 plantas.

Atkins fue el consultor principal para la arquitectura, el diseño interior, el de ingeniería estructural, mecánica y eléctrica, la supervisión de obra y la dirección del proyecto.

Un total de 301 apartamentos de tres habitaciones y 106 de dos están dispuestos en 55 plantas prototípicas con un espacio comercial en la planta baja y la entreplanta. El diseño de los apartamentos está estandarizado para aprovechar al máximo la eficiencia funcional y de coste.

El edificio, con 471 plazas de aparcamiento, aloja asimismo una piscina de 25 metros, gimnasio, pistas de *squash* y vestuarios en la azotea.

El edificio satisface la doble exigencia del cliente de estética y funcionalidad. El concepto del diseño arquitectónico está basado en una conjunción simétricamente equilibrada de dos formas separadas, en un despliegue de minimalismo y sofisticación. Un sólido elemento de marco ancla el edificio al suelo, mientras un segundo cuerpo central más ligero y transparente expresa un movimiento vertical hacia arriba. Esta verticalidad está aún más remarcada por el profundo hueco de la base, que proporciona cierta ingravidez al cuerpo principal de la torre y por el elemento en forma de aleta y la aguja de la parte superior de la torre.

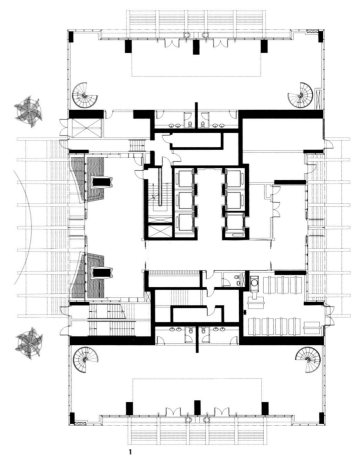

1. *Plano de planta baja.*
2. *Vista de la torre.*
3. *Plano del tejado superior.*
4 y 5. *Vistas del vestíbulo.*

Imágenes renderizadas cortesía de Atkins.

1

Ubicación: Dubái, Emiratos Árabes Unidos
Fecha de finalización de la obra: 2006
Arquitecto: Atkins
Promotor: Bright Start Holdings
Ingeniería de estructuras: Atkins
Ingeniería mecánica: Atkins
Consultoría para el transporte vertical: Atkins
Arquitecto paisajista: Atkins
Contratista: Dubai Contracting Company

Dirección de proyecto: Atkins
Altura: 285 m
Plantas por encima del suelo: 60
Sótanos: 1
Plantas útiles por encima del suelo: 57
Plantas mecánicas y sus números: 3 plantas, la 10, 30 y 50
Uso: residencia
Superficie del lugar: 1.394 m²

Superficie del edificio por encima del suelo: 99.800 m²
Superficie de una planta típica: 1.351 m²
Plazas de aparcamiento: 10 plantas de aparcamiento en un edificio aparte, con 433 plazas
Principales materiales estructurales: acero, hormigón armado y muro cortina de aluminio
Otros materiales: piedra, madera, acero inoxidable, aluminio, hormigón prefabricado visto

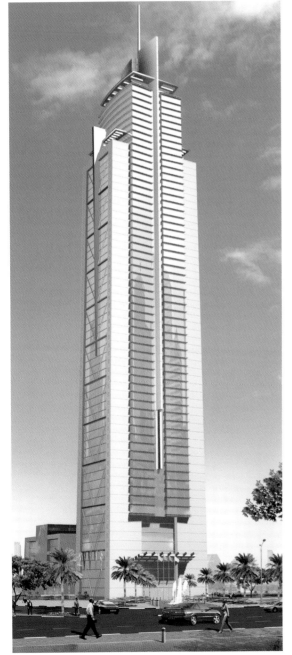

2

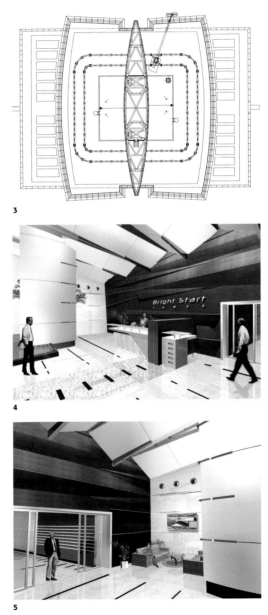

3

4

5

Comcast Center

El Comcast Center representa un importante compromiso con el futuro del centro de la ciudad de Filadelfia por parte de Liberty Property Trus, el cliente promotor, y de Comcast, el principal inquilino del edificio. El lugar se encuentra cerca de la estación Suburban, la principal estación de cercanías, que da servicio al centro ciudad.

El diseño propone dos torres de oficinas que flanquean una plaza ajardinada de 2.000 m² orientada hacia el sur en el bulevar John F. Kennedy Jr. El edificio más alto, el Comcast Center, se alza aproximadamente hasta los 297 m. Está retranqueado con respecto al bulevar, detrás de la plaza y de un invernadero público de 33,5 m de alto que sirve tanto de antepatio de la torre como de entrada inundada de luz de la explanada de la estación Suburban. Retranqueada de la calle por una hilera de árboles y unos pocos escalones que salen de la acera, la plaza ofrece un lugar de descanso al aire libre bajo las sombras de los árboles y un elemento de juego de agua. Estará acompañada por el edificio existente de la estación Suburban por el este, por el invernadero y la torre principal por el

norte, y por una arcada peatonal con tiendas por el oeste en el edificio de oficinas de la fase dos.

En la parte inferior de la torre, una serie de cuatro atrios de tres plantas, uno encima del otro, domina la plaza y brinda a las empresas inquilinas que ocupan varios pisos la oportunidad de crear hogares unificados e identificables. A lo largo y ancho de la torre, la altura de las plantas es de 4,5 m, que aumenta hasta los 5,20 m en los 13 pisos superiores, lo que permite generosas alturas de 3,35 y 3,95 m hasta el acabado del techo respectivamente. Un acristalamiento continuo de 2,75 m de alto permite vistas ininterrumpidas y deja entrar bien la luz en las plantas de oficinas. La torre está revestida con un muro cortina con marco de aluminio con cristal de alta calidad y bajo consumo. El muro cortina de cristal de doble capa del invernadero también presenta un acristalamiento de alta calidad y bajo consumo, junto con protectores solares y persianas de aluminio, diseñados para aprovechar al máximo la luz natural y las vistas, a la vez que se modula el funcionamiento termal. El Comcast Center solicitará el certificado LEED™.

1

Ubicación: Filadelfia, Pensilvania, Estados Unidos
Fecha de finalización de la obra: 2008
Arquitecto del diseño: Robert AM Stern Architects
Arquitecto asociado: Kendall/Healton Associates
Cliente: Liberty Property Trust
Ingeniería de estructuras: Thornton-Tomasetti Engineers
Ingeniería mecánica: Paul H. Yeomans, Inc.
Ingeniería para el transporte vertical: Persohn/Hahn Associates
Arquitecto paisajista: Olin Partnership
Contratista: LF Driscoll Co. (dirección de obra)
Promotor: Liberty Property Trust

Altura: 297 m (hasta lo alto del parapeto)
Plantas por encima del suelo: 58
Sótanos: 3 (incluida la explanada)
Plantas útiles por encima del suelo: 56
Plantas mecánicas y sus números: 2 plantas, la 57 y 58
Uso: oficinas
Superficie del lugar: 149.569 m²
Superficie de una planta típica: plantas del atrio: 2.573 m² (varía); planta con vistas al atrio: 2.568 m² (varía); planta típica: 2.336 m² (varía)
Módulo base del proyecto: 1,5 m

Plazas de aparcamiento: 120 vehículos en tres plantas de aparcamiento bajo la torre
Principales materiales estructurales: armazón de acero con núcleo cortante de hormigón, muro cortina de aluminio con cristal altor rendimiento y bajo coste energético
Otros materiales: base de piedra caliza y piedra granito; muro cortina de cristal con doble capa con cristal de alto rendimiento y bajo coste energético, persianas protectoras del sol de aluminio en las fachadas sur, este y oeste; pavimento de granito en la plaza; pavimento de granito y panelado de chapa madera en el vestíbulo
Coste estimado: 492 millones de dólares americanos

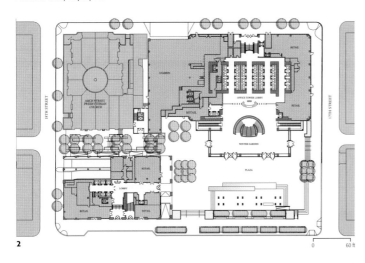

2

1. *Vista del skyline desde el río Schuylkill.*
2. *Plano de la planta baja en el esquema del emplazamiento.*
3. *Vista a través de la calle 17 y el bulevar John F. Kennedy Jr.*

Imágenes renderizadas de Advanced Media Design.

3

Burj Khalifa Lake Hotel

El Burj Khalifa Lake Hotel es una torre de 60 plantas de uso mixto con 198 habitaciones de hotel de 5 estrellas, y 626 apartamentos con servicio de habitaciones. Sus imponentes 306 m de altura y el llamativo diseño generan un proyecto monumental con una superficie bruta de planta de más de 167.000 m², que se alza en el extremo opuesto del lago en el que se encuentra el edificio más alto del mundo actualmente, el Burj Khalifa.

La planta del hotel está basada en una evolución orgánica de una serie de arcos conectados que presentan impresionantes espacios públicos de volumen doble y triple interconectados con vistas al lago y a la torre Burj Khalifa. Este concepto se extiende también a las plantas de las habitaciones de huéspedes. Alzándose sobre el hotel existe una torre curvilínea en cuyo extremo superior hay un elemento del tejado en forma de velamen, que alberga 45 plantas de apartamentos de lujo con servicio de habitaciones.

Prolongándose desde la zona del paseo marítimo, desde el cual los huéspedes pueden disfrutar del panorama del lago, está la impresionante piscina del hotel, con una superficie de 2.000 m². Otras instalaciones clave incluyen un restaurante especializado, sala de baile e instalaciones de apoyo, un centro de negocios, el salón del club, el bar de la piscina, un club salud y bienestar, el *spa* y un aparcamiento para aproximadamente 900 vehículos.

Atkins es el responsable tanto del diseño arquitectónico como de la ingeniería, junto con otros consultores especialistas (como puede verse en la ficha).

1. *Marquesina en la planta baja.*
2. *Plano de planta típica, plantas 15-47.*
3. *Vista del hotel y el lago.*

Imágenes renderizadas cortesía de Atkins.

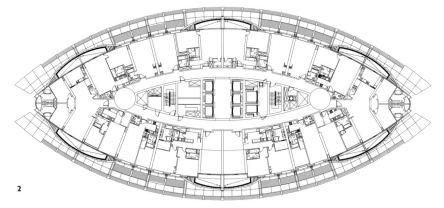

1

2

Ubicación: Dubái, Emiratos Árabes Unidos

Fecha de finalización de la obra: 2008

Arquitecto: Atkins

Cliente: Emaar Properties PJSC

Promotor, director de proyecto y supervisor de calidad: Mirage Mile Leisure and Development

Ingeniería mecánica: Atkins

Consultoría para el transporte vertical: Atkins asociado con Lerch Bates

Arquitecto paisajista: Shankland Cox

Contratista: BESIX-Arabtec, obra conjunta

Altura: 306 m (hasta el extremo superior del mástil); 273,5 m (hasta el tejado)

Plantas por encima del suelo: 61

Sótanos: 2

Plantas útiles por encima del suelo: 57

Plantas mecánicas y sus números: 4 plantas, la 14, 48, 61 y 62

Uso: hotel y residencia

Superficie del lugar: 19.548 m²

Superficie del edificio por encima del suelo: 155.436 m² (superficie total construida desde la planta 3 –la planta baja– hasta el tejado principal)

Superficie de una planta típica: 2.027 m² (plantas 15-47 prototípicas)

Módulo base del proyecto: podio: 8 x 8,5 m; torre: sistema de cuadrícula diagonal con ángulo típico de 4,625°

Plazas de aparcamiento: 895 (podio)

Principales materiales estructurales: hormigón armado, acero estructural para el tejado, el salón de baile y el mástil/aguja

Otros materiales: sistema de revestimiento de aluminio, sistema de acristalamiento, sistema de revestimiento de piedra (exterior); fábrica de bloques de hormigón, tabiques de muros seco y cristal (interior)

The New York Times Building

Renzo Piano Building Workshop y FXFOWLE ARCHITECTS han diseñado conjuntamente un nuevo edificio de oficinas centrales para The New York Times Company y Forest City Ratner, en la frontera sur de Times Square. El edificio, situado en la Eighth Avenue entre las calles 40 y 41, al otro lado de la terminal de autobuses Port Authority, une a los empleados de la empresa bajo un mismo techo en una estructura distintiva.

La concepción del edificio, concebida durante el concurso de arquitectura en el que fue elegido el equipo, incorpora una torre de cristal transparente que parece flotar sobre una base de cinco plantas. La torre utiliza una técnica de muro de cortina doble que hace que la estructura parezca vibrante y transparente, a la vez que mejora la eficacia energética. Un protector solar exterior de barras de cerámica blanca y un sistema interior de persianas ajustables se suman a la piel del edificio para realzar el efecto reluciente y multicapa de la fachada.

En la base del edificio, el atrio está rodeado por tres lados para crear un paisaje urbano abierto. Este espacio tipo plaza proporciona una pista para el Times Center, una instalación pública creada por la New York Times Company. La redacción de The New York Times se encuentra situada encima.

Las oficinas de The New York Times Company comprenden la mitad de los 148.000 m² del edificio. A la Forest City Ratner Companies, la promotora del proyecto, se le ha asignado una planta, mientras que el resto del edificio está alquilado a empresas y tiendas.

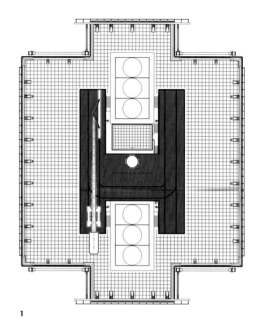

1

1. Plano del tejado.
2. Plano de la planta baja.
3 - 5. Vistas de maqueta.

Fotografía Jack Pottle/Esto.

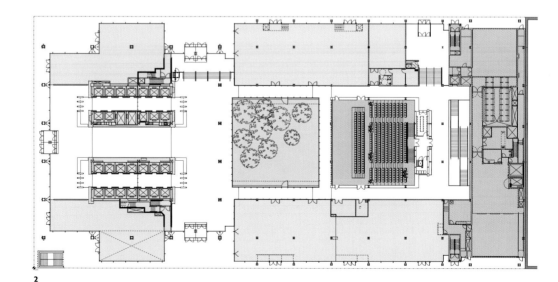

2

Ubicación: Ciudad de Nueva York, Nueva York, Estados Unidos
Fecha de finalización de la obra: 2007
Arquitecto: Renzo Piano Building Workshop, FXWOLFE ARCHITECTS, PC
Cliente: The New York Times; Forest City Ratner Companies
Promotor: Forest City Ratner Companies
Ingeniería de estructuras: Thornton/Tomasetti Engineers
Ingeniería mecánica: Flack + Kurtz

Consultoría para el transporte vertical: Jenkins & Huntington, Inc.
Arquitecto paisajista: HM White Site Architects; Cornelia H Oberlander
Contratista: AMEC
Altura: 319 m (incluido el mástil)
Plantas por encima del suelo: 52
Sótanos: 1

Plantas útiles por encima del suelo: 50
Plantas mecánicas y sus números: 2 plantas, la 28 y la 52
Uso: oficinas
Superficie del lugar: 148.640 m²
Superficie de una planta típica: 2.973 m²
Módulo base del proyecto: 1,5 m
Principales materiales estructurales: acero

4

3

5

China World Trade Center Tower III

La China World Trade Center Tower –que encarna la elegancia resuelta y serena– marca el desarrollo urbanístico CWTC, más amplio y en el que se encuadra, y se ha convertido en el centro del Distrito de Negocios Central de Pekín. Es el edificio más alto de la ciudad.

La torre tiene una proporción de columna clásica con una base, un fuste/cuerpo central y un coronamiento integrados en el revestimiento exterior y la expresión de la estructura. El audaz perfil afilado crea una rotunda silueta curvada que se eleva hacia el cielo. Una forma altísima singular y confiada contrasta con el revuelo de los nuevos edificios que constituyen el *skyline* del distrito de negocios.

Integrada a la perfección en el tejido urbano de calles y plazas, la base de la torre da fortaleza visual a las plantas inferiores de la torre y también proporciona una acogedora transparencia a los espacios de dentro. La planta baja tiene entradas claramente organizadas a las oficinas en el lado oeste y al hotel en el lado este. La robusta base de la torre ancla al suelo física y visualmente esta altísima aguja.

1.   *Vista mirando de abajo hacia arriba.*
2.   *Vista desde la esquina sureste.*
3.   *Imagen a vista de pájaro del plan maestro.*

Imágenes renderizadas cortesía de Skidmore, Owings & Merrill LLP.

1

2

3

Ubicación: Pekín, China
Fecha de finalización de la obra: 2008
Arquitecto: Skidmore, Owings & Merrill LLP
Cliente: China World Trade Center Co. Ltd.
Ingeniería de estructuras: Arup
Ingeniería mecánica: PBQA
Consultoría para el transporte vertical: Edgett Williams

Arquitecto paisajista: SWA Group
Altura: 330 m
Plantas por encima del suelo: 74
Sótanos: 4
Plantas mecánicas: 8
Uso: oficinas, hotel, tiendas
Superficie del lugar: 36.421 m²

Superficie del edificio por encima del suelo: 220.500 m²
Superficie de una planta típica: 3.000 m²
Módulo base del proyecto: 1,4 m
Plazas de aparcamiento: 1.254
Principales materiales estructurales: cristal, metal, piedra

Shimao International Plaza

Este edificio de 60 plantas y 333 m es uno de los más altos de Shanghái. Se levanta en el centro de la ciudad, cerca del People's Park (el parque del pueblo) en Nanjing Road, una de las más importantes calles comerciales de China por la que pasan al día alrededor de 1,5 millones de posibles compradores.

Son 10 plantas de centros comerciales con unos 60.000 m² de *outlets,* una torre con plantas de oficinas y un hotel de cinco estrellas con 770 habitaciones, todos centrados en la céntrica plaza, en pleno corazón del proyecto de Nanjing Road.

El proyecto lo llevaron a cabo arquitectos localestras el crac bursátil asiático y terminaron el edificio con variaciones en el diseño y la construcción.

1 y 3.   *Vista general.*
   2.   *Sección.*
Fotografía: PHOTO IMAGING DESIGN, Werner Kirgis (1); HG Esch (3).

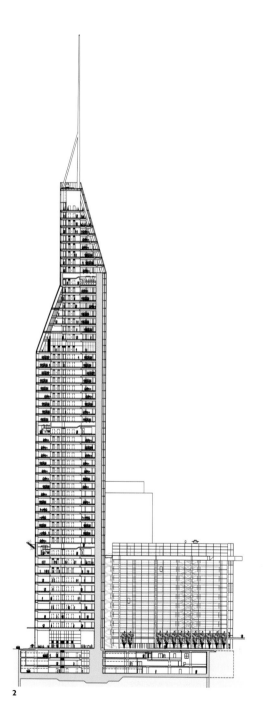

1

2

Ubicación: Shanghái, China

Fecha de finalización de la obra: 2006

Arquitecto del diseño: Ingenhoven Architects, Düsseldorf

Arquitecto: East China Architectural Design & Research Institute (ECADDI)

Cliente: Wan Xian International Plaza; Sitico

Ingeniería del concepto inicial: Buro Happold

Ingeniería de estructuras: East China Architectural Design & Research Institute (ECADDI)

Ingeniería mecánica: East China Architectural Design & Research Institute (ECADDI)

Altura: 333 m

Plantas por encima del suelo: 60

Sótanos: 3

Uso: oficinas, tiendas, hotel

Superficie del edificio por encima del suelo: 96.500 m²

Principales materiales estructurales: hormigón armado, acero

Torre Almas

Almas Tower (torre Diamante), de 68 plantas, centro del desarrollo urbanístico del lago Jumeirah situado a 20 km al sur de Dubái, ha sido diseñada por Atkins para reflejar el carácter y singularidad de la instalación Diamond Exchange albergada en el interior. El edificio, de 363 m de alto, ofrece destacadas vistas tanto del lago como de la columna vertebral central del desarrollo urbanístico. La torre alberga 63 plantas de oficinas comerciales por encima del podio de tres plantas. En el sótano de cinco plantas se encuentra el aparcamiento con aproximadamente 1.800 plazas.

El diseño de esta torre estuvo inspirado por el requerimiento de un entorno óptimo para ver piedras preciosas y responde ofreciendo dos torres con forma oval de distinta altura que se superponen a lo largo de sus ejes este oeste. La torre más baja, orientada al norte, tiene un alzado semitransparente a fin de beneficiarse de la serena luz ambiental del norte. La torre más alta, orientada al sur, está protegida por un tratamiento de alto rendimiento para su exterior. Varios aspectos del diseño del edificio se combinan para hacer explícita la tendencia de la torre a hacerse más ligera a medida que asciende.

Algo que enfatiza la altura continua de la torre más alta, por la mayor prominencia del mástil y por el carácter afilado del estrecho alzado lateral de las dos torres.

El diseño del podio está inspirado en el corte de un diamante con facetas que se proyectan. Cada faceta sale en voladizo sobre el lago, lo que hace que sean visibles desde cualquier cara de la torre y desde los edificios de alrededor si se mira desde arriba. Los elementos acristalados de la zona comercial reflejan el agua que rodea a la torre, creando una fachada dinámica.

En el podio hay un centro comercial, salas de conferencias y un centro de salud y *spa* en la primera planta, y el Diamond Exchange Centre, que está en la segunda. El centro comercial se extiende desde la planta baja hasta la primera y ofrece magníficas vistas del lago desde su atrio de doble volumen. El Diamond Exchange Centre, de orientación norte, está tratado externamente con un acristalamiento de alto espectro de color que facilita el examen y comercio de diamantes de primera clase.

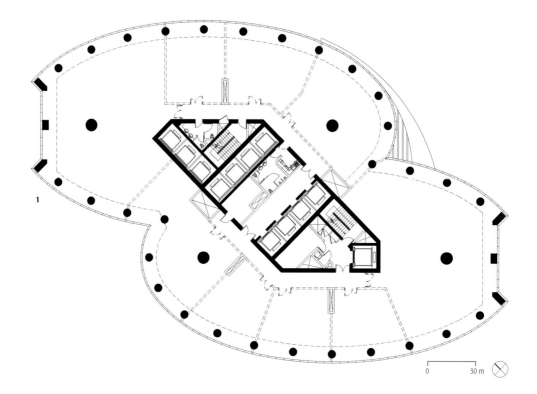

1

0   30 m

1. Plano de planta típica.
2. Perspectiva de la torre.
3. Alzado.

Imágenes renderizadas cortesía de Atkins.

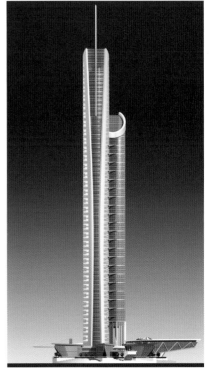

2

3

Ubicación: Dubái, Emiratos Árabes Unidos
Fecha de finalización de la obra: 2009
Arquitecto: Atkins
Cliente: Nakheel
Ingeniería de estructuras: Atkins
Ingeniería mecánica: Atkins
Consultoría para el transporte vertical: Atkins
Arquitecto paisajista: Al Khatib Cracknell

Contratista: JV Arabian Contracting Co.; Taisei Corporation
Promotor: Dubai Metals & Commodities Centre
Dirección de proyecto: Faithful + Gould
Altura: 363 m
Plantas por encima del suelo: 68
Sótanos: 5
Plantas útiles por encima del suelo: 68
Plantas mecánicas: 3

Uso: oficinas
Superficie del lugar: 15.393 m²
Superficie del edificio por encima del suelo: 183.400 m²
Superficie de una planta típica: 1.600 m²
Plazas de aparcamiento: 1.810
Principales materiales estructurales: hormigón armado
Otros materiales: revestimiento de paneles de aluminio y cristal reflectante tintado de gris y verde

Torre Bank of America

La torre Bank of America es el edificio de oficinas responsable con el medio ambiente más alto de Estados Unidos, y el primero en optar a la acreditación platino en las LEED (Leadership in Energy and Environmental Design, Directivas en Energía y Diseño Ambiental), desarrolladas por el US Green Building Council. El proyecto incorpora tecnologías innovadoras y de alto rendimiento para hacer un uso radicalmente menor de energía, consumir menos agua potable y proporcionar un entorno interior sano y productivo.

Diseñado por Cook+Fox Architects de Nueva York, este rascacielos de cristal, acero y aluminio está inspirado en el afamado Palacio de Cristal, el primer edificio de cristal y delgado marco de metal de Estados Unidos erigido en Bryant Park en 1853. Las superficies escultóricas y repliegues rizados de la torre se ven dinamizados por el movimiento del sol y la luna, mientras que su altamente transparente cristal brinda evocadoras vistas a través del espacio. Las tecnologías de alto rendimiento del edificio incluyen una planta de cogeneración de energía de 5,1 megavatios, y dispositivos de conservación del agua que permitirán un ahorro anual de 39.000 l de agua. Con el acristalamiento del suelo al techo, el aire excepcionalmente limpio y los controles térmicos en cada terminal de trabajo, el edificio ofrece un entorno laboral de una calidad sin igual.

Las instalaciones públicas incluyen mejoras en la circulación de tránsito y peatonal de los alrededores, y un jardín de invierno urbano que sirve como acogedora extensión del Bryant Park. Como parte integral del proyecto, Cook+Fox Architects también han restaurado y reconstruido el histórico teatro Henry Miller, creando un teatro al estilo Broadway que captura el intimismo y las proporciones del original teatro Allen, Ingalls & Hoffman de 1918. Se ha conservado y restaurado la monumental fachada de estilo georgiano; y se han salvado los detalles originales que se han incorporado al diseño del nuevo teatro.

El edificio sirve como oficina central para las operaciones del Bank of America en la ciudad de Nueva York; el banco ocupa más o menos la mitad de los 195.000 m² de la torre de 55 plantas. Se espera que, ofreciendo una visión fundamentalmente diferente para el entorno urbano, la torre del Bank of America asiente las bases del estándar para las nuevas generaciones de edificios de gran altura.

1. Vista del jardín de invierno urbano.
2. Vista de la torre desde Bryant Park.
3. Secuencia de vistas de la torre desde la mañana a la noche tomadas desde Bryant Park.
4. Plano de la planta 44.
5. Plano de la planta 34.

Imágenes renderizadas © Screampoint para Cook+Fox Architects LLP (1); © dbox para Cook+Fox Architects LLP (2 y 3); Cook+Fox Architects LLP (4 y 5).

1

2

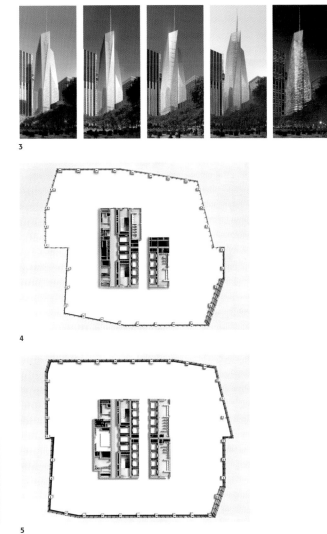

3

4

5

Ubicación: Ciudad de Nueva York, Nueva York, Estados Unidos

Fecha de finalización de la obra: 2009

Arquitecto de diseño: Cook + Fox Architects

Arquitecto de ejecución de obra: Adamson Associates Architecs

Cliente y promotor: Bank of America at One Bryant Park, LLC; una empresa conjunta entre The Durst Organization y el Bank of America

Ingeniería de estructuras: Severud Associates

Ingeniería mecánica: Jaros, Baum & Bolles

Consultoría para el transporte vertical: Van Deusen & Associates

Arquitecto paisajista: Andropogon Associates Ltd.

Contratista: Tishman Construction Corporation

Altura: 288 m hasta lo alto de la torre; 366 m hasta lo alto de la aguja (aproximadamente)

Plantas por encima del suelo: 55

Sótanos: 3

Plantas útiles por encima del suelo: 49

Plantas mecánicas y sus números: 9 plantas, la C3, C2, C1, 7, 7M, 52, 53, 54 y 55

Uso: oficinas, teatro, tiendas

Superficie del lugar: 8.163 m²

Superficie del edificio por encima del suelo: 195.090 m², más 4.645 m² de teatro

Superficie de una planta típica: 3.405 m² (torre); 6.596 m² (podio)

Módulo base del proyecto: 1,5 m

Plazas de aparcamiento: 0

Principales materiales estructurales: superestructura de acero y hormigón; muro cortina de aluminio y cristal

Otros materiales: materiales con bajo nivel de componentes volátiles orgánicos (COV o VOC), productos reciclados y reciclables, materiales conseguidos a menos de 800 km; entre los materiales del vestíbulo hay bambú, piedra, cuero y acero inoxidable ennegrecido

Trump International Hotel & Tower

El Trump International Hotel & Tower Chicago es el proyecto de edificio más alto completado en Estados Unidos desde la torre Sears (hoy Willis) de 1974. El proyecto es una mezcla exclusiva de viviendas de lujo, aparcamiento para 1.100 vehículos, 12.000 m² de tiendas y hotel/viviendas.

La estrategia del diseño arquitectónico es contextual: el lado sur de la torre está en paralelo al río Chicago, lo que hace posible que la estructura cambie con respecto a la cuadrícula norte-sur de Chicago para dar lugar a una condición especial. La forma que tiene el edificio refleja sus funciones dentro de la torre y satisface la necesidad de brindar todas las vistas arriba y abajo del río posibles.

A través de la síntesis contemporánea de los tejidos y modulaciones de los edificios adyacentes, la torre expresa una arquitectura realmente moderna, coherente con el patrimonio de Chicago. Los retranqueos en la volumetría de la torre conectan con el contexto circundante e integran la torre en la composición general de su situación a orillas del río.

La utilización de cristal claro y una paleta de colores muy clara en los materiales de la fachada realza el detalle y blancura del vecino edificio Wrigley y recuerda al edificio IBM diseñado por Mier van der Rohes al oeste, con el espaciado y la articulación del sistema de montantes de acero inoxidable pulido y su base de altas columnas.

Los materiales utilizados incluyen una paleta gris plata claro de paneles de acero inoxidable cepillado y aluminio anodizado claro que reflejan y refractan la luz del sol. En su base, el cuerpo del edificio se alza m por encima de la entrada de la avenida Wabash y se alza casi 21 m por encima del río Chicago, abriendo una amplia y ajardinada explanada que desciende como terrazas en la ladera de una colina durante tres plantas hasta llegar al río. Una marquesina de cristal en voladizo y suspendida en la entrada Wabash protege a los invitados del viento y la lluvia en los puntos destinados a la recepción de huéspedes que llegan en automóvil. Una rampa circular, revestida en cristal laminado translúcido, que se ilumina desde la parte trasera por la noche, conectará la planta baja de la entrada Wabash con las plantas del aparcamiento de la torre.

1

1. *Vista del skyline de la ciudad desde el río Chicago.*
2. *Los retranqueos ponen en relación a la torre con su entorno.*
3. *Sección.*

Imágenes renderizadas cortesía de Skidmore, Owings & Merrill LLP.

2

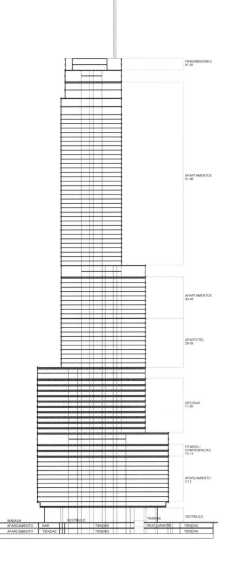

TRANSMISIONES
91-92

APARTAMENTOS
51-88

APARTAMENTOS
40-48

APARTOTEL
29-39

OFICINAS
17-26

FITNESS /
CONFERENCIAS
13-14

APARCAMIENTO
3-12

WABASH · VESTÍBULO · TIENDAS · VESTÍBULO
APARCAMIENTO · BAR · TIENDAS · RESTAURANTE · TIENDAS
APARCAMIENTO · TIENDAS · TIENDAS · TIENDAS

3

Ubicación: Chicago, Illinois, Estados Unidos

Fecha de finalización de la obra: 2009

Arquitecto: Skidemore, Owings & Merrill LLP; Adrian D. Smith, FAIA, Consulting Design Partner

Arquitecto de interior zona residencial: PMG Architects

Cliente: Trump International Hotel & Tower

Promotor: Donald J. Trump

Ingeniería de estructuras: Skidmore, Owings & Merrill LLP; William Baker, socio a cargo de la ingeniería de estructuras

Ingeniería mecánica: WMA Consulting Engineers, Ltd.

Consultoría para el transporte vertical: Lerch, Bates & Associates

Arquitecto paisajista: Peter Lindsay Schaudt Landscape Architecture, Inc.

Contratista: Bovis Lend Lease LMB, Inc.

Altura: 415 m (hasta lo alto de la aguja)

Plantas por encima del suelo: 96

Sótanos: 3

Plantas útiles por encima del suelo: 86

Plantas mecánicas y sus números: 5 plantas, la 2, 13, 28, 50 y 90

Uso: residencia, hotel, viviendas, aparcamiento, tiendas

Superficie del lugar: 9.545 m²

Superficie del edificio por encima del suelo: 221.102 m²

Superficie de una planta típica: 4.126 m²; 3.265 m²; 2.311 m²; 1.510 m²

Módulo base del proyecto: 1,5 m

Plazas de aparcamiento: 847 en la torre, 109 en garaje subterráneo

Principales materiales estructurales: hormigón armado

Otros materiales: muro cortina exterior: marco e aluminio con unidades de cristal aislante con doble capa de cristal de bajo consumo energético con paneles de acero inoxidable cepillado y montantes en forma de ala de acero inoxidable pulido; las columnas vistas son de acero inoxidable cepillado

Nanjing Greenland Financial Complex

La forma de la torre del Nanjing Greenland Financial Complex deriva de tres elementos de la vida en Nanjing: el río Yangtzé, el exuberante entorno de paisaje verde y la atmósfera de ciudad jardín, y la iconografía del dragón y la columna, tan preponderantes en la cultura china.

La torre tiene forma triangular para establecer una conexión con la forma y el tamaño del emplazamiento del edificio y aprovechar así al máximo las vistas a las montañas, el lago y las características de los edificios históricos de Nanjing. El escalonamiento de la torre está relacionado con las funciones en el interior y con el deseo de darle a las plantas la forma que logre la máxima eficiencia.

Las esquinas curvas de la torre presentan una superficie suave y continua en la parte exterior del edificio. La torre se compone de oficinas, hotel y tiendas en la superficie, y por tiendas y aparcamiento bajo tierra. La parte superior de la torre alberga restaurantes y un mirador abierto al público.

Ocupando las primeras siete plantas del lugar hay un complejo comercial organizado verticalmente con un atrio con claraboya que corre diagonalmente de calle a calle para permitir la circulación interior hasta las plantas de tiendas y el paso peatonal a través del sitio.

Las juntas horizontales y verticales de cristal claro que separan las superficies de cristal de diferente textura de la torre son metafóricamente análogas a las aguas cristalinas del río Yangtze, que divide dos formas de dragón entrelazadas. El tratamiento exterior cambia de dirección desde un componente mayor al otro en un esfuerzo por identificar más claramente las dos formas de dragón entrelazadas alrededor del núcleo central del edificio. El muro exterior tiene un rasgo direccional característico. Cada panel de cristal está en ángulo de 7° con el espacio ocupado y el módulo alterna o escalona por 0,75 m de una planta a otra, dando a la piel del edificio un aspecto como de escama.

En lo alto del edificio hay un importante elemento aguja que alcanza los 450 m de alto, una de las estructuras más altas de China. Este elemento característico está considerado un elemento de identidad importante que reforzará la posición dominante de esta torre como edificio emblemático de la ciudad.

1. Plano de planta típica del podio.
2. Vista aérea de la maqueta.
3. Vista general en la que se aprecia el aspecto de escama de la piel del edificio.
Fotografía de Steinkamp Balogg Photography.

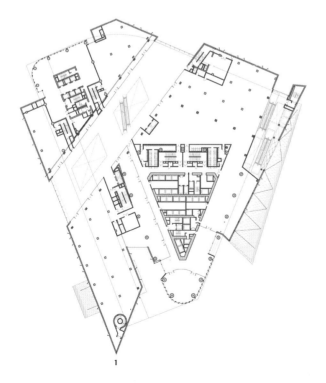

1

2

3

Ubicación: Nanjing, China

Fecha de finalización de la obra: 2010

Arquitecto: Skidmore, Owings & Merrill LLP, Adrian D. Smith, FAIA, Consulting Design Partner

Arquitecto asociado: East China Architectural Design & Research Institute Co. Ltd (ECADI)

Cliente: Nanjing State-Owned Assets & Greenland Financial Center Co. Ltd.

Ingeniería dé estructuras: Skidmore, Owings & Merrill LLP, William Baker, socio a cargo

Ingeniería mecánica: Skidmore, Owings & Merrill LLP

Consultoría para el transporte vertical: Lerch, Bates & Associates Inc.

Arquitecto paisajista: SWA Group

Direccion de proyecto: Robert Forest, de Skidmore, Owings & Merrill LLP

Altura: 339 m hasta lo alto de tejado; 381 m hasta lo alto del tejado de la aguja; 450 m hasta lo alto de la aguja/antena

Plantas por encima del suelo: 89

Sótanos: 2

Uso: oficinas, hotel, tiendas

Superficie del lugar: 18.722 m²

Superficie del edificio por encima del suelo: 196.898 m²

Superficie de una planta típica: 2.461 m²; 1.855 m²; 1.460 m²

Módulo base del proyecto: 1,5 m

Plazas de aparcamiento: 989 bajo tierra

Principales materiales estructurales: núcleo de hormigón armado compuesto y armazón de acero

Otros materiales: muro cortina exterior: marco e aluminio con unidades de cristal aislante con doble capa de cristal de bajo consumo energético con paneles de acero inoxidable cepillado y montantes en forma de ala de acero inoxidable pulido; las columnas vistas son de acero inoxidable cepillado

International Commerce Center

Esta torre de 118 plantas es la pieza central de un plan maestro para un proyecto de recuperación a gran escala en West Kowloon llamado Union Square. Este desarrollo urbanístico, que mira hacia al centro de Hong Kong a través del puerto Victoria, fue concebido como un centro de transporte que conecta Hong Kong con el aeropuerto Chep Lap Kok, y como un nuevo centro urbano con instalaciones para residencias, oficinas, tiendas, hotel y ocio.

El encargo para el International Commerce Center pedía una prestación de oficinas de 250.000 m², junto con un hotel *boutique* de 300 habitaciones y una plataforma de observación en el piso 90. Las plantas de oficinas son de escala generosa, con núcleos centrales. Las habitaciones de hotel ocupan las plantas más altas de la torre, dispuestas en forma radial alrededor de un atrio cilíndrico coronado por un restaurante. La torre, una ciudad vertical autosuficiente, es actualmente una de las estructuras más altas del mundo.

Obra ganadora en un concurso de diseño, el esquema de la torre casa con éxito la forma de un edificio de gran altura con un programa operativo y estructural altamente eficaz. De planta cuadrada, las esquinas de la torre se meten para dentro y se afilan hasta crear un perfil elegante contra el cielo. En su base, la torre se achaflana, creando la sensación de una planta que brota de la tierra. Los muros de la torre se separan como la piel de una fruta en su base, dando lugar a marquesinas en tres de sus caras y a un espectacular atrio en la cara norte. El atrio hace un ademán hacia el resto del desarrollo urbanístico y sirve como un espacio público de unión entre las funciones de estación de tren y de tiendas.

1. Vista de contexto.
2. Plano de la planta baja.
3. Llegada a la torre a través del Dragon Tail (la cola de dragón).
4. Imagen a vista de pájaro del Dragon Tail.
5. Imagen renderizada del interior del restaurante de la parte superior de la torre.
6. Atrio del hotel.
7. El Dragon Tail.

Fotografía de Jock Pottle (4).

Imágenes renderizadas de Superview (1), AMD (3, 5 y 7), dbox (6).

1

Ubicación: Hong Kong, China
Fecha de finalización de la obra: 2010
Arquitecto de diseño: Kohn Pederson Fox Associates PC
Arquitecto asociado: Wong & Ouyang (Hong Kong) Ltd.
Cliente: Harbour Vantage Managemente Ltd.
Ingeniería de estructuras: Arup (Hong Kong)
Ingeniería mecánica: JRPL
Consultoría para el transporte vertical: Lerch, Bates & Associates, Inc.

Arquitecto paisajista: Belt Collins & Associates
Altura: 484 m
Plantas por encima del suelo: 118
Sótanos: 4
Plantas útiles por encima del suelo: 108
Plantas mecánicas: 6-8, 41-42, 77-78, 100-101, 117
Uso: oficinas, hotel, tiendas, plataforma de observación abierta al público, Kowloon Station (estación de tren rápido que conecta con el aeropuerto)

Superficie del edificio por encima del suelo: 232.250 m²
Superficie de una planta típica: 2.555 m²
Módulo base del proyecto: 1,5 m
Plazas de aparcamiento: 224
Principales materiales estructurales: hormigón armado, acero
Otros materiales: aluminio, cristal

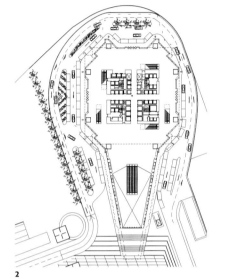

2

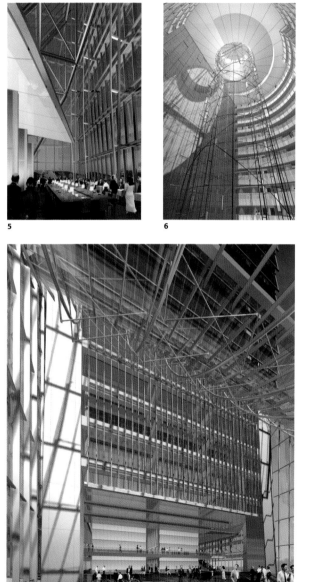

5

6

3

4

7

Shanghai World Financial Center

Un edificio alto crea un vínculo entre el cielo y la tierra. La interacción entre estos dos mundos da lugar a la estructura y forma física de la torre Shanghai World Financial Center. Un prisma cuadrado (utilizado por los chinos en la antigüedad para representar la tierra) está cortado por «arcos cósmicos», lo que acentúa el ascenso vertical del edificio. El hecho de que haya una enorme puerta tallada a gran altura en las plantas superiores del edificio dramatiza aún más la geometría de la torre. Esta puerta, que refuerza la geometría básica del rascacielos, se ensancha a medida que asciende y está coronada por un puente a gran altura que une las esquinas contrarias de la torre en una única forma.

El Shanghai World Financial Center, un desarrollo urbanístico de uso mixto variado y dinámico, incorpora instalaciones que no sólo dan soporte a las actividades habituales de Liujiazui como barrio de negocios, sino que también crea una sensación de vitalidad y actividad una vez concluido el horario laboral. Para este fin, las oficinas, las instalaciones para conferencias y los establecimientos comerciales están emparejados con un hotel de lujo, comedores y tiendas en el extremo superior, y una plataforma de observación situada en la espectacular puerta a gran altura del edificio.

Las instalaciones de observación en la parte más alta del edificio –la planta 101, a 492 m de altura, y la planta 100, a 472 m de altura– hacen de ellas los miradores más altos del mundo. La planta 94 del Shanghai World Financial Center, además, albergará un gran espacio de observación con una superficie total superior a los 700 m² que también servirá como espacio para actos de entretenimiento, sesiones informativas y otras reuniones relacionadas con la publicidad.

El rediseño general y la organización del Shanghai World Financial Center sustentan el papel del edificio como un importante monumento emblemático de Asia y un símbolo de la modernización de Shanghái. La singularidad del Shanghai World Financial Center lo situa como un poderoso nuevo icono para la ciudad de Shanghái.

1

Ubicación: Shanghái, China
Fecha de finalización de la obra: 2008
Arquitecto de diseño: Kohn Pedersen Fox Associates PC
Arquitecto de ejecución de obra: Irie Miyake Architects & Engineers
Arquitecto del proyecto: Mori Building Architects & Engineers
Arquitecto firmante: East China Architectural & Design Research Institute Co. Ltd. (ECADI)
Cliente: Shanghai World Financial Center Corporation, una filial de Mori Building Company
Ingeniería de estructuras: Leslie Robertson Associates RLLP
Ingeniería mecánica: Kenchiku Setsubi Sekkei Kenkyusho

Consultoría para el transporte vertical: Otis Elevator
Arquitecto paisajista: Hargreaves & Associates
Contratista: China State Construction; Shanghai Construction
Promotor: Mori Building Company, Ltd.
Altura: 492 m
Plantas por encima del suelo: 101
Sótanos: 3
Plantas útiles por encima del suelo: 92
Plantas mecánicas y sus números: 9 plantas, la 7, 22, 33, 44, 55, 66, 77, 89 y 90
Uso: mixto, con oficinas, hotel de lujo, tiendas, galería y plataforma de observación

Superficie del lugar: 377.300 m²
Superficie del edificio por encima del suelo: 222.554 m²
Superficie de una planta típica: 3.334 m²
Módulo base del proyecto: 1,2 m
Plazas de aparcamiento: 1.100
Principales materiales: hormigón, acero
Otros materiales estructurales: cristal, acero, piedra (exterior); piedra, acero inoxidable, cristal y madera (interior)
Coste: 800 millones de dólares americanos

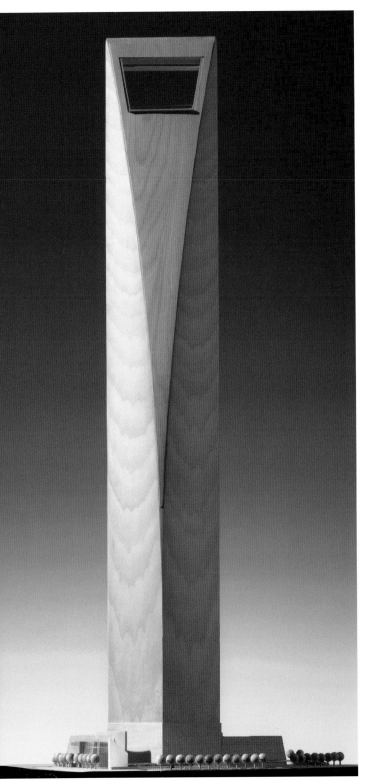

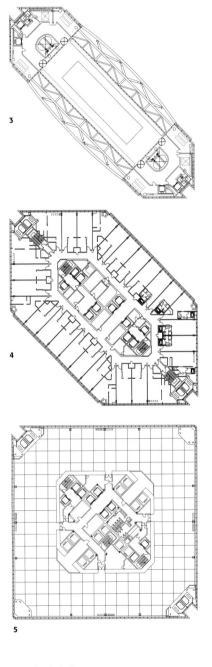

3

4

5

1. *Vista desde el noroeste.*
2. *Vista de contexto.*
3. *Plano de una planta de la zona superior.*
4. *Plano de una planta de la zona intermedia.*
5. *Plano de una planta de la zona inferior.*

Fotografía de Jock Pottle (1); Imagen renderizada de Crystal (2).

Burj Khalifa

El Burj Khalifa, antes conocido como Burj Dubai e ideado como el edificio más alto del mundo, es el elemento central de un desarrollo urbanístico a gran escala de uso mixto que consta de hotel, zonas comerciales, residenciales, entretenimiento y espacios verdes abiertos, elementos decorativos con agua, bulevares peatonales, un centro comercial y una antigua ciudad orientada al turista.

El diseño de la torre deriva de la geometría de una flor del desierto local y los sistemas de patrones encarnados en la arquitectura islámica. Combina las influencias históricas y culturales con la tecnología más avanzada para lograr un edificio de alto rendimiento. El trabajo con el volumen se realizó en la dimensión vertical para provocar la reducción máxima de los remolinos y minimizar el impacto del viento en el movimiento de la torre.

El edificio está formado por tres elementos dispuestos alrededor de un núcleo central. A medida que la torre asciende desde la base plana del desierto, se van produciendo retranqueos en cada uno de estos tres elementos en un patrón en espiral hacia arriba, lo que hace decrecer el volumen de la torre a medida que ésta se acerca al cielo. En la parte superior, el núcleo central surge y es esculpido para formar una aguja. Una planta en forma de Y saca el mejor provecho de las vistas del golfo Pérsico. Las obras comenzaron en enero de 2004 y finalizaron a finales de 2009.

1

Ubicación: Dubái, Emiratos Árabes Unidos
Fecha de finalización de la obra: 2009 (inauguración en 2010)
Arquitecto: Skidmore, Owings & Merrill LLP, Adrian D. Smith, FAIA, Consulting Design Partner
Consultoría local: Hyder Consulting Middle East Ltd.
Cliente: EMAAR Properties
Ingeniería de estructuras: Skidmore, Owings & Merrill LLP

Ingeniería mecánica: Skidmore, Owings & Merrill LLP
Consultoría para el transporte vertical: Lerch, Bates & Associantes, Inc.
Contratista: Samsung-BESIX-Arabtec
Jefe de obra: Turner Construction International
Altura: 828 m
Plantas por encima del suelo: 163

Uso: mixto, con hotel, residencia, *resort*
Superficie del edificio por encima del suelo: 464.500 m²
Plazas de aparcamiento: 3.000
Principales materiales estructurales: hormigón armado
Otros materiales: aluminio y cristal (exterior); granito, acero inoxidable y madera (interior)

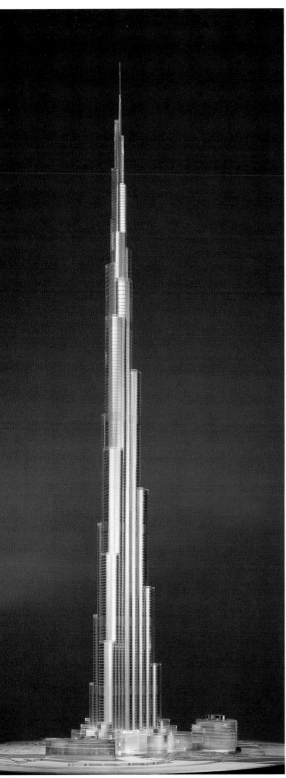

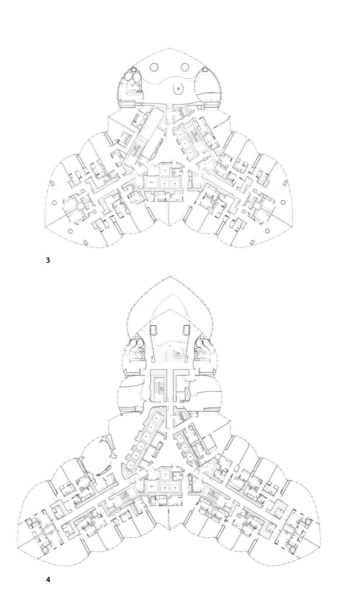

3

4

1. La torre se yergue desde la base plana del desierto.
2. Vista de la maqueta.
3 y 4. Planos de la planta en forma de Y.

Fotografía cortesía de Skidmore, Owings & Merrill LLP.

Edificios en construcción

Met 3

Met 3 será la torre residencial más alta de Miami al sobrepasar al Four Seasons Hotel. Conjugando una moderna interpretación de la arquitectura clásica de la ciudad, sus 696 viviendas de diseño exclusivo ofrecen unas vistas sin precedentes de la bahía Biscayne y de la ciudad. El edificio, de 76 plantas, incluye estudios, unidades de uno, dos y tres dormitorios en *lofts* urbanos, *sky lofts, tower suites* y áticos residenciales, todos con un diseño en planta hecho a medida. Un espectacular vestíbulo en la planta 15, con espectaculares ventanas del suelo al techo, domina el nivel del *lanai* y la ciudad de Miami. Un mercado de comida en la primera planta, junto con restaurantes, tiendas y otras comodidades, completan el conjunto.

1

1. *Alzado noroeste, de noche.*
2. *Alzado oeste.*
3. *Plano de planta típica, plantas 20-51.*
4. *Plano de la planta del podio.*

Imagen renderizada cortesía de Nichols Brosch Wurst Wolfe & Associates, Inc.

3

4

2

Ubicación: Miami, Florida, Estados Unidos
Fecha prevista para la finalización de la obra: 2011
Arquitecto: Nichols Brosch Wrust Wolfe & Associates, Inc.
Interiores: RTKL
Cliente: P & G Development, Ltd.
Ingeniería de estructuras: Ysrael A. Seinuk, P. C.
Ingeniería mecánica: Hufsey Nicolaides García Suárez Associates, Inc.
Arquitecto paisajista: Urban Resource Group (una división de Kimley-Horn & Associates, Inc.)

Consultoría para el transporte vertical: KONE, Inc.
Altura: 252 m
Plantas por encima del suelo: 76
Plantas útiles por encima del suelo: 74
Plantas mecánicas y sus números: 5 plantas, la 45, 46 (parte), 67, 75 y 76
Uso: residencial, comercial
Superficie del lugar: 7.040 m²
Superficie del edificio por encima del suelo: 182.641 m²

Superficie de una planta típica: 6.038 m² (podio aparcamiento, plantas 1-13); 1.672 m² (plantas residenciales 14-74)
Módulo base del proyecto: 1,5 m
Plazas de aparcamiento: 1.530
Principales materiales estructurales: acero, hormigón, hormigón armado, muro cortina
Otros materiales: hormigón prefabricado, aluminio, mármol, granito

The City of Capitals

City of Capitals forma parte del Centro Internacional de Negocios de Moscú (MIBC, en sus siglas inglesas), un proyecto financiero y de construcción conocido como Moscow-City (Ciudad de Moscú). Este complejo multifuncional es uno de los proyectos financieros y de construcción más grandes de Europa, con una superficie de aproximadamente2,5 millones de m². Su implementación es un signo de que Moscú está posicionándose como uno de los centros de negocio internacional líder a escala mundial.

El complejo está situado en el terraplén Krasnopresnenskaya, a tan sólo 4 km del kremlin. Esta ubicación brinda a los residentes vistas panorámicas de la ciudad, incluidos el kremlin y los rascacielos de Moscú, el río y todo el desarrollo urbanístico del Centro Internacional de Negocios de Moscú

El complejo City of Capitals está formado por dos torres residenciales, de 73 y 62 plantas, bautizadas con el nombre de las dos capitales –Moscú y San Petersburgo–, y por un complejo de oficinas colindante. El enfoque arquitectónico del complejo hunde sus raíces en el constructivismo ruso del siglo xx, con sus netas y características formas geométricas. Las torres cuadradas están giradas en ejes a la altura de las plantas técnicas, lo que da movimiento a sus siluetas. El inusual diseño geométrico de las dos torres da fortaleza estructural y permite la creación de amplios apartamentos con ventanas panorámicas. Los ecos del constructivismo ruso se pueden apreciar no sólo en la proporción de los tamaños de los podios y de las torres, sino también en el diseño de la fachada. Un «mosaico» hecho de losas de terracota clara y oscura realza las líneas verticales. Las losas también enfatizan la parte residencial del edificio, donde se vuelve a dar la combinación de superficies lisas y rugosas de la fachada del podio.

El programa del edificio incluye 104.000 m² de apartamentos en las plantas 19-73; 84.000 m² de oficinas en las plantas 4-7; un centro comercial de 22.000 m² en la planta baja y la primera; un centro de *fitness,* una piscina y un *spa* en la planta 3; y 94.000 m² de aparcamiento en las plantas 1-16. Los apartamentos en el complejo están divididos en seis tipos, con superficies desde los 105 m² de los apartamentos Deluxe de una habitación, hasta los 220 m² de los Royal de dos habitaciones.

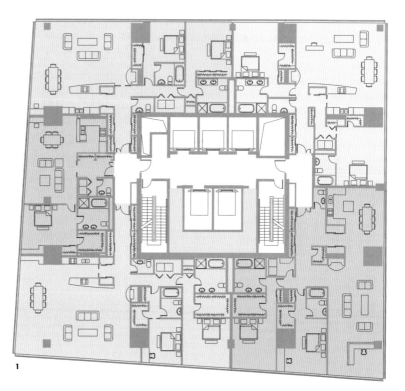

1. *Plano de planta residencial prototípica.*
2. *Vista general.*
Imágenes renderizadas cortesía de Capital Group Holding/NBBJ.

1

2

Ubicación: Moscú, Rusia

Fecha de finalización de la obra: 2009

Arquitecto: NBBJ

Cliente: Capital Group Holding

Ingeniería de estructuras: Arup

Ingeniería mecánico: Arup

Consultoría para el transporte vertical: Arup

Contratista general: ANT YAPI

Altura: 286 m (torre Moscú); 245 m (torre San Petersburgo)

Plantas por encima del suelo: 73 (torre Moscú), 62 (torre San Petersburgo)

Plantas útiles por encima del suelo: 68 (torre Moscú), 58 (torre San Petersburgo)

Sótanos: 6

Uso: residencia, oficinas, tiendas, ocio

Superficie del lugar: 1,27 ha

Superficie del edificio por encima del suelo: 211.066 m²

Superficie de una planta típica: 922 m²

Plazas de aparcamiento: 2.110 plazas subterráneas

Principales materiales estructurales: hormigón armado con megacolumnas

Otros materiales: cristal, terracota, piedra, aluminio, granito

Gate to the East

Este innovador desarrollo urbanístico creará una monumental entrada para el nuevo distrito empresarial central de Suzhou, parte del Parque Tecnológico Industrial Suzhou. Situado en la orilla occidental del lago Jinji, este proyecto se alzará casi 300 m. En la actualidad está considerado como el mayor edificio exento de China. Albergará dos hoteles de categoría internacional, locales de oficinas, apartamentos con servicio de habitaciones y 90.000 m² de tiendas.

El diseño y planificación de las torres gemelas Suzhou refleja el intento del diseño de entregar un entorno público comercialmente viable enriquecido con atractivos «espacios para la gente». El nuevo Suzhou CBD se convertirá en un vibrante nuevo destino urbano en armonía con, y completando, el plan maestro propuesto para el nuevo CBD.

Las torres gemelas Suzhou conectarán el entorno peatonal ajardinado exterior con el interior, llevando el espacio verde a través de la torre hasta las *suites* del jardín presidencial de la parte superior y creando jardines a gran altura por todo el edificio. Las explanadas peatonales de la planta baja conectan a la perfección el nuevo desarrollo urbanístico con el lago y sus alrededores.

En respuesta a su exclusiva y prominente ubicación, y a las expectativas del cliente para el proyecto, el edificio Gate to the East (Puerta a Oriente) está formado por la unión de dos torres gemelas que crean un gran arco para ampliar el eje CBD hacia el lago. Debido a su geometría aerodinámica, los pisos superiores tienen fachada más ancha hacia el lago, y así se maximiza la superficie de planta con vistas a éste. Dos piezas de muro cortina se superponen con suavidad a la torre, reminiscencia de la suave seda de Suzhou.

Para ser coherente con Suzhou —una ciudad histórica con gran cantidad de jardines y arquitectura tradicional china—, se eligieron tonos negros, blancos y grises como principales colores del edificio. El concepto de jardín típico chino también está aplicado en la organización del lugar. Ceñido alrededor de la carcasa y suelto en el centro, hace que la plaza peatonal central sea mucho más íntima y animada.

1

1. *Perspectiva del jardín.*
2. *Plan maestro.*
3. *Perspectiva aérea del edificio Gate to the East.*

Imágenes renderizadas cortesía de RMJM Hong Kong Limited.

2

Ubicación: **Suzhou, China**
Fecha prevista para la finalización de la obra: **desconocida**
Arquitecto del diseño: **RMJM Hong Kong**
Arquitecto local: **East China Architectural Design & Research Institute (ECADI)**
Cliente: **Suzhou Chinaing Real Estate Co. Ltd.**
Ingeniería de estructuras, mecánica y de transporte vertical: **Arup**
Altura: **casi 300 m**

Plantas por encima del suelo: **68**
Sótanos: **5**
Plantas útiles por encima del suelo: **de la planta sótano 1 a la planta sótano 5**
Uso: **oficinas, apartamentos con servicio de habitaciones, hotel, tiendas**
Superficie del lugar: **24.000 m²**
Superficie del edificio por encima del suelo: **338.630 m²**
Plazas de aparcamiento: **1.871**

Principales materiales estructurales: **hormigón, acero estructural, cristal completamente endurecido**
Otros materiales: **muro cortina de aluminio por unidades, montantes de acero revestido, revestimiento de aluminio, unidades de acristalamiento aislante, cristal claro, cristal poroso**
Coste: **3,5 billones de RMB**

I & M Tower

La I & M Tower formará parte de la City of Arabia, situada en un nuevo suburbio en el corazón de Dubailand, un desarrollo urbanístico realizado por Ilyas and Mustafa Galadari. El proyecto consta de 3.750.00 m² en una parcela de tierra de 1.850.000 m² a unos 18 km del aeropuerto internacional de Dubái. Entre los principales elementos de la City of Arabia están el enorme Mall of Arabia, el mayor centro comercial de la región y uno de los más grandes del mundo; el parque temático de los dinosaurios, el Restless Planet, realizado en colaboración con el Museo de Historia Natural de Londres; un canal que fluye entre los edificios de apartamentos y está flaqueado por paseos sombreados, cafeterías, restaurantes, tiendas 24 horas y lugares de relax; y, por último, 34 elegantes torres. El objetivo del proyecto es construir una comunidad y crear un nuevo barrio atractivo en Dubái.

La I & M Tower se levanta en la fachada prominente hacia la Emirates Road y contribuye con la línea continua de torres de elite a lo largo de esta columna vertebral urbana principal que conecta con el centro de la ciudad. La torre, uno de los principales iconos simbólicos de City of Arabia, es fácil de identificar gracias a la característica forma geométrica de su parte superior. El recorte de cuarto de círculo de la parte superior y el tejado secundario inclinado se convierten en rasgos característicos de la torre. Dos elementos blancos con forma triangular situados en la parte frontal articulan el muro cortina de color azul cielo.

1

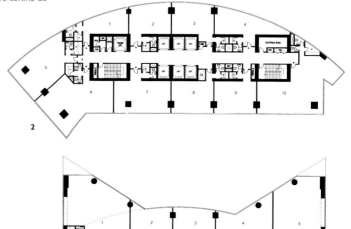

2

1. Vista de la I & M Tower dentro del desarrollo urbanístico City of Arabia.
2. Plano de planta típica (zona superior).
3. Plano de planta típica (zona inferior).
4. Vista general.

Imágenes renderizadas cortesía de P & T Architects and Engineers Ltd.

3

0   8 m

4

Ubicación: Dubái, Emiratos Árabes Unidos
Fecha prevista para la finalización de la obra: 2010
Arquitecto: P & T Architects & Engineers, Ltd.; Alex Vacha Architects
Cliente: Ilyas and Mustafa Galadari Management Investment & Development LLC
Ingeniería de estructuras: WSP Middle East Limited
Ingeniería mecánica: WSP Middle East Limited

Dirección de proyecto: Hill International
Altura: 290 m (aproximadamente)
Plantas por encima del suelo: 54
Sótanos: 1
Plantas útiles por encima del suelo: 46
Plantas mecánicas: 2
Uso: oficinas
Superficie del lugar: 6.387 m²

Superficie del edificio por encima del suelo: 62.708 m²
Superficie de una planta típica: 1.472 m²
Módulo base del proyecto: 1,5 m
Plazas de aparcamiento: 908
Principales materiales estructurales: hormigón armado
Otros materiales: revestimiento metálico, cristal reflectante

Edificio Eurasia

Swanke Hayden Connell Architects fueron contratados por SUMMA, la Compañía de Desarrollo Urbanístico Turca que trabaja con inversores rusos, para diseñar una torre de 67 plantas, uso mixto y 186.000 m² de superficie en un emplazamiento de 140.000 m². El edificio tendrá 31 plantas de espacio para oficinas comerciales de tipo A, según los estándares americanos de ocupación. Por encima del espacio de oficinas habrá un vestíbulo a gran altura con servicios e instalaciones para las oficinas y para los residentes de las 19 plantas de apartamentos sobre este vestíbulo. En la base del edificio, cuatro plantas de tiendas conectarán con un enorme complejo comercial en el centro de este lugar en el centro de Moscú, no lejos del kremlin.

El conjunto del Centro Internacional de Negocios de Moscú, al que pertenece la torre, aspira a convertirse en un desarrollo urbanístico de uso mixto, que, con una superficie de 60 ha, albergará unos 2.800.000 m² de tiendas, residencias, hotel, comercio y oficinas gubernamentales, así como un importante centro de transportes. Está dividido en 16 parcelas que rodean el complejo comercial. Se espera que el complejo en su totalidad esté finalizado para el año 2020.

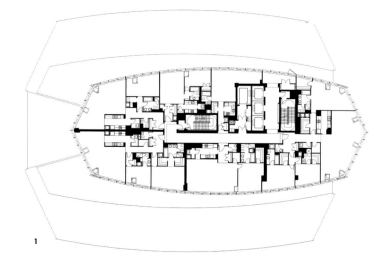

1

1. *Plano de plata residencial prototípica (plantas 48-66).*
2. *Plano de la planta baja.*
3. *Vista general.*
4. *Detalle de la fachada.*
5. *Base de la torre.*

Imágenes renderizadas cortesía de Swanke Hayden Connell Architects.

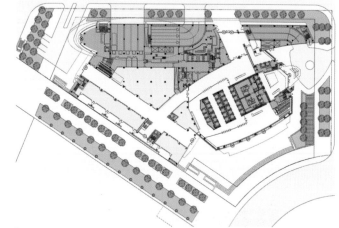

2

Ubicación: Moscú, Rusia
Fecha prevista para la finalización de la obra: 2011
Arquitecto: Swanke Hayden Connell Architects
Cliente: ZAO Tekinvest
Ingeniería de estructuras: Thornton-Tomasetti Engineers Division
Ingeniería mecánica: Cosentini Associates
Altura: 305 m
Plantas por encima del suelo: 67

Sótanos: 5
Plantas útiles por encima del suelo: 64
Plantas mecánicas: 3
Uso: mixto, principalmente oficinas y residencia
Superficie del lugar: 10.970 m² (en superficie)
Superficie del edificio por encima del suelo: 158.000 m²
Superficie de una planta típica: 2.500 m² (plantas de oficinas); 1.000 m² (plantas residenciales)

Módulo base del proyecto: 1,5 m
Plazas de aparcamiento: 800
Principales materiales estructurales: acero estructural, hormigón armado
Otros materiales: acero inoxidable, granito
Coste: 275 millones de F

3

4

5

Torre Northeast Asia Trade

La torre Northeast Asia Trade se alza ya más de 305 m por encima del mar Amarillo y domina uno de los centros de convenciones sin columnas más grandes de la península de Corea; será el primero de los edificios comerciales dentro de New Songdo City. Esta nueva torre de 140.000 m² de superficie brindará una ubicación emblemática para empresas de primer orden, tiendas *outlet* de artículos de calidad, alojamiento de lujo y aparcamiento subterráneo.

La zona comercial de la torre, situada en la planta del sótano y la baja, albergará las *boutiques* emblemáticas de muchas marcas de moda de fama internacional. En las plantas 1-27, se cuenta con aproximadamente 60.000 m² de espacio para oficinas comerciales. El espacio para oficinas será el punto de referencia en el noreste de Asia para un prestigioso complejo comercial abierto las 24 horas del día y orientado a escala mundial, que será sede de muchas de las empresas internacionales e instituciones financieras líderes.

En las plantas 28-45 estarán ubicadas las 600 habitaciones de hotel de 5 (o 6) estrellas. Además, las plantas 46-64 contarán con unos 100 apartamentos con servicio de habitaciones, dirigidos a los ejecutivos más exigentes. Este espectacular edificio dispondrá asimismo de un salón a gran altura en la planta 65 que ofrecerá las más increíbles vistas de Corea, con las islas que salpican el mar Amarillo y los picos de las montañas cercanas.

El complejo de la torre será el centro de New Songdo City y brindará fácil acceso a todos los componentes asociados a este estilo de vida, entre ellos el centro de convenciones, los museos, el parque central, el campo de golf, el acuario, los colegios internacionales, los hospitales, canales y tiendas de primer orden.

1. *Alzados y sección.*
2. *Diagrama de corte axonométrico.*
3. *Imagen de la torre a vista de pájaro en su contexto con el centro de convenciones.*

Imágenes renderizadas de 3D-Win, Korea.

1

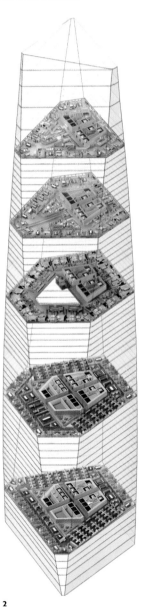

2

Ubicación: New Songdo City, Corea del Sur
Fecha prevista para la finalización de la obra: 2011
Arquitecto del diseño: Kohn Pedersen Fox Associates PC
Arquitecto asociado: Heerin Architects & Engineers
Cliente: NSCDLLC New Songdo City Develompent Limited Liability Coorporation (Gate International and Posco E&C)
Ingeniería de estructuras: Ove Arup
Ingeniería mecánica: Ove Arup

Consultoría para el transporte vertical: Lerch, Bates & Associates Inc.
Altura: 305 m
Plantas por encima del suelo: 65
Sótanos: 4
Plantas útiles por encima del suelo: 65
Plantas mecánicas y sus números: 3 plantas, la 13, 33 y 65
Uso: mixto con oficinas, residencia, hotel, tiendas y aparcamiento

Superficie del lugar: 4.645 m²
Superficie del edificio por encima del suelo: 139.350 m²
Superficie de una planta típica: 2.322,5 m²
Módulo base del proyecto: 1,8 m
Plazas de aparcamiento: 970 plazas bajo la torre
Principales materiales estructurales: estructura de acero, núcleo de hormigón, muro cortina de cristal y aluminio
Otros materiales: piedra, madera, cristal, acero inoxidable

Ocean Heights

Dubai Marina tendrá pronto una nueva estructura añadida a su *skyline,* la torre de 310 m de alto Ocean Heights. El proyecto recibió en 2005 el Premio Bentley al mejor diseño de arquitectura internacional.

La torre de 83 plantas será fácilmente reconocible gracias a su forma girada, que permite que cada apartamento –incluso los de la parte trasera– tenga unas majestuosas vistas del océano.

El giro del edificio comienza en su base. A medida que asciende, el tamaño de las plantas disminuye, lo que hace que el giro de la torre pueda ser más pronunciado si cabe. A partir de la planta 50, el edificio se alza sobre sus vecinos, lo que hace posible la existencia de dos caras con vistas ininterrumpidas del océano. La torre se separa de la cuadrícula ortogonal y reorienta el proyecto hacia el norte, hacia una de las islas Palm de Dubái.

El aspecto más desafiante del diseño era satisfacer las estrictas exigencias del cliente acerca de los diseños de las unidades dentro de un envoltorio cambiante. El resultado fue un módulo racional de casi 4 m, cuyo camino sigue a lo largo de todo el edificio y sólo cambia en la fachada. Esto también simplificó considerablemente el sistema estructural del proyecto.

El principal reto estructural era minimizar cómo afecta el viento a la torre. La altura total del edificio, con sus bordes afilados, podía tener altos niveles de movimiento cuando se viera sujeto tanto a vientos constantes de baja velocidad como a los *downbursts,* tormentas de corta duración y alta intensidad. El viento en Dubái está dominado por las brisas marinas continuas por la tarde y los intensos vientos Shamal, que ocurren en algunas estaciones. Estos tipos de viento pueden causar considerables movimientos en los edificios altos de Dubái a no ser que se incluyan en el diseño del proyecto las medidas adecuadas. El sistema propuesto de paredes cortantes continuas, a modo de «muros estabilizadores de refuerzo» desde el núcleo, combinado con los dispositivos de amortiguamiento de masa, reduce significativamente este movimiento.

Un núcleo central de hormigón armado de perímetro máximo, que recorre toda la altura del edificio, realiza una importante aportación a la rigidez lateral y de torsión de la torre. Este núcleo central se ve aumentado por paredes que cruzan desde el centro hasta el perímetro a lo largo de la altura total del edificio. Estos muros están unidos al núcleo con hormigón postensado. Esta técnica permite que se produzca el movimiento diferencial del núcleo y las paredes *outrigger* durante la construcción antes de que queden unidas. Los suelos incorporan refuerzos postensados para permitir el desmontaje previo del encofrado del suelo y reducir aún más el tiempo de construcción.

Para asegurar la estabilidad de esta alta estructura sobre la arena, la torre tendrá que ser creada a partir de numerosos pilotes de 1,2 m de diámetro anclados en las formaciones de arena y roca blanda a una distancia aproximada de 15 m por debajo de la planta baja.

1.   *Alzado.*
2 y 4.   *Imágenes renderizadas de vista general.*
3.   *Planos de plantas prototípicas inferiores (planta baja-51) y superiores (52-81).*

Imágenes renderizadas cortesía de Aedas Limited.

1

Ubicación: Dubái, Emiratos Árabes Unidos
Fecha prevista para la finalización de la obra: 2010
Arquitecto: Aedas Limited
Cliente: DAMAC Properties Co. LLC.
Ingeniería de estructuras: Meinhardt, Singapur
Ingeniería mecánica: M/S Engineering Associates, Dubái
Contratista: APCC
Promotor: DAMAC Properties Co. LLC.
Dirección de proyecto: FADI GHALEB

Altura: 310 m
Plantas por encima del suelo: 83
Sótanos: 3
Plantas útiles por encima del suelo: 83
Plantas mecánicas y sus números: 4 plantas, la 35, 36, 65 y 66
Uso: residencia
Superficie del lugar: 3.476 m²
Superficie del edificio por encima del suelo: 79.771 m²
Superficie de una planta típica: 1.290 m²

Módulo base del proyecto: 4 m
Plazas de aparcamiento: 685
Principales materiales estructurales: hormigón armado, muro cortina
Otros materiales: revestimiento de aluminio, cristal
Coste: 500 millones de AED

2

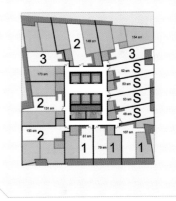

3

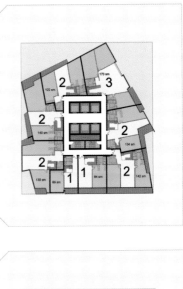

4

Waterview Tower

La Waterview empleó una estrategia de masa que está relacionada con la escala, retranqueos y materiales de los edificios colindantes. Se compone verticalmente de base, parte intermedia y parte superior, y su piel tiene una textura para crear una fachada rica y expresiva. En todas las fachadas las plantas residenciales están articuladas con filas de ventanas curvadas que hacen que todas las unidades tengan vistas sin igual en todas las direcciones. Estas filas crean escala y permiten distinguir la zona residencial de las plantas del hotel. El edificio está coronado con una franja de áticos inferiores y superiores. Estas plantas superiores vienen definidas por la extensión de las columnas verticales, que crean una parte superior y terminación de la torre característicos.

La forma del edificio ajusta el programa a medida que cambia de planta en planta. La planta de la base del edificio es cuadrada e incluye vestíbulo, restaurantes, hotel, servicios y aparcamiento. A medida que los usos cambian en las zonas superiores del edificio, lo mismo hace su silueta. Las 60 plantas de arriba, donde se ubican los pisos residenciales, tienen una planta triangular más pequeña. Esta configuración de la planta crea la esbelta torre, que parece una aguja y se alza desde una gran base; proporciona unidades orientadas al sur con vistas al este y noreste por encima del corredor del río Chicago hasta la avenida Michigan y el lago que está más allá.

El marco estructural está construido todo él de hormigón armado vertido in situ. Esta configuración cambia a medida que varían las funciones con la altura del edificio. La parte inferior, hasta la planta 28, tiene un núcleo central cortante rectangular, «supercolumnas» (de unos 65 cm) en el extremo norte, y columnas convencionales en los otros tres extremos. La parte superior, la torre de viviendas, que tiene una planta de menor tamaño y se desplaza hacia el norte desde la parte inferior, utiliza columnas convencionales y paredes cortantes. Las cargas de gravedad y el efecto de vuelco de la carga del viento desde la parte superior los sustenta fundamentalmente el núcleo central y las supercolumnas de debajo; una alfombra de hormigón de 2,75 m de grosor en la planta 28 contribuye a que se realice la transferencia.

Llenando el último hueco vacío en la pared de edificios a lo largo de la orilla del río, la Waterview Tower se posiciona como uno de los grandes conjuntos arquitectónicos del mundo. La forma articulada y el muro cortina cristalino de la torre están diseñados para capturar las magníficas vistas del río Chicago, el lago Michigan y el icónico *skyline* de Chicago.

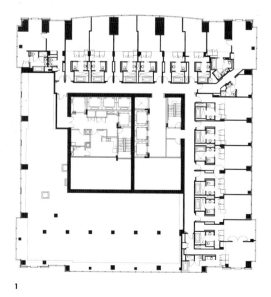

1

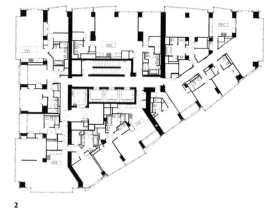

2

1. *Plano de planta de hotel prototípica, plantas 12-27.*
2. *Plano de planta residencial prototípica.*
3. *Mirando hacia el este a lo largo del río Chicago.*
4. *Mirando hacia el oeste a lo largo del río Chicago.*

Fotografía cortesía de Teng & Associates, Inc. (3); Rusell Philips, Russell Philips Photography (4).

3

4

Ubicación: Chicago, Illinois, Estados Unidos

Fecha prevista para la finalización de la obra: la obra se suspendió en 2008, con 26 plantas construidas

Arquitecto: Teng & Associates Inc.; Thomas Hoepf, FAIA; Edward Wilkas, AIA

Cliente: Waterview, LLC & Shangri-La Hotels and Resorts

Promotor: Waterview, LLC

Ingeniería de estructuras: Teng & Associates Inc.

Ingeniería mecánico: Teng & Associates Inc.

Consultoría para el transporte vertical: Thyssen Krupp Elevator

Arquitecto paisajista: Teng & Associates Inc.

Jefe de obra: Teng & Associates Inc.

Dirección de proyecto: Waterview, LLC

Altura: 320 m (incluidos los pináculos)

Plantas por encima del suelo: 90

Sótanos: 4

Plantas útiles por encima del suelo: 85

Plantas mecánicas y sus números: 5 plantas, la M, 28, 67, 89 y 90

Uso: residencia, hotel, aparcamiento

Superficie del lugar: 2.238 m²

Superficie del edificio por encima del suelo: 106.835 m² (aproximadamente)

Superficie de una planta típica: 1.022 m² (residencia, aprox.); 1.301 m² (hotel, aprox.); 2.137 m² (aparcamiento, aprox.)

Módulo base del proyecto: 1 m

Plazas de aparcamiento: 512

Principales materiales estructurales: hormigón armado vertido in situ

Otros materiales: cristal, granito, aluminio

Coste: 400 millones de dólares americanos

Rose Rotana

Dubái, EMIRATOS ÁRABES UNIDOS

También conocido como Rose Tower, el proyecto es un desarrollo urbanístico hotelero de prestigio que consiste en una torre de 333 m de alto, con 482 apartamentos de calidad estilo hotel, con distribución de estudio y habitación de un solo dormitorio. En la planta baja se encuentran las zonas de recepción principal y la dirección, y en la entreplanta están las zonas de servicio y administración. El restaurante y la cocina principal se encuentran situados en la primera planta, y la segunda y tercera están reservadas a las salas de reuniones y al salón de actos. De la planta 4 a la 7 se encuentran las instalaciones de mantenimiento y del personal, unidades de oficinas amuebladas y pisos estilo estudio.

El diseño también preveía una estructura aparte de seis plantas para aparcamiento, club de salud y bienestar, la piscina de la azotea y la instalación de sistemas MEP. En el momento de su inauguración, 23 de diciembre de 2009, era el hotel más alto del mundo.

1. *Plano de planta típica, plantas 54-65.*
2. *Plano de planta típica, plantas 9-28 y 31-51.*
3. *Plano de la planta baja.*
Página siguiente:
    Vista general.

Imágenes renderizadas cortesía de Khatib & Alami CEC.

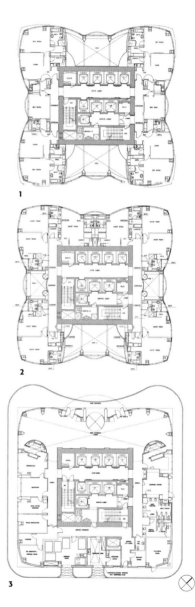

1

2

3

Ubicación: Dubái, Emiratos Árabes Unidos
Fecha de finalización de la obra: 2007
Arquitecto: Khatib & Alami CEC
Cliente: Sh. Maktoum Bin Khalifa Bin Saeed Al Maktoum
Ingeniería de estructuras: Khatib & Alami CEC
Ingeniería mecánica: Khatib & Alami CEC

Consultoría para el transporte vertical: ABBCO Company
Altura: 333 m
Plantas por encima del suelo: 72
Sótanos: 1
Plantas mecánicas: 7
Plantas útiles por encima del suelo: 60

Uso: hotel
Superficie total construida: 50.817 m² (torre); 11.315 m² (aparcamiento)
Superficie de una planta típica: 727 m²
Plazas de aparcamiento: 243
Principales materiales estructurales: acero
Otros materiales: hormigón

Nanjing International Center

Situado en el lugar más prominente del centro de Nanjing, el Nanjing International Center, de 400.000 m² está diseñado para sacar provecho de su excelente localización y servir como monumento emblemático para la ciudad. Este programa diferente de este proyecto de uso mixto y extremadamente grande integra las funciones de tiendas, oficinas, hotel y aparcamiento, y las expresa como componentes diferenciados. Esta organización aprovecha al máximo el potencial de desarrollo del proyecto y hace posible su construcción en fases. Cada componente cuenta con una sólida y reconocible entrada y está planeado de tal forma que su ubicación dentro de un desarrollo urbanístico mayor no lo compromete funcionalmente.

El complejo está organizado cuidadosamente como una serie de volúmenes que responden al emplazamiento, contexto y orientación hacia la majestuosa Montaña Púrpura y el lago Xuanwu del proyecto. La fase 1 consiste en un podio de ocho plantas de tiendas con ocho torres simétricas de 38 plantas. Así, el podio y las torres hacen de marco para el elemento central del complejo, una torre de 76 pisos, que corresponde a la fase 2.

Este podio de tiendas del proyecto está retranqueado con relación a la calle, creando una gran plaza cívica que activa el borde de la calle y respeta el contexto urbano del proyecto. La fachada de cristal curva del podio está diseñada para complementar esta grande y ceremoniosa plaza, y establece la entrada principal al centro comercial. Dentro, una claraboya situada en el centro ilumina el atrio de ocho plantas, y llena el espacio con luz natural con lo que se realza la organización del centro comercial.

Cada una de las dos torres de la fase 1 está compuesta de volúmenes rectilíneos desplazados de diferentes alturas. Las líneas inclinadas de los tejados de las torres contribuyen a crear un perfil dinámico para el proyecto en el *skyline* de la ciudad. Para aprovechar al máximo las vistas hacia la Montaña Púrpura y el lago, las fachadas de las torres están en ángulo para permitir una fantástica orientación. Las ventanas aserradas que se proyectan desde las fachadas no sólo optimizan las vistas, sino que también crean un rico juego de luces y sombras en el edificio.

En la fase 2, los componentes de hotel, aparcamiento y oficinas están apilados en una única torre que alcanza una altura de 350 m. Coronada en la parte superior por un vestíbulo y restaurantes, esta torre brindará unas vistas continuas excepcionales de toda la ciudad e identificará el complejo en el *skyline* de Nanjing.

1 y 3.   *Imagen renderizada del exterior.*
   2.   *Alzado norte.*
Imágenes renderizadas cortesía de Goettsch Partners.

1

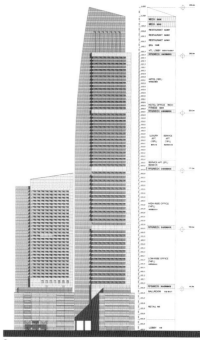

2

Ubicación: Nanjing, China

Fecha prevista para la finalización de la obra: la construcción está paralizada; se prevé su finalización para 2013

Arquitecto: Goettsch Partners

Cliente: Nanjing International Group, Ltd.

Ingeniería de estructuras: Fase 1: East China Architectural Design & Research Institute, Co. Ltd.; Fase 2: Magnusson Klemencic

Ingeniería mecánica: Fase 1: East China Architectural Design & Research Institute, Co. Ltd.; Fase 2: Parsons Brinckerhoff

Arquitecto paisajista: Fase 1: SWA Group

Contratista: Fase 1: Beijing Urban Construction Group, Co. Ltd.

Promotor: Nanjing International Group Ltd.

Altura: Fase 1: 168 m; Fase 2: 350 m

Plantas por encima del suelo: Fase 1: 38; Fase 2: 76

Sótanos: Fase 1: 2; Fase 2: 3

Plantas útiles por encima del suelo: Fase 1: 34; Fase 2: 70

Plantas mecánicas y sus números: Fase 1: 1 planta, la 24; Fase 2: 5 plantas, la 9, 24, 39, 57 y 76

Uso: hotel, oficinas, residencia, tiendas, aparcamiento

Superficie del lugar: 32.477 m²

Superficie del edificio por encima del suelo: 226.634 m² en la Fase 1; 176.000 m² en la Fase 2

Superficie de una planta típica: Fase 1: 1.550 m²; y Fase 2: 2.225 m²

Módulo base del proyecto: 1,5 m

Plazas de aparcamiento: Fase 1: 625; Fase 2: 510

Principales materiales estructurales: Fase 1: hormigón armado; Fase 2: acero

Otros materiales: exteriores de muro cortina de aluminio/cristal, granito

23 Marina

El 23 Marina es un desarrollo urbanístico portuario exclusivo situado en el inicio de la Dubai Marina; domina el golfo Arábigo, la Sheikh Zayed Road y la Dubai Media City.

Se trata de un recinto urbano de torres de gran altura que dominan el puerto artificial con un encantador bulevar flanqueado por tiendas y restaurantes exclusivos.

Con una altura de 389 m, el 23 Marina se manifiesta en hormigón visto y cristal tintado de azul. Podios y balcones triangulares salientes que contrastan con su nítido perfil acentúan su poderosa forma. De la aguja sobre el pináculo surgen unos palios triangulares que cubren las terrazas, lo que acentúa la forma aerodinámica del edificio.

El esquema del edificio es una combinación de apartamentos de lujo de dos y tres habitaciones, y fastuosos dúplex con vistas al océano, la ciudad, la marina y la playa Jumeirah. La torre de 90 plantas abarca 48 apartamentos dúplex exclusivos desde la planta 62 a la 85. Cada uno de estos dúplex de 530 m² ofrece características únicas, como ascensores privados, piscinas de cubierta abierta y *jacuzzis* privados. Todos los apartamentos presentan interiores en un estilo internacionalmente contemporáneo, con acabados en mármol y madera, y una cocina completamente equipada.

La torre dispone de una entrada impresionante de seis plantas, y la zona residencial también puede presumir de un elitista club de salud y *spa,* jardín, pista de correr, piscinas cubiertas con control de temperatura y piscina infantil.

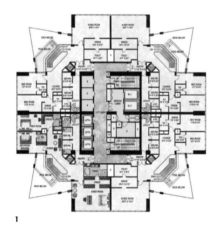

1

3

2

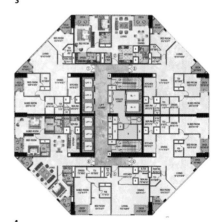

4

Ubicación: Dubái, Emiratos Árabes Unidos
Fecha prevista para la finalización de la obra: 2011
Arquitecto de concepto: Architect Hafeez Contractor
Arquitecto local: KEO International Consultants
Promotor: Hircon International LLC (una empresa conjunta Hiranandani–ETA STAR)
Ingeniería consultoría para el viento: Rowan Williams Davies & Irwin Inc.

Dirección de proyecto: KEO International Consultants
Diseñado de interior: KEO International Consultants
Altura: 389 m
Plantas por encima del suelo: 90
Sótanos: 4
Uso: residencia
Superficie del edificio por encima del suelo: 138.410 m²

6

1. *Plano de planta zona superior (plantas 62-85), apartamento dúplex.*
2. *Plano de planta zona superior, apartamento dúplex.*
3. *Plano planta típica, plantas 35-58.*
4. *Plano planta típica, plantas 8-31.*
5. *Vista general de la torre 23 Marina.*
6. *El vestíbulo.*

Imágenes renderizadas cortesía de Architect Hafeez Contractor.

Torre Al Hamra

Situada en la ciudad de Kuwait, la torre Al Hamra forma parte de un complejo comercial que consta de oficinas, club de bienestar y un centro comercial con teatros y zona de restaurantes. Con una altura de 412 m, esta icónica torre de oficinas será el edificio más alto de Kuwait. La superficie bruta total de la torre, con las dos plantas de sótanos, es superior a los 185.000 m².

A medida que la torre asciende, se ha movido y girado de oeste a este una cuarta parte de cada planta. El volumen resultante aprovecha al máximo las vistas al mar hacia el norte, a la vez que mantiene constante la superficie de planta, de 2.500 m². Esta simple operación crea una ilusión de un edificio que se retuerce y, gracias a esto, logra una percepción visual compleja. La cúspide del edificio es una evolución natural de su geometría de espiral ascendente.

El núcleo central de la torre está revestido de piedra, lo que le confiere un carácter monolítico. Un muro cortina de metal y cristal transfiere luz y transparencia al interior, a la vez que optimiza las vistas al mar.

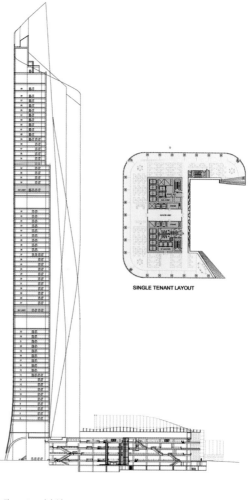

SINGLE TENANT LAYOUT

1

2

1. *El puente o skybridge.*
2. *Sección.*
3. *Vista nocturna.*

Imágenes renderizadas cortesía de Skidmore, Owings & Merrill LLP.

Ubicación: Sharq, Kuwait
Fecha prevista para la finalización de la obra: 2010 (no acabado)
Arquitecto: Skidmore, Owings & Merrill LLP
Arquitecto asociado: Al-Jazera Consultants
Cliente: Al Hamra Real Estate
Ingeniería de estructuras: Skidmore, Owings & Merrill LLP
Ingeniería mecánica: Skidmore, Owings & Merrill LLP
Consultoría para el transporte vertical: Van Deusen Associates

Contratista: Ahmadiah Contractign & Trading Co.
Dirección de proyecto: Turner Construction International
Altura: 412 m
Plantas por encima del suelo: 77
Sótanos: 3
Plantas mecánicas: 4
Uso: oficinas
Superficie del lugar: 10.987 m²

Superficie del edificio por encima del suelo: 195.000 m²
Superficie de una planta típica: 2.400 m² (superficie bruta)
Módulo base del proyecto: 1,5 m
Plazas de aparcamiento: 91 (torre), 1.652 (aparcamiento)
Principales materiales estructurales: hormigón armado
Otros materiales: muro cortina de piedra y cristal

Dubai Towers (Doha)

Ganador de un concurso internacional de diseño, Dubai Towers es un rascacielos dinámico y de elegantes proporciones que se alza 437 m sobre el golfo Arábigo. Este desarrollo urbanístico contará con tiendas de primer orden, oficinas, hotel, apartamentos con servicio de habitaciones y unidades residenciales.

Estructurado alrededor de un robusto núcleo de hormigón, con columnas perimetrales y tirantes diagonales, esta torre cristalina de gran altura se yergue por encima del podio en tres segmentos inclinados, que terminan en una aguja. Las plantas de servicio están introducidas en alturas estratégicas para satisfacer la estabilidad estructural y las necesidades de servicio. La geometría del edificio y la distribución interior están dirigidas a optimizar las vistas al mar. Las fachadas de cristal en ángulo y los tejados fuertemente inclinados relucirán con la reflexión del cambiante sol del desierto durante el día, y centellarán con serena elegancia al atardecer.

Este inconfundible desarrollo urbano está emplazado en una plaza urbana con generosos elementos de agua y paisajísticos. Un pórtico circular conduce hasta los vestíbulos del hotel y las oficinas, mientras que a las tiendas y los apartamentos se accede a lo largo de una cornisa peatonal.

1. Plano de planta típica de hotel, plantas 33-40.
2. Plano de planta típica de oficinas, plantas 5-32.
3. La orientación y geometría del edificio ofrece espléndidas vistas al mar.
4. Dubai Towers se alzan majestuosas sobre el golfo Arábigo.
5. Alzado noreste.
6. Los ascensores panorámicos que recorren la fachada norte animan la torre de noche y de día.

Imágenes renderizadas cortesía de RMJM Dubai.

El podio con revestimiento de granito alberga tiendas exclusivas, restaurantes e instalaciones de ocio. Las entradas a los distintos componentes del edificio están marcadas con unas «cristalizaciones» de vidrio en voladizo. El podio aterrazado ofrece un atractivo acceso peatonal a las tiendas y las cafeterías del puerto, y proporciona una masa esculpida que ancla visualmente la esbelta estructura.

En el interior de las plantas inferiores de la torre, losas prefabricadas de hormigón y vigas de acero que cruzan desde el núcleo hasta el perímetro crean un espacio de oficinas abierto y flexible, equipado con sistemas de gestión de edificios y comunicación de datos de última generación.

Situado a media altura de la torre, el hotel de cinco estrellas y los apartamentos con servicio de habitaciones disfrutan de magníficas y exclusivas vistas del golfo. Ascensores panorámicos que escalan la fachada norte de la torre conectan el vestíbulo con las *suites,* el atrio a gran altura, y las instalaciones de *spa* y comedor, que animan el edificio tanto de día como de noche.

Los apartamentos de lujo de una y dos habitaciones se encuentran en las plantas superiores. El diseño aprovecha la forma inclinada del tejado como oportunidad sin igual para hacer interesantes apartamentos *lofts.*

Cuando esté acabado, el Dubai Towers será un monumento insigne y la estructura más alta de Qatar, una referencia icónica y simbólica para el Emirato de Dubái.

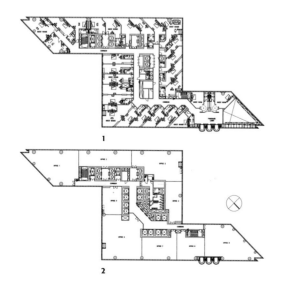

1

2

3

4

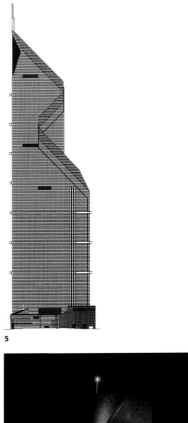

5

6

Ubicación: Doha, Qatar

Fecha prevista para la finalización de la obra: 2013

Arquitecto: RMJM Dubai; diseño de concepto: Hazel WS Wong

Cliente: Dubai International Properties

Ingeniería de estructuras: RMJM Dubai

Ingeniería de estructuras especial en grandes alturas: Hyder Consulting

Ingeniería mecánica: RMJM Dubai

Consultoría para el transporte vertical: HH Angus & Associates

Arquitecto paisajista: Al Khatib Cracknell

Contratista: Al Habtoor-Al Jaber, consorcio

Dirección de proyecto: Hill International

Altura: 437 m (incluida la aguja)

Plantas por encima del suelo: 94

Sótanos: 4

Plantas útiles por encima del suelo: 88

Plantas mecánicas y sus números: 7 plantas, la 4, 32 (parte), 41, 57, 83, 84 y 85

Uso: tiendas (GF-2), instalaciones y mantenimiento (3-4), oficinas (5-32), hotel (33-40), apartotel (42-6), apartamentos (59-82)

Superficie del lugar: (sin el aparcamiento satélite) 13.266 m²

Superficie del edificio por encima del suelo: (sin el aparcamiento satélite) 190.000 m²

Superficie de una planta típica: 900-2.600 m²

Módulo base del proyecto: 1,2 m

Plazas de aparcamiento: 3.500 (1.000 in situ, 2.500 en una estructura satélite)

Principales materiales estructurales: acero estructural, acero compuesto y hormigón armado, prefabricado y vertido in situ

Otros materiales: muro cortina por unidades de cristal claro y reflectante de alto rendimiento y bajo consumo energético, revestimiento en piedra, acero inoxidable, paneles y realces de aluminio

Torre Federación

La torre Federación forma parte del Centro de Negocios Internacional de Moscú, el Moscow-City, que consta de casi 2.500.000 m² de oficinas, hotel, tiendas y zonas de ocio distribuidos en varios rascacielos.

La torre Federación es una composición dinámica de dos torres de cristal, formadas por dos triángulos equiláteros esféricos que se estrechan por la parte superior y crecen de una base de piedra de cuatro plantas. La fisura existente entre la base y las torres queda realzada mediante una lente de cuatro pisos de alto. El eje vertical central del complejo está formado por un «alfiler», compuesto de ascensores de cristal, que continúa por encima del rascacielos y está conectado con las torres por varios puentes.

En el interior de la base y la lente hay un amplio atrio de 14 plantas con supermercados, salas de conferencia, bancos, centros comerciales, oficinas de compañías aéreas, cafeterías y restaurantes. El complejo tiene muchas funciones: incluye aproximadamente 250.000 m² de oficinas; apartamentos y un hotel; zonas de tiendas y restaurantes; varias zonas de ocio y centros de salud y belleza, así como un restaurante panorámico en lo alto de la torre más alta con vistas espectaculares de toda la capital rusa.

1. *Plano de planta típica de oficinas.*
2. *Vista general de noche.*

Imagen renderizada de «Federation Tower» Planning Association mbH.

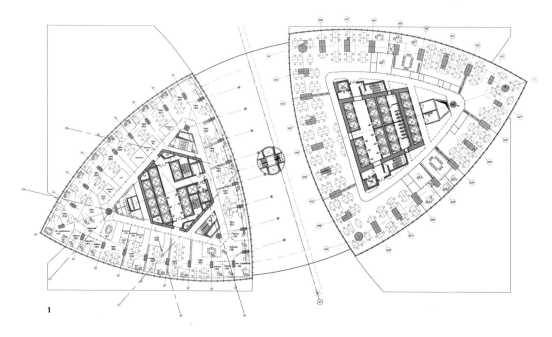

1

Ubicación: Moscú, Rusia
Fecha prevista para la finalización de la obra: 2012
Arquitecto: «Federation Tower» Planning Association mbH: Prof. Peter Schweger, ASP Schweger Assoziierte Gesamtplanung GmbH y Sergei Tchoban, nps tchoban voss GbR Architekten BDA; AM Prasch; P. Sigl; S. Tchoban; E. Voss
Cliente: Mirax-City
Ingeniería de estructuras: Thorton Tomasetti Engineers, Nueva York
Ingeniería mecánico: Ebert International
Consultoría para el transporte vertical: Ebert International

Altura: Torre A: 360 m; Torre B: 242,5 m (con la antena: 509 m)
Plantas por encima del suelo: Torre A: 93; Torre B: 62
Sótanos: 4
Uso: mixto de oficinas, hotel, apartamentos, tiendas y entretenimiento
Superficie del lugar: 10.840 m²
Superficie del edificio por encima del suelo: 423.000 m²
Superficie de una planta típica: 2.500 m²
Principales materiales estructurales: hormigón armado

Busan Lotte World Tower

Busan Lotte World Tower es un centro de ocio urbano situado en el puerto de Busán, en un lugar prominente entre la ciudad de Busán y la isla de Yong Do. Esta ubicación ofrece el único acceso a la isla. Esta instalación de referencia es el pilar comercial y de ocio de todo el distrito. La combinación de tiendas, teatros Imax, la última tecnología Cineplex, simuladores de movimiento, paseos temáticos teatralizados, clubs nocturnos y restaurantes ofrece un destino único y dinámico.

La visibilidad, una característica crítica del entretenimiento, era un poderoso estimulante para la integración del bloque principal de este proyecto: la visibilidad desde una sede a otra fomenta la interacción y el movimiento, a la vez que crea un entorno dinamizado. La expresión de los locales, eventos y actividades individuales articula y da escala a una instalación que de otra manera sería introvertida. Mediante la exposición completamente intencionada de estas cosas, Busan Lotte World se convierte en un exuberante destino de ocio.

El componente de oficinas y un hotel de cinco estrellas de aproximadamente 800 habitaciones, con 107 plantas, de este desarrollo urbanístico estará entre los edificios más altos del mundo. La torre será punto de referencia para la región a la vez que creará una puerta y un punto focal para el puerto y la ciudad de Busán. El plano del lugar respeta y responde a estas cuestiones orográficas.

Las marcas horizontales a lo largo del extremo norte de la torre se deben a una serie de referencias simbólicas tanto a Busán como a Corea. Un poste espíritu o tótem coreano (ChangSung) es una figura que media entre la tierra y el más allá. Los postes espíritu vigilan la antigua aldea y aseguran paz y prosperidad a los habitantes al expulsar al demonio. El concepto de la torre es encarnar la naturaleza de estos primitivos postes espíritu dentro de un lenguaje contemporáneo. Cortes profundos en la madera crean la máscara del tótem. Estos cortes, con el espectro de color tradicional de Corea, Sack Dong, que se ven reinterpretados en la torre, son marcas horizontales en puntos programáticos importantes a lo largo de la altura de la instalación. Las aperturas en la parte superior son salas de observación y la sala de juntas y la oficina del presidente. Las marcas inferiores indican las salas y vestíbulos del hotel.

1. *Plano de planta típica de oficinas (plantas 31-51).*
2. *Plano de la planta 54.*
3. *Plano de la planta 81.*
4. *Plano de la planta 82.*
5. *Un faro junto al mar, la torre será el centro de la vida comercial y nocturna.*
6. *El arte lúdico centra el espacio de reunión pública.*
7. *La planificación cuidadosa exigía considerar la relación del lugar con su entorno urbano.*

Imágenes renderizadas cortesía de Parker Durrant International.

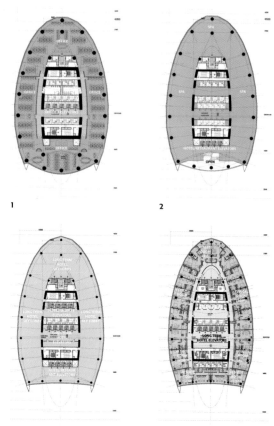

1

2

3

4

5

6

7

Ubicación: Busán, Corea del Sur
Fecha prevista para la finalización de la obra: 2013
Arquitecto: Parker Durrant International
Cliente: Lotte Moolsan Co. Ltd.: Lotte Shopping/Lotte Hotel
Ingeniería de estructuras: Magnuson Klementic Associates
Ingeniería mecánica: The Durrant Group, Inc.
Consultoría para el transporte vertical: Lerch, Bates & Associates, Inc.

Arquitecto paisajista: Parker Durrant International
Altura: 510 m
Plantas por encima del suelo: 110
Sótanos: 6
Plantas útiles por encima del suelo: 103
Plantas mecánicas y sus números: 4 plantas, la 25, 52, 80 y 105
Uso: hotel, oficinas, tiendas
Superficie del lugar: 40.816 m²

Superficie del edificio por encima del suelo: zona inferior: 290.139 m²; zona superior: 255.305 m²; total: 545.444 m²
Superficie de una planta típica: 2.369 m²
Módulo base del proyecto: rejilla radial
Plazas de aparcamiento: 2.300 bajo tierra
Principales materiales estructurales: acero, hormigón y compuesto
Otros materiales: cristal y panel de metal

Apéndices

Los 100 edificios más altos del mundo
Construidos a fecha de agosto de 2010

Puesto	Nombre	Ciudad	País	Año	Plantas	Metros	Pies	Material	Uso
1	Burj Khalifa	Dubái	Emiratos Árabes Unidos	2010	155	828	2.717	Mixto	Uso mixto
2	TAIPEI 101	Taipei	Taiwán	2004	101	508	1.667	Mixto	Oficinas
3	Shanghai World Financial Center	Shanghái	China	2008	101	492	1.614	Mixto	Uso mixto
4	International Commerce Centre	Hong Kong	China	2009	118	484	1.588	Hormigón	Oficinas
5	Torre Petronas I	Kuala Lumpur	Malasia	1998	88	452	1.483	Mixto	Uso mixto
6	Torre Petronas II	Kuala Lumpur	Malasia	1998	88	452	1.483	Mixto	Uso mixto
7	Nanjing Greenland Financial Complex	Nanjing	China	2009	89	450	1.476	Mixto	Uso mixto
8	Torre Sears (hoy, Willis)	Chicago	Estados Unidos	1974	110	442	1.451	Acero	Oficinas
9	Centro Financiero Internacional	Cantón	China	2009	103	440	1.444	Acero	Uso mixto
10	Torre Jin Mao	Shanghái	China	1999	88	421	1.380	Mixto	Uso mixto
11	Two International Finance Centre	Hong Kong	China	2003	88	415	1.362	Mixto	Oficinas
12	Trump International Hotel and Tower	Chicago	Estados Unidos	2009	92	415	1.362	Hormigón	Uso mixto
13	CITIC Plaza	Cantón	China	1996	80	391	1.283	Hormigón	Uso mixto
14	Shun Hing Square	Shenzhen	China	1996	69	384	1.260	Mixto	Oficinas
15	Edificio Empire State	Nueva York	Estados Unidos	1931	102	381	1.250	Acero	Oficinas
16	Central Plaza	Hong Kong	China	1992	78	374	1.227	Hormigón	Oficinas
17	Torre del Banco de China	Hong Kong	China	1989	70	367	1.205	Mixto	Oficinas
18	Bank of America Tower	Nueva York	Estados Unidos	2008	54	366	1.200	Mixto	Oficinas
19	Torre Almas	Dubái	Emiratos Árabes Unidos	2008	74	360	1.181	Hormigón	Oficinas
20	Jumeirah Emirates Towers Office	Dubái	Emiratos Árabes Unidos	1999	54	355	1.165	Mixto	Uso mixto
21	T&C Tower (Tuntex Sky Tower)	Kaohsiung	Taiwán	1997	85	348	1.140	Mixto	Uso mixto
22	Aon Center	Chicago	Estados Unidos	1973	83	346	1.136	Acero	Oficinas
23	The Center	Hong Kong	China	1998	73	346	1.135	Acero	Oficinas
24	John Hancock Center	Chicago	Estados Unidos	1969	100	344	1.127	Acero	Uso mixto
25	Rose Rotana	Dubái	Emiratos Árabes Unidos	2007	72	333	1.093	Mixto	Hotel
26	Shimao International Plaza	Shanghái	China	2006	60	333	1.093	Hormigón	Uso mixto
27	Minsheng Bank Building	Wuhan	China	2007	68	331	1.087	Acero	Oficinas
28	Hotel Ryugyong	Pyongyang	Corea del Norte	1995	105	330	1.083	Hormigón	Hotel
29	China World Trade Center Tower 3	Pekín	China	2008	74	330	1.083	Acero	Uso mixto
30	The Index	Dubái	Emiratos Árabes Unidos	2010	80	328	1.076	Hormigón	Uso mixto
31	Q1	Gold Coast	Australia	2005	78	323	1.058	Hormigón	Residencial
32	Burj Al Arab	Dubái	Emiratos Árabes Unidos	1999	60	321	1.053	Mixto	Hotel
33	Edificio Chrysler	Nueva York	Estados Unidos	1930	77	319	1046	Acero	Oficinas
34	Nina Tower I	Hong Kong	China	2006	80	319	1.046	Hormigón	Uso mixto
35	New York Times Building	Nueva York	Estados Unidos	2007	52	319	1.046	Mixto	Oficinas
36	HHHR Tower	Dubái	Emiratos Árabes Unidos	2009	72	317	1.040	Mixto	Uso mixto
37	Bank of America Plaza	Atlanta	Estados Unidos	1993	55	317	1.039	Mixto	Uso mixto
38	US Bank Tower	Los Ángeles	Estados Unidos	1990	73	310	1.018	Mixto	Oficinas
39	Menara Telekom	Kuala Lumpur	Malasia	1999	55	310	1.017	Hormigón	Oficinas
40	Jumeirah Emirates Towers Hotel	Dubái	Emiratos Árabes Unidos	2000	56	309	1.014	Hormigón	Hotel
41	AT&T Corporate Center	Chicago	Estados Unidos	1989	60	307	1.007	Mixto	Oficinas
42	Burj Khalifa Lake Hotel	Dubái	Emiratos Árabes Unidos	2008	63	306	1.004	Hormigón	Hotel
43	JPMorgan Chase Tower	Houston	Estados Unidos	1982	75	305	1.002	Mixto	Oficinas
44	Baiyoke Sky Hotel	Bangkok	Tailandia	1997	85	304	997	Hormigón	Hotel
45	Two Prudential Plaza	Chicago	Estados Unidos	1990	64	303	995	Hormigón	Oficinas
46	Wells Fargo Plaza	Houston	Estados Unidos	1983	71	302	992	Acero	Oficinas
47	Kingdom Centre	Riad	Arabia Saudí	2002	41	302	992	Mixto	Oficinas
48	Arraya 2	Kuwait	Kuwait	2009	56	300	984	Mixto	Oficinas
49	One Island East	Hong Kong	China	2008	70	298	979	Mixto	Uso mixto
50	First Canadian Place	Toronto	Canadá	1975	72	298	978	Acero	Oficinas

51	Shanghai Plaza Wheelock	Shanghái	China	2009	58	298	978	Hormigón	Oficinas
52	Eureka Tower	Melbourne	Australia	2006	91	297	975	Hormigón	Residencial
53	Comcast Center	Filadelfia	Estados Unidos	2008	57	297	975	Mixto	Uso mixto
54	The Landmark Tower	Yokohama	Japón	1993	70	296	971	Acero	Uso mixto
55	Emirates Crown	Dubái	Emiratos Árabes Unidos	2008	63	296	971	Hormigón	Residencial
56	311 South Wacker Drive	Chicago	Estados Unidos	1990	65	293	961	Hormigón	Oficinas
57	SEG Plaza	Shenzhen	China	2000	71	292	957	Mixto	Uso mixto
58	American International Building	Nueva York	Estados Unidos	1932	67	290	952	Acero	Oficinas
59	Key Tower	Cleveland	Estados Undos	1991	57	289	947	mixto	Oficinas
60	Plaza 66 / Nanjing Xi Lu	Shanghái	China	2001	66	288	945	Hormigón	Uso mixto
61	One Liberty Place	Filadelfia	Estados Unidos	1987	61	288	945	Acero	Oficinas
62	Tomorrow Square	Shanghái	China	2003	55	285	934	Hormigón	Uso mixto
63	Millennium Tower	Dubái	Emiratos Árabes Unidos	2006	60	285	934	Hormigón	Residencial
64	Columbia Center	Seattle	Estados Unidos	1984	76	284	933	Mixto	Oficinas
65	Cheung Kong Centre	Hong Kong	China	1999	63	283	929	Acero	Oficinas
66	Chongqing World Trade Center	Chongqing	China	2005	60	283	929	Hormigón	Oficinas
67	The Trump Building	Nueva York	Estados Unidos	1930	71	283	927	Acero	Oficinas
68	Bank of America Plaza	Dallas	Estados Unidos	1985	72	281	921	Mixto	Oficinas
69	UOB Plaza	Singapur	Singapur	1992	66	280	919	Acero	Oficinas
70	Republic Plaza	Singapur	Singapur	1995	66	280	919	Mixto	Oficinas
71	OUB Centre	Singapur	Singapur	1986	63	280	919	Acero	Oficinas
72	Citigroup Center	Nueva York	Estados Unidos	1977	59	279	915	Acero	Uso mixto
73	Hong Kong New World Tower	Shanghái	China	2002	61	278	913	Mixto	Uso mixto
74	Scotia Plaza	Toronto	Canadá	1989	68	275	902	Mixto	Oficinas
75	Torre Williams	Houston	Estados Unidos	1983	64	275	901	Acero	Oficinas
76	The City of Capitals	Moscú	Rusia	2009	73	274	900	Hormigón	Residencial
77	Wuhan World Trade Tower	Wuhan	China	1998	60	273	896	Acero	Oficinas
78	Renaissance Tower	Dallas	Estados Unidos	1975	56	270	886	Acero	Oficinas
79	The Cullinan I	Hong Kong	China	2008	68	270	886	Hormigón	Residencial
80	The Cullinan II	Hong Kong	China	2008	68	270	886	Hormigón	Residencial
81	China International Center	Cantón	China	2007	62	270	884	Mixto	Oficinas
82	Dapeng International Plaza	Guangzhou	China	2004	56	269	883	Mixto	Oficinas
83	21st Century Tower	Dubái	Emiratos Árabes Unidos	2003	55	269	883	Hormigón	Residencial
84	One Lujiazui	Shanghái	China	2008	47	269	883	Hormigón	Oficinas
85	Naberezhnaya Tower	Moscú	Rusia	2007	61	268	881	Hormigón	Oficinas
86	Complejo Al Faisaliah	Riad	Arabia Saudí	2000	30	267	876	Mixto	Uso mixto
87	900 North Michigan Avenue	Chicago	Estados Unidos	1989	66	265	871	Mixto	Uso mixto
88	Bank of America Corporate Center	Charlotte	Estados Unidos	1992	60	265	871	Hormigón	Oficinas
89	SunTrus Plaza	Atlanta	Estados Unidos	1992	60	265	871	Hormigón	Oficinas
90	Torre Al Kazim 1	Dubái	Emiratos Árabes Unidos	2008	53	265	869	Hormigón	Uso mixto
91	Torre Al Kazim 2	Dubái	Emiratos Árabes Unidos	2008	53	265	869	Hormigón	Uso mixto
92	BOCOM Financial Towers	Shanghái	China	1999	52	265	869	Hormigón	Oficinas
93	Palacio del Triunfo	Moscú	Rusia	2005	61	264	866	Hormigón	Residencial
94	Bluescope Steel Centre	Melbourne	Australia	1991	52	264	866	Hormigón	Oficinas
95	Shenzhen Special Zone Press Tower	Shenzhen	China	1998	42	264	866	Hormigón	Oficinas
96	Tower Palace Three, Tower G	Seúl	Corea del Sur	2004	73	264	865	Hormigón	Residencial
97	Trump World Tower	Nueva York	Estados Unidos	2001	72	262	861	Hormigón	Residencial
98	Water Tower Place	Chicago	Estados Unidos	1976	74	262	859	Hormigón	Uso mixto
99	Grand Gateway Plaza 1	Shanghái	China	2005	54	262	859	Hormigón	Oficinas
100	Grand Gateway Plaza 2	Shanghái	China	2005	54	262	859	Hormigón	Oficinas

Índice de proyectos

Índice de arquitectos